国家卫生健康委员会"十三五"规划教材

全国高等中医药教育教材

供中医养生学等专业用

中医情志养生学

主　编　陈四清　侯江红

副主编　林慧光　程绍民　王洪武　张　弛　樊　旭

编　委（按姓氏笔画为序）

王玉芳（山东中医药大学）　　林才志（广西中医药大学）

王洪武（天津中医药大学）　　林慧光（福建中医药大学）

邢海娇（河北中医学院）　　　郑丽红（黑龙江中医药大学）

曲卫玲（广州中医药大学）　　侯江红（河南中医药大学）

吕沛宛（河南中医药大学）　　袁久林（上海中医药大学）

李　鹏（新疆医科大学）　　　倪　青（北京中医药大学）

吴劲松（安徽中医药大学）　　黄　莹（南京中医药大学）

辛　宝（陕西中医药大学）　　曹永芬（贵州中医药大学）

沈　峰（湖北中医药大学）　　程绍民（江西中医药大学）

张　弛（成都中医药大学）　　阚俊明（长春中医药大学）

陈四清（南京中医药大学）　　樊　旭（辽宁中医药大学）

学术秘书　朱敏为（南京中医药大学）
　　　　　李　欢（河南中医药大学）

人民卫生出版社

图书在版编目（CIP）数据

中医情志养生学 / 陈四清，侯江红主编. —北京：
人民卫生出版社，2019

ISBN 978-7-117-28545-2

Ⅰ. ①中…　Ⅱ. ①陈…　②侯…　Ⅲ. ①养生（中医）-
高等学校 - 教材　Ⅳ. ①R212

中国版本图书馆 CIP 数据核字（2019）第 231095 号

人卫智网　www.ipmph.com	医学教育、学术、考试、健康，
	购书智慧智能综合服务平台
人卫官网　www.pmph.com	人卫官方资讯发布平台

中医情志养生学

主　　编：陈四清　侯江红
出版发行：人民卫生出版社（中继线 010-59780011）
地　　址：北京市朝阳区潘家园南里 19 号
邮　　编：100021
E - mail：pmph @ pmph.com
购书热线：010-59787592　010-59787584　010-65264830
印　　刷：三河市潮河印业有限公司
经　　销：新华书店
开　　本：787×1092　1/16　印张：15
字　　数：346 千字
版　　次：2019 年 11 月第 1 版　2025 年 5 月第 1 版第 8 次印刷
标准书号：ISBN 978-7-117-28545-2
定　　价：45.00 元
打击盗版举报电话：010-59787491　E-mail：WQ @ pmph.com
（凡属印装质量问题请与本社市场营销中心联系退换）

《中医情志养生学》网络增值服务编委会

出版说明

　　为了深入贯彻党的十九大精神,进一步贯彻落实《国务院办公厅关于推进养老服务发展的意见》《中医药健康服务发展规划(2015—2020年)》《中医药发展战略规划纲要(2016—2030年)》以及《国家中长期教育改革和发展规划纲要(2010—2020年)》《"健康中国2030"规划纲要》等文件精神,充分发挥中医药服务于全民健康的特色和优势,全面推进中医养生学专业教材建设和人才培养服务于大健康时代,2018年4月,人民卫生出版社在教育部、国家卫生健康委员会、国家中医药管理局的领导下,在充分调研论证的基础上,启动了全国高等中医药教育中医养生学专业教材建设工作。

　　根据中医养生学专业人才培养目标,在第三届全国高等中医药教育教材建设指导委员会的领导指导下,人民卫生出版社成立了全国高等中医药教育首届中医养生学专业教材评审委员会,组织规划、确定了首批中医养生学专业8种主干教材。本套教材初步构建了中医养生学学科体系,坚持了立德树人的原则和人文知识的熏陶,以中医药语言表述为主体,突出了中医养生学传承与创新的融合发展,注重专业课程的导向目标和内容凝练,具有专业性和普适性。

　　教材具体特色如下:

　　1. **大师指导,注重传承**　教材建设得到国医大师亲自指导和把关,充分反映了大师的学术思想和养生精华;培养学生中医原创思维,传承经典,创新发挥,体现全套教材"重传承、厚基础、强人文、宽应用"的特点。

　　2. **定位准确,面向实际**　教材符合高等教育教材的基本属性和特征,以问题为导向,对人才培养体系、课程体系、教材体系进行充分调研和论证,使之更加符合教改实际,适应中医养生人才培养要求和市场需求。

　　3. **夯实基础,整体优化**　全套教材以培养高素质、复合型、创新型中医养生专业人才为宗旨,以体现中医养生基本理论、基本知识、基本思维、基本技能为指导,对教材体系进行科学设计、整体优化,同时既体现了不同学科自身特点,又注意各学科之间有机衔接;确保切合教学实际。

　　4. **纸质数字,融合发展**　教材充分体现了与时代融合、与现代科技融合、与现代医学融合的特色和理念,将移动互联、网络增值、慕课、翻转课堂等新的教学理念和教学技术、学习方式融入教材建设之中。

　　5. **创新形式,提高效用**　采用模块化编写的设计思路,同时图文并茂、版式精美;内容方面注重提高效用,以提高学生的学习兴趣和学习效果。

　　6. **突出实用,注重技能**　为增强学生综合运用所学知识的能力,全套教材大大增加了中医养生方法、技术的成果与应用,使教师好教、学生好学、方法实用。

　　7. **立足精品,树立标准**　教材编写人员不忘重托,精心编写;出版社不忘初心,精心审校,全程全员坚持质量控制体系,把打造精品教材作为崇高的历史使命,严把各个环节质量关,力保教材的精品属性,通过教材建设推动和深化高等中医药教育教学改革,力争打造高等中医药教育标准化教材。

8. 三点兼顾,有机结合 全套教材以基本知识点作为主体内容,并与相关部门组织的资格考试有效衔接,使知识点、创新点、执业点三点结合;避免理论与实践脱节、教学与临床脱节。

本轮教材的编写,得到了教育部、国家卫生健康委员会、国家中医药管理局和有关学会领导、专家的指导,得到了全国各院校领导、专家和教师的积极支持和参与,在此,对有关单位和个人表示衷心的感谢!希望广大院校在教学使用中及时提出宝贵意见或建议,以便不断修订和完善,为下一轮教材的修订工作奠定坚实的基础。

第三届全国高等中医药教育教材建设指导委员会

人民卫生出版社有限公司

2019 年 5 月

全国高等中医药教育本科
国家卫生健康委员会"十三五"规划教材
教材目录

中医学等专业

序号	教材名称	主编	
1	中国传统文化（第2版）	臧守虎	
2	大学语文（第3版）	李亚军	赵鸿君
3	中国医学史（第2版）	梁永宣	
4	中国古代哲学（第2版）	崔瑞兰	
5	中医文化学	张其成	
6	医古文（第3版）	王兴伊	傅海燕
7	中医学导论（第2版）	石作荣	
8	中医各家学说（第2版）	刘桂荣	
9	*中医基础理论（第3版）	高思华	王 健
10	中医诊断学（第3版）	陈家旭	邹小娟
11	中药学（第3版）	唐德才	吴庆光
12	方剂学（第3版）	谢 鸣	
13	*内经讲义（第3版）	贺 娟	苏 颖
14	*伤寒论讲义（第3版）	李赛美	李宇航
15	金匮要略讲义（第3版）	张 琦	林昌松
16	温病学（第3版）	谷晓红	冯全生
17	*针灸学（第3版）	赵吉平	李 瑛
18	*推拿学（第3版）	刘明军	孙武权
19	中医临床经典概要（第2版）	周春祥	蒋 健
20	*中医内科学（第3版）	薛博瑜	吴 伟
21	*中医外科学（第3版）	何清湖	秦国政
22	*中医妇科学（第3版）	罗颂平	刘燕峰
23	*中医儿科学（第3版）	韩新民	熊 磊
24	*中医眼科学（第2版）	段俊国	
25	中医骨伤科学（第2版）	詹红生	何 伟
26	中医耳鼻咽喉科学（第2版）	阮 岩	
27	中医急重症学（第2版）	刘清泉	
28	中医养生康复学（第2版）	章文春	郭海英
29	中医英语	吴 青	
30	医学统计学（第2版）	史周华	
31	医学生物学（第2版）	高碧珍	
32	生物化学（第3版）	郑晓珂	
33	医用化学（第2版）	杨怀霞	

34	正常人体解剖学（第 2 版）	申国明	
35	生理学（第 3 版）	郭 健	杜 联
36	神经生理学（第 2 版）	赵铁建	郭 健
37	病理学（第 2 版）	马跃荣	苏 宁
38	组织学与胚胎学（第 3 版）	刘黎青	
39	免疫学基础与病原生物学（第 2 版）	罗 晶	郝 钰
40	药理学（第 3 版）	廖端芳	周玖瑶
41	医学伦理学（第 2 版）	刘东梅	
42	医学心理学（第 2 版）	孔军辉	
43	诊断学基础（第 2 版）	成战鹰	王肖龙
44	影像学（第 2 版）	王芳军	
45	循证医学（第 2 版）	刘建平	
46	西医内科学（第 2 版）	钟 森	倪 伟
47	西医外科学（第 2 版）	王 广	
48	医患沟通学（第 2 版）	余小萍	
49	历代名医医案选读	胡方林	李成文
50	医学文献检索（第 2 版）	高巧林	章新友
51	科技论文写作（第 2 版）	李成文	
52	中医药科研思路与方法（第 2 版）	胡鸿毅	

中药学、中药资源与开发、中药制药等专业

序号	教材名称	主编姓名	
53	高等数学（第 2 版）	杨 洁	
54	解剖生理学（第 2 版）	邵水金	朱大诚
55	中医学基础（第 2 版）	何建成	
56	无机化学（第 2 版）	刘幸平	吴巧凤
57	分析化学（第 2 版）	张 梅	
58	仪器分析（第 2 版）	尹 华	王新宏
59	物理化学（第 2 版）	张小华	张师愚
60	有机化学（第 2 版）	赵 骏	康 威
61	医药数理统计（第 2 版）	李秀昌	
62	中药文献检索（第 2 版）	章新友	
63	医药拉丁语（第 2 版）	李 峰	巢建国
64	药用植物学（第 2 版）	熊耀康	严铸云
65	中药药理学（第 2 版）	陆 茵	马越鸣
66	中药化学（第 2 版）	石任兵	邱 峰
67	中药药剂学（第 2 版）	李范珠	李永吉
68	中药炮制学（第 2 版）	吴 皓	李 飞
69	中药鉴定学（第 2 版）	王喜军	
70	中药分析学（第 2 版）	贡济宇	张 丽
71	制药工程（第 2 版）	王 沛	
72	医药国际贸易实务	徐爱军	
73	药事管理与法规（第 2 版）	谢 明	田 侃
74	中成药学（第 2 版）	杜守颖	崔 瑛
75	中药商品学（第 3 版）	张贵君	
76	临床中药学（第 2 版）	王 建	张 冰
77	临床中药学理论与实践	张 冰	

78	药品市场营销学（第2版）	汤少梁
79	中西药物配伍与合理应用	王 伟　朱全刚
80	中药资源学	裴 瑾
81	保健食品研究与开发	张 艺　贡济宇
82	波谱解析（第2版）	冯卫生

针灸推拿学等专业

序号	教材名称	主编姓名
83	*针灸医籍选读（第2版）	高希言
84	经络腧穴学（第2版）	许能贵　胡 玲
85	神经病学（第2版）	孙忠人　杨文明
86	实验针灸学（第2版）	余曙光　徐 斌
87	推拿手法学（第3版）	王之虹
88	*刺法灸法学（第2版）	方剑乔　吴焕淦
89	推拿功法学（第2版）	吕 明　顾一煌
90	针灸治疗学（第2版）	杜元灏　董 勤
91	*推拿治疗学（第3版）	宋柏林　于天源
92	小儿推拿学（第2版）	廖品东
93	针刀刀法手法学	郭长青
94	针刀医学	张天民

中西医临床医学等专业

序号	教材名称	主编姓名
95	预防医学（第2版）	王泓午　魏高文
96	急救医学（第2版）	方邦江
97	中西医结合临床医学导论（第2版）	战丽彬　洪铭范
98	中西医全科医学导论（第2版）	郝微微　郭 栋
99	中西医结合内科学（第2版）	郭 姣
100	中西医结合外科学（第2版）	谭志健
101	中西医结合妇产科学（第2版）	连 方　吴效科
102	中西医结合儿科学（第2版）	肖 臻　常 克
103	中西医结合传染病学（第2版）	黄象安　高月求
104	健康管理（第2版）	张晓天
105	社区康复（第2版）	朱天民

护理学等专业

序号	教材名称	主编姓名
106	正常人体学（第2版）	孙红梅　包怡敏
107	医用化学与生物化学（第2版）	柯尊记
108	疾病学基础（第2版）	王 易
109	护理学导论（第2版）	杨巧菊
110	护理学基础（第2版）	马小琴
111	健康评估（第2版）	张雅丽
112	护理人文修养与沟通技术（第2版）	张翠娣
113	护理心理学（第2版）	李丽萍
114	中医护理学基础	孙秋华　陈莉军

115	中医临床护理学	胡慧
116	内科护理学（第2版）	沈翠珍 高静
117	外科护理学（第2版）	彭晓玲
118	妇产科护理学（第2版）	单伟颖
119	儿科护理学（第2版）	段红梅
120	*急救护理学（第2版）	许虹
121	传染病护理学（第2版）	陈璇
122	精神科护理学（第2版）	余雨枫
123	护理管理学（第2版）	胡艳宁
124	社区护理学（第2版）	张先庚
125	康复护理学（第2版）	陈锦秀
126	老年护理学	徐桂华
127	护理综合技能	陈燕

康复治疗学等专业

序号	教材名称	主编姓名
128	局部解剖学（第2版）	张跃明 武煜明
129	运动医学（第2版）	王拥军 潘华山
130	神经定位诊断学（第2版）	张云云
131	中国传统康复技能（第2版）	李丽 章文春
132	康复医学概论（第2版）	陈立典
133	康复评定学（第2版）	王艳
134	物理治疗学（第2版）	张宏 姜贵云
135	作业治疗学（第2版）	胡军
136	言语治疗学（第2版）	万萍
137	临床康复学（第2版）	张安仁 冯晓东
138	康复疗法学（第2版）	陈红霞
139	康复工程学（第2版）	刘夕东

中医养生学等专业

序号	教材名称	主编姓名
140	中医养生学导论	陈涤平 周时高
141	养生名著选读	田思胜
142	中医体质养生学	倪诚
143	中医情志养生学	陈四清 侯江红
144	中医四时养生学	龚婕宁
145	中医药膳食养学	史丽萍 何富乐
146	中医养生方法学	郑亮 金荣疆
147	中医养生适宜技术	程凯 杨佃会

注：①本套教材均配网络增值服务；②教材名称左上角标有 * 号者为"十二五"普通高等教育本科国家级规划教材。

全国高等中医药教育本科
中医养生学专业教材评审委员会名单

前　言

泱泱中华，汤汤中医，中医情志养生早已有之。"中医情志养生学"是在中医理论指导下，研究和运用中医独特的情志养生理论、方法及技术，调节人的情绪、情感和感情，培养有益的志向、志趣和意志，养成高尚的道德品质，提升心理自稳和社会适应能力，促进身心健康的一门学科。世界卫生组织（WHO）的一项全球性研究表明，在保持健康的四大基石中，合理膳食的重要性占25%，适量运动占15%，戒烟限酒占10%，而心理平衡的重要性高达50%。所以情志养生对保持机体的健康十分重要，不但可以预防疾病，促进健康，提高生活质量，还益于寿命的延长。

人非草木，孰能无情。"喜、怒、忧、思、悲、恐、惊"是人的主要情志活动，简称"七情"。正常的七情有利于脏腑功能的司职、气血津液的流通，是维系人体身心健康的重要因素。七情过激或不及，可损害脏腑、经络，使气血津液代谢失调，阴阳失却平衡，影响健康，进而导致疾病的产生、加重和复发，故《黄帝内经》有"怒则气上，喜则气缓，悲则气消，恐则气下……惊则气乱……思则气结"，以及"喜伤心""怒伤肝""悲伤肺""思伤脾""恐伤肾"等明训。

我国古代医学和养生理论都十分重视人体健康中的情志因素。先秦时期老子《道德经》中关于"清静无为""少私寡欲"的思想被后世情志养生奉为圭臬。《黄帝内经》明确指出"精神内守"可以防御疾病的发生，创立"五脏生五志"学说等，为后世中医情志养生学的发展奠定了深厚的理论基础。三国时期的嵇康在《养生论》中告诫世人："修性以保神，安心以全身，爱憎不栖于情，忧喜不留于意，泊然无感，而体气和平。"吴师机在《理瀹骈文》中明确认为："七情之病也，看花解闷，听曲消愁，有胜于服药者矣。"等等。

为了完善中医养生学专业知识教育，系统总结和挖掘中医情志养生的基础理论、基础知识和基础技能，我们组织了国内中医院校的专家、学者，历时1年有余，共同编撰了《中医情志养生学》教材。

本书绪论由陈四清编写，第一章由袁久林编写，第二章第一节由程绍民编写、第二节由王洪武编写，第三章由林慧光编写，第四章由陈四清编写，第五章由侯江红编写，第六章第一节由曲卫玲编写、第二节由林才志编写，第七章由曹永芬编写，第八章第一节由王玉芳编写、第二节由沈峰编写、第三节由樊旭编写、第四节由辛宝编写、第五节由阚俊明编写、第六节由吕沛宛编写、第七节由邢海娇编写、第八节由李鹏编写、第九节由倪青编写、第十节由吴劲松编写、第十一节由黄莹编写、第十二节由郑丽红编写、第十三节由张弛编写。全书由陈四清、侯江红共同完成编写大纲的制订和编稿、定稿工作。

本教材在编撰过程中，参考和引用了大量的书籍、期刊、自媒体中有关情志养生的内容，限于篇幅关系没有一一列举和注明,编委会对此深表歉意和感谢。由于本书是首次编撰,既往的有关情志方面的文献多以情志病治疗和科普宣传为主,可供参考、借鉴的文献不多,加之编写时间仓促,书中欠妥、不足之处在所难免。我们真诚期盼各大中医药院校广大师生在教材使用过程中多提宝贵意见和建议,以便再版时修订完善。

《中医情志养生学》编委会
2019 年 3 月

目　录

绪 论

情志养生是中医养生的重要内容。成书于两千多年前的《黄帝内经》,不但明确指出了只有形神共养才能达到天年,而且还认为"精神内守"可以防御疾病的发生:"上古之人,其知道者,法于阴阳,和于术数,食饮有节,起居有常,不妄作劳,故能形与神俱,而尽终其天年,度百岁乃去""夫上古圣人之教下也,皆谓之虚邪贼风,避之有时,恬惔虚无,真气从之,精神内守,病安从来"(《素问·上古天真论》)。体壮曰健,心怡曰康。世界卫生组织(WHO)给健康下的定义是:"健康不仅仅是没有疾病,而且是个体在身体上、精神上、社会上完好的状态。"要保持个体完好的康健状态,就必须进行情志养生。

一、"情志"概念

中医学的情志肇始于《黄帝内经》,是书将人的不同情绪归纳为"喜、怒、忧、思、悲、恐、惊"七种,又根据五行学说,将情绪的产生、作用与脏腑相统一,概括为"喜、怒、思、忧、恐",又称"五志",其中喜为心志、怒为肝志、思为脾志、忧为肺志、恐为肾志。

宋代陈无择在《三因极一病证方论》中明确了七情致病属于内因范畴:"凡治病,先须识因,不知其因,病源无目。其因有三:曰内,曰外,曰不内外。内则七情,外则六淫,不内不外,乃背经常""七情,人之常性,动之则先自脏腑郁发,外形于肢体,为内所因";并认为"喜、怒、忧、思、悲、恐、惊,七者不同,各随其本脏所生所伤而为病"。

明代张介宾在《类经·疾病类·情志九气》中强调心在情志中的主宰作用:"情志之伤,虽五脏各有所属,然求其所由,则无不从心而发。"《景岳全书》中另有"情志之郁证治"之记载。《清代名医医案精华》何书田医案中亦列有"情志"病案,佐证情志失调致病之事实。

在古代文学著作中,情与志是统一的。早在先秦时期的《尚书》《左传》《庄子》等书中提出"诗言志"之说,认为诗词等文艺作品是表现人们思想、志向、意志、抱负的手段。西晋陆机《文赋》明确提出"情志"概念："伫中区以玄览,颐情志于典坟。遵四时以叹逝,瞻万物而思纷。悲落叶于劲秋,喜柔条于芳春。心懔懔以怀霜,志眇眇而临云。"唐代孔颖达认为文艺中的情与志是不可分割的心理内容:"在己为情,情动为志,情志一也。"宋代邵雍在《伊川击壤集序》中把情志称为"志情":"是知怀其时则谓之志,感其物则谓之情,发其志则谓之言,扬其情则谓之声,言成章则谓之诗,声成文则谓之音。然后闻其诗,听其音,则人之志情可知矣。"

汉代《古诗十九首·东城高且长》出现的"情志"一词则代表了一种爱好、一种志趣:"荡涤放情志,何为自结束?"明代李东阳《书陈大参六嬉图诗卷后》中则明确良好的兴趣和爱好可以陶冶情操,宣导郁滞:"且今所谓嬉者,不过载酒濯缨,振衣长啸,采芝放鹤以陶写情志,宣导沉郁,而不出乎名教之外。"

唐代孔颖达注释《诗经·关雎》中的"窈窕淑女,琴瑟友之"时说:"以琴瑟相和,似人情志,故以友言之。"意指以弹拨琴瑟去赢得体态苗条、举止端庄、年轻貌美女子的好感。此处之"琴瑟"既指两种古代的乐器,亦指情感和谐的夫妻和相恋的情人。感情、兴趣是联结双方的纽带,没有感情、兴趣是难以产生好感的,故孔颖达解释为"似人之情志"。

综上所述,无论是医学著作,还是古典文学,"情志"作为复合词所表达的是人的感情、志趣,反映了中国古代文化重视情感志趣相合的传统。"情志"除了传统"七情""五志"之意外,还有意志、志向、志趣等含义。

因此,情志一词有狭义和广义之分。狭义的情志指"七情""五志"。广义的情志中的"情"系指情绪、情感或感情,"志"系指志向、意志和志趣等。本书所述"情志"虽以传统的"七情""五志"为主,但属于广义的情志范畴。

情绪、情感、感情分别有不同的含义。情绪是指比较短暂的激动状态,多指那些与个体的生理需要是否得到满足相联系的体验,为人和动物所共有。情感则是人内心的各种感觉、思想和行为的一种综合的心理和生理状态,是比较稳定的、持久的体验,多是与人的社会需要是否得到满足相联系的体验,为人类所特有,如"日久生情",常跟心情、气质、性格和性情有关。感情是情绪和情感的统称,既包括感情发生的过程,也包括由此产生的各种体验。

志向、意志和志趣,也代表着不同的含义,亦与人体的身心健康密切相关。志向指人们在某一方面决心有所作为的努力方向,具有不同世界观和人生观的人有不同的志向。意志是人自觉地确定目的,并根据目的调节支配自身的行动,克服困难,去实现预定目标的心理倾向。意志是决策心理活动过程中的重要心理因素,是人意识能动性的集中表现,在人主动地变革现实的行动中表现出来,对行为有发动、坚持和制止、改变等方面的控制调节作用。志趣则是指人们的各种兴趣爱好,人们通过培养有益的志趣而达到健康身心、交友结朋的目的。

小贴士

情绪和情感的区别

情绪与生理需要是否得到满足相联系,而情感与社会需要是否得到满足相联系;情绪具有情境性,而情感具有稳定性、深刻性;情绪带有更多的冲动性和外显的反应,而情感则显得深沉和内隐;稳定的情感是在情绪的基础上发展起来的,又通过情绪反应得以表达,情绪的变化往往反映情感的深度。情绪主要指感情的过程,也就是脑的神经机制活动的过程。情绪代表了感情种系发展的原始方面,所以情绪的概念可用于动物和人。而情感的概念是感情的"觉知"方面,集中表达感情的体验和感受。情绪和情感又是人类社会历史发展的产物,而且情感是人才具有的一种高级心理现象。

二、情志活动的内容

人类的情志活动因为民族、宗教、地理环境、肤色、禀赋、饮食习惯、思维特点、文化背景的不同而纷繁复杂、丰富多彩,但总体上又以"喜、怒、忧、思、悲、恐、惊"为主,中医称其为"七情"。这七种情志活动的具体内容如下:

(一)喜

"喜"是人体脏腑气血功能协调,且愿望实现、紧张解除的轻松愉快的情绪体验及相应的表情、行为变化。

北齐《刘子·辩乐》中说:"人心喜则笑,笑则乐,乐则口欲歌之,手欲鼓之,足欲舞之。"将喜、笑、乐三者密切联系起来。这就是悦于目、快于心者为喜、为乐;行于面、发于声音者为笑。先有喜乐,然后才有笑的表现,故《论语》有"乐然后笑"之说。

喜为心志,心主血脉,故喜能使机体气血和调,精神振作。《素问·举痛论》曰:"喜则气和志达,荣卫通利。"喜可以使重病转轻、轻病转愈,使人生机活泼,益寿延年,故民间有"笑一笑,十年少"之谓。但喜亦不可过度,否则"喜则气缓",则成为一种致病因素,可使心气涣散,神不守舍,甚则失神狂乱,严重的可导致昏厥或猝死。

(二)怒

"怒"是人体受到外界的刺激,如受到欺骗、侮辱、违抗等,或是由于某种目的和愿望不能达到而引起的情绪体验及其相应的表情、行为变化,俗称"发脾气"。

就怒的分类来看,根据发作的程度不同有不满、生气、小怒、大怒、愤怒、暴怒等多种。中医传统上将其分类为郁怒和暴怒,其中郁怒每表现为忿忿不平、心烦、愁眉苦脸等,暴怒多表现为横眉竖眼、咬牙切齿、面红耳赤、双目圆瞪、青筋暴露、两腮鼓气、声音高亢震耳、摔打物品、怒发冲冠,甚则咆哮如雷等。

一般来说,短暂而轻度的发怒,能使压抑的情绪得到发泄,从而缓解过于紧张的精神状态,有助于人体气机的疏泄、条达,维持人体内环境的平衡与稳定。但倘若怒不可遏,超越了机体能够耐受的能力时,它就会成为一种突发性致病因素。故《素问·生气通天论》云:"大怒则形气绝,而血菀于上,使人薄厥。"

(三)忧

"忧"是指由于经历不如意之事,或担心某种不愿发生的事情出现而产生的一种不良情绪体验。

忧的形式多种多样,有爱国志士的忧愁,有旷夫怨女单方慕恋的情愁,有游子思乡的离愁,有年轻人对前途的担忧等等。总之,当出现的事物非其所愿,所进行的活动受到阻碍,有成功希望的事业遭逢挫折等情况时,不免就产生"忧愁"。常表现为精神抑郁不振、意志消沉不起，垂头丧气、怏怏不快、闷闷不乐、哀声太息、眉头紧锁、胸闷气短、目光暗淡欠神等。

忧为肺志。忧是思而担心的表现。轻度的忧愁一般不会影响到身体健康。辛弃疾《采桑子》中"少年不识愁滋味，爱上层楼。爱上层楼，为赋新词强说愁"，说出了一个人处在少年时期不谙世故，没有饱尝人生艰辛，无所忧愁，内心也想品尝一下忧愁滋味的心态。但忧过则为害，宋代女词人李清照与太学生赵明诚结婚不久，丈夫即负笈远游。李清照不忍离别，作词《一剪梅》，表达当时心中的惆怅——"花自飘零水自流。一种相思，两处闲愁。此情无计可消除，才下眉头却上心头"，将离别的愁思和伤感，描绘得入木三分。

（四）思

"思"是一种探求事源的心理过程，是精神高度集中，聚精会神地思考、谋虑、策划事情或问题的一种情志表现，即认识客观事物及其属性的反映过程和在这一过程中的情感表现。

眉头微皱不展、低头沉思、来回踱步、凝神不语等是"思"的常见外在表现，而关于思的成语则进一步说明了思的多样性、复杂性，如思前想后、思贤若渴、思绪万千、百思莫解、朝思暮想、沉思默虑、痴思妄想、殚思极虑、胡思乱想、退思补过、闭门思过等等。

心主神明，心为十二官之主，主不明则十二官危，而心要保持"主神明"的功能，就需通过不断地"思"的过程才能获得。故《灵枢·本神》中有："心有所忆谓之意，意之所存谓之志，因志而存变谓之思，因思而远慕谓之虑，因虑而处物谓之智。"通过思维活动，对一定事物的指向进行考虑，集中思考，清晰分析，运用知识解决问题，就是中医学所谓"心智"。因此，适度的思对维护健康是十分必要和有益的。但思为脾志，过度地思虑就会有害机体，伤及脾胃，气机郁滞，常常产生不思饮食、胸膈满闷等病症，正如《素问·举痛论》所云"思则心有所存，神有所归，正气留而不行，故气结矣"。

（五）悲

"悲"是与失去所追求、所盼望的事物和目的密切相关的精神状态。

悲之表现程度的轻重，取决于所失去事物的价值大小。悲，往往由哀思、烦恼、痛苦等因素而产生。悲的外在表现为表情淡漠、心灰意冷、精神不振、反应迟钝、肌肉松弛、闷闷不乐、唉声叹气、哭哭啼啼、泪流满面等。

悲哀在一定范围内，是人们正常精神情志的反应，是人们生活中遭逢与欲念相抵触的结果，属人体一种被动性、消极性情志。悲为肺志，悲哀过甚，可通过哭泣予以宣泄。如《灵枢·口问》云："故悲哀愁忧则心动，心动则五脏六腑皆摇，摇则宗脉感，宗脉感则液道开，液道开故泣涕出焉。"实际生活中，人们在遇到悲哀事件时，常胸中郁闷不舒，痛苦异常，如果此时大哭一场，胸中就能觉得畅快多了。但如果悲过度，则会人体阴阳失调，精神涣散，邪气乘虚而入，损伤人体正气。故《素问·举痛论》云："悲则气消""悲则心系急……上焦不通，荣卫不散，热气在中，故气消矣"。

（六）恐

"恐"是人们面临祸患威胁，危急生命财产安全时，企图摆脱、逃避某种极不愿意的一种情感体验，俗称"害怕"，是一种精神极度紧张所引起的胆怯表现。

恐的外在表现是面白色脱或面如土色、目瞪口呆、张目结舌、心悸脉数、汗出惊叫等，严重时可表现为不由自主地战栗、四肢瘫软、惊慌失措、奔逃躲避、二便失禁，甚至昏厥僵仆等。有的可能会出现风声鹤唳、草木皆兵等错觉。

恐惧是人的一种本能反应，有助于让人们逃避风险，不至于对机体造成更大伤害。随着恐惧事件的平息或消失，转危为安时，就可通过机体的自身调节能力，很快恢复常态。倘若恐惧过于剧烈或持久，超过了人体自身的调控能力，就会引起脏腑气血功能紊乱，从而造成各种病症，这时的"恐"就演变成了一种致病因素。

（七）惊

"惊"是指猝然遇到非常事变而致精神上突然紧张的情感体验。如猝闻巨响、偶然目击异物、猛然遇险临危等情况下，精神紧张、心悸欲厥使心中惕惕然而产生的感情表现。

"惊"的外在表现与"恐"相似，但程度较轻，并且恢复较快。

惊是人的一种本能反应。轻度"受惊"可促使心跳加快、血压升高，从而对心血管系统有一定的刺激作用。有的人"受惊"后"吓出一身汗"来，是惊及心气，营阴外泄的表现，是人体的一种自我平衡反应。但过度"受惊"则会危害机体健康，正如《黄帝内经》中所谓"惊则心无所倚，神无所归，虑无所定"也。

小贴士

惊与恐的区别

张从正在《儒门事亲·惊》中明确指出："惊者为自不知故也，恐者自知也。"这就是说，惊由未知和未预感到的突然事变所引起，恐是由已知和已预感到的突然事变所引起。但是惊与恐的表现难以截然分开，往往互相为因，彼此转化。如《丹溪心法》说："惊者恐怖之谓。"程钟龄《医学心悟·惊悸恐》中也谈到"心惊然后胆怯，乃一定之理"，所以是书将惊、悸、恐三者列于同一篇论述。临床上常常是惊恐并称。

知识拓展

形形色色的情志

人类的情志十分复杂而多样，除了"喜、怒、忧、思、悲、恐、惊"这七种情志之外，还有以下形形色色的情志，有些情志是多种情志交集在一起的复合情志。

1. 爱慕　爱是指人类主动给予的或自觉期待的满足感和幸福感；慕是指依恋、向往，也指思念的意思，还指向往、敬仰。《史记·秦始皇本纪》："三十七年十月癸丑，始皇出游……少子胡亥爱慕请从，上许之。"

2. 喜欢　喜为高兴、快乐、可庆贺的等；欢是快乐、高兴。喜欢泛指喜爱的意思，也有愉快、高兴、开心的意思。喜欢实际上是一种感觉，包含欣赏、仰慕、钦佩、倾心爱慕、喜爱、崇拜。三国魏应璩《与从弟君苗君胄书》云："闲者北游，喜欢无量。"

3. 荣耀　荣，一般指草木茂盛、受人尊重、花草开花等意思；耀指照耀，引申指显示、炫耀，又引申指光荣。荣耀指应得或能够赢得崇高称誉、光荣。唐代韩愈《新修滕王阁记》云："词列三王之次，有荣耀焉。"

4. 激动　是因受外界刺激而感动、冲动。激动一般有两种可能，一种是因高兴而激动，这时即使流泪，流的也是高兴、喜悦的眼泪；另一种是因气愤而激动，包含"怒"的成分。

5. 仇恨　仇是深切怨恨的意思；恨是对人或事物怀有强烈的敌对或不满的感情。仇恨指因利害矛盾而产生的很深的怨恨。唐代韩愈、孟郊《城南联句》云："一笑释仇恨，百金交弟兄。"

6. 埋怨　埋是因为事情不如意而对人或事物表示不满、责怪；怨是怨恨、仇恨。埋怨是因为事情不如意而对自己认为原因所在的人或事物表示不满。元代白朴《点绛唇》云："忆疏狂阻隔天涯，怎知人埋怨他。"

7. 嫉妒　嫉妒是指人们为竞争一定的权益，对相应的幸运者或潜在的幸运者怀有的一种冷漠、贬低、排斥，甚至是敌视的心理状态。《楚辞·离骚》云："羌内恕己以量人兮，各兴心而嫉妒。"

8. 惭愧　对不起自己叫惭，对不起别人叫愧。惭愧指因有缺点、错误或未能尽责等而感到不安或羞耻。《警世通言·杜十娘怒沉百宝箱》云："目今正值空乏，不能相济，惭愧！惭愧！"

9. 悔恨　悔一般表示懊悔过去的事做得不对或不当；恨是对人或事物怀有强烈的敌对或不满的感情。悔恨是指对过去的事后悔怨恨。《史记·孝武本纪》云："天子既诛文成，后悔恨其早死，惜其方不尽，及见栾大，大悦。"

10. 羞耻　羞常表现为害臊、难为情；耻是羞愧。羞耻是羞愧耻辱，因某件事没做好而感到不光彩。因不光彩而担心别人说自己的坏话或指责自己，故而恐惧见人，有时也会生自己的气。意义基本和惭愧一样，但程度较重，属于情绪的范畴。《史记·律书》云："会吕氏之乱，功臣宗室共不羞耻。"

11. 烦躁　烦表示苦闷、急躁；躁是出现众多的事物要动。烦躁指心中烦闷不安，急躁易怒，甚则手足动作及行为举止躁动不宁的表现。《素问·至真要大论》云："心热烦躁，便数憎风。"烦躁的原因是多方面的，有急、有怒、有忧、有恐、有悲等，常发生在它们之后。有单一因素，更多的是复合因素。

12. 紧张　担心某件事做不好而产生恐惧、不安的心理状态。紧张是急、忧、恐的综合表现，是人体在精神及肉体两方面对外界事物反应的加强，属于情绪的范畴。

13. 压力　压力是一个人觉得自己无法应对环境要求时产生的负性感受和消极信念，是担心某件事做不好或完不成，甚至达不到目标时的复杂心理。

14. 焦虑　焦是集中火力加热于一点；虑是思考、担忧的意思。焦虑是对亲人或自己生命安全、前途命运等的过度担心而产生的一种烦躁情绪。焦虑有急，有忧，还有恐，还可以包含怒，是多种情志的复合体，属于情绪范畴。

15. 抑郁　抑是压制的意思；郁有草木茂密之意，又表示忧愁。抑郁是指心中有冤屈、愁苦等不能诉说而烦恼、压抑、忧闷，甚至悲观。抑郁是忧、急、怒、恐的复合情绪表现。

16. 应激　应激是指个体对某种意外的环境刺激所做出的适应性反应，是个体觉察到环境的威胁或挑战而产生的适应或应对反应。比如，人们遇到突然发生的火灾、水灾、地震等自然灾害时，刹那间人的身心都会处于高度紧张状态之中。此时的情绪体验，就是应激状态。应激既有积极作用，也有消极作用。一般应激状态使机体具有特殊的防御或排险功能，使人精力旺盛，活动量增大，思维特别清晰，动作机敏，帮助人化险为夷，及时摆脱困境。但应激也会使人产生全身兴奋，注意和知觉的范围缩小，言语不规则、不连贯，行为动作紊乱等。紧张而又长期的应激体验甚至会导致休克和死亡。

17. 悲喜交加　悲伤和喜悦交织在一起，是喜和悲的复合表现，属于情绪范畴。

18. 百感交集　百感是各种各样的感触；交集指不同的事物、感情聚集或交织在一起。百感交集的意思是感触很多，泛指喜、怒、悲、忧、恐多种情志混合在一起，形容心情十分复杂，但仍以喜悦、激动为主。南朝刘宋刘义庆《世说新语·言语》云："见此茫茫，不觉百端交集，苟未免有情，亦复谁能遣此。"

三、"中医情志养生学"的概念

中医情志养生学是在中医理论指导下，研究和运用中医独特的情志养生理论、方法及技术，调节人的情绪、情感和感情，培养有益的志向、志趣和意志，养成高尚的道德品质，提升心理自稳和社会适应能力，促进身心健康的一门学科。

四、中医情志养生的研究目的和意义

大千世界，既有风雨晦晴，又有四季变更；芸芸众生，既有悲欢离合，又有生老病死。人置身于这七彩世界之中，不仅会受理化、生物等各种自然因素的影响，也会受到人际关系、社会因素和心理因素的制约。七情失节是中医的内伤病因之一。情志失调不仅可以影响健康，还可单独引发疾病，而且还能对各种疾病的病程产生影响。因此，学习情志养生十分重要，通过情志养生可以达到以下五大方面作用和目的。

第一，有助于维护机体生理功能的正常。人非草木，孰能无情？"喜、怒、忧、思、悲、恐、惊"之七情，人皆有之。遇可心之事则欣然而喜，见不平之事则愤然而怒，闻伤心之讯则泫然而悲，逢惊怖之事则惕然而恐，此均人之常情，是人对客观事物的主观感受及其情态的自然反应，适度的情志活动有助于维护机体生理功能的正常。故《素问·举痛论》曰："喜则气和志达，荣卫通利。"

第二，有助于预防疾病的发生。情志调和有助于预防疾病的发生。《素问·上古天真论》云："恬惔虚无，真气从之；精神内守，病安从来。是以志闲而少欲，心安而不惧，形劳而不倦，气从以顺，各从其欲，皆得所愿。"强烈或长期的精神刺激可直接损伤人的脏腑器官，引起机体阴阳气血失调，导致疾病的产生、加重或复发。朱震亨在《丹溪心法》中言："气血冲和，万病不生，一有怫郁，诸病生焉。故人身诸病，多生于郁。"

《素问·疏五过论》指出："暴乐暴苦，始乐后苦，皆伤精气，精气竭绝，形体毁沮。"《淮南子·精神训》也说："人大怒破阴，大喜坠阳，大忧内崩，大怖生狂。"如有人在暴怒之时，会突然"中风"倒地；有人在突受惊吓时，会导致心脏病发作；有人惊、怒时会心跳加快、手足冰凉、面色苍白。这些都是心脑血管对情志失调的反应，即中医所说的"怒伤肝""怒则气上""惊则气乱"等。

第三，有助于疾病的治疗和康复。《素问·宝命全形论》中论治病时指出："一曰治神，二曰知养身，三曰知毒药为真，四曰制砭石小大，五曰知腑脏血气之诊。五法俱立，各有所先。"由此可见，古人治病首先强调"治神"，强调情志调畅对身体健康的重要性。治疗疾病如果只考虑生理、病理变化，忽视心理卫生，不注意情志的调节与治疗，则"精神不进，志意不治，故病不可愈"（《素问·汤液醪醴论》）。

第四，有助于延年益寿。一般认为，人的平均寿命应在120岁左右。如《素问·上古天真论》说："尽终其天年，度百岁乃去。"但现今很少人能够达到"天年"。原因当然很多，而情志失调就是不可忽略的重要因素之一。在人生漫长旅途中，每个人都须注意情志的调畅，使气血调和、脏腑无疾，如此则身体健康，必能长寿；即使先天不足、禀赋薄弱者，也不应放弃后天的调养，因为尚可以后天来弥补先天的不足，达到延年益寿的目的。

第五，有助于优生优育。人的健康状况，禀受于先天，而充实于后天。明代张介宾说："夫人生器质，既禀于有生之初，则其一定之数，似不可以人力强者。第禀得其全而养能合道，必将更寿；禀失其全而养复违和，能无更夭""后天培养者，寿者更寿；后天斫削者，夭者更夭"。因此，情志养生有助于优生，欲为人父母者，应调畅情志而使两情相悦，为将来的孩子奠定一个长寿的先天禀赋基础；母体在孕育时的情志变化，会影响腹内胎儿的生长发育，因此情志养生有助于优生。《素问·奇病论》指出："人生而有病颠疾者，病名曰何？安所得之？岐伯曰：病名为胎病，此得之在母腹中时，其母有所大惊，气上而不下，精气并居，故令子发为颠疾也。"所以古人十分重视情志胎教，强调孕妇应当"端心正坐，清虚和一，坐无邪席，立无偏倚，行无邪径，目无邪视，口无邪言，心无邪念，无妄喜怒，无得思虑"等。

马克思曾经说过："一种美好的心情，比十剂良药更能解除生理上的疲惫和痛楚。"这则名言肯定了心理、情绪对人体的奇特效应，亦提示人们要重视精神卫生和心理健康。美好心情的产生固然与身体健康状况、社会环境、经济条件等多种因素有关，但有时亦不竟然。对于同一事物或同一性质的精神刺激，往往可因认识、心理承受能力不同而产生截然不同的情绪反应。学习中医情志养生学的目的，就是要培育高尚的道德品质，提升机体心理自稳和社会适应能力，从而达到身心健康。

情志养生既适用于健康的人群，也包括心理亚健康状态的人群、心理疾病人群及相关躯体疾病人群，从而达到未病先防、既病防变、瘥后防复的目的。

1. 健康人群　"人有悲欢离合，月有阴晴圆缺。""月儿弯弯照九州，几家欢乐几家愁。几家夫妇同罗帐，几家飘零在外头。"人生在世，会面对婚姻、家庭、择业、求学、工作、社会适应、疾病、衰老等诸多问题，情志养生的目的就是帮助人们正确对待这些问题和作出适宜的选择，顺利地度过人生的各个阶段，求得自身能力的最大发挥，帮助人们调整内心世界，提高生活质量。

2. 心理亚健康状态的人群　从诊断上还没有达到心理疾病的程度，但心理不够真正健康,即因为某些心理刺激而引起心理紧张,并且明确体验到躯体或情绪上的困扰者,也适合进行情志养生保健。通过情志养生医生的指导,及时调整心理状态,纠正生活、工作、学习、家庭、疾病、康复、婚姻、育儿等方面所出现的心理潜在问题,预防情志导致疾病的产生。

3. 心理疾病患者　情志失调导致的心理疾病患者,是情志养生的主要对象。有下列8类人:

(1)忧郁症:以持久性的心情低落为主要特征,常伴焦虑、躯体不适和睡眠障碍。

(2)焦虑症:指一种持续性紧张或发作性惊恐的状态,并非由实际威胁引起,紧张、惊恐程度与现实不相符。

(3)恐怖症:经常对一种特定的情景、物体或人产生强烈的恐惧或紧张,从而不得不回避。

(4)强迫症:一种明知不必要但又无法摆脱的、反复呈现的观念、情绪或行为,常伴焦虑和恐惧。

(5)疑病症:过分地关注自身健康,怀疑身体某部或某一器官异常,尽管临床检查无客观证据,但总认为患了某种疾病,同时伴有焦虑不安。

(6)癔症:一种由心理因素暗示或自我暗示所引起的疾病,表现为急起短暂的精神障碍、躯体障碍,但检查无器质性病症。

(7)神经性厌食症:多见于青少年与平时爱打扮者,以厌食、消瘦、闭经、虚弱为特点,与追求苗条而盲目节食的不正确做法有关。

(8)神经性呕吐症:一种反复餐后呕吐,但不影响食欲、体重为特点的疾病,常具有癔症性格,暗示性强,女性多见,往往在明显心理因素作用下发病。

4. 躯体疾病人群　口吃、咽喉异感症、心脏神经症、失眠、乳腺增生症、经前期紧张综合征、绝经前综合征、性功能障碍,以及高血压、哮喘、胃肠功能紊乱、遗尿症、斑秃、神经性皮炎等躯体疾病,不但其发生与神志失调密切相关,而且发生疾病后,还可因情志失调而加重或反复,因此,情志养生对躯体疾病的人群亦很重要。

五、中医情志养生学的学习要求和方法

1. 学好中医情志养生学,要深入理解、掌握本门课程的基础理论、基础知识和基础技能。本书第一至第三章为基础理论部分,第四至第七章是基础知识部分,第八章为基础技能部分。

2. 遵循理论联系实际的原则,按照循序渐进的规律,采用课堂学习和课外自学、临床实践等相结合的方法。

3. 要严格掌握好适应人群,有些情志表现异常的情况是由器质性疾病所引起,如肝硬化所引起的肝性脑病、脑肿瘤导致的精神障碍、慢性肺病导致的肺性脑病等,需要针对具体病因进行诊治。

4. 精神分裂症等精神病属精神科治疗的对象,不属情志养生范畴。

5. 情志相胜疗法属于以一种过激情志去调节另一种失调的情志,因此对于施术者要求较高,需有丰富的临床经验,且要严格掌握好时机、地点和幅度。

(陈四清)

学习小结

　　"喜、怒、忧、思、悲、恐、惊"简称"七情","喜、怒、思、忧、恐"简称"五志",其中喜为心志、怒为肝志、思为脾志、忧为肺志、恐为肾志。"七情"与"五志"相合,统称为"情志"(狭义的情志)。广义情志中的"情"系指情绪、情感或感情,"志"系指志向、意志和志趣等。

　　"喜"是人体脏腑气血功能协调,且愿望实现、紧张解除的轻松愉快的情绪体验及相应的表情、行为变化;"怒"是人体受到外界的刺激,如受到欺骗、侮辱、违抗等,或是由于某种目的和愿望不能达到而引起的情绪体验及其相应的表情、行为变化,俗称"发脾气";"思"是一种探求事源的心理过程,是精神高度集中,聚精会神地思考、谋虑、策划事情或问题的一种情志表现,即认识客观事物及其属性的反映过程和在这一过程中的情感表现;"悲"是与失去所追求、所盼望的事物和目的密切相关的精神状态;"恐"是人们面临祸患威胁,危急生命财产安全时,企图摆脱、逃避某种极不愿意的一种情感体验,是一种精神极度紧张所引起的胆怯表现;"惊"是指猝然遇到非常事变而致精神上突然紧张的感情体验,如猝闻巨响、偶然目击异物、猛然遇险临危等情况下,精神紧张、心悸欲厥使心中惕惕然而产生的感情表现。

　　中医情志养生学是在中医理论指导下,研究和运用中医独特的情志养生理论、方法及技术,调节人的情绪、情感和感情,培养有益的志向、志趣和意志,养成高尚的道德品质,提升心理自稳和社会适应能力,促进身心健康的一门学科。

　　研究情志养生十分重要,通过情志养生可以达到五大方面作用:第一,有助于维护机体生理功能的正常;第二,有助于预防疾病的发生;第三,有助于疾病的治疗和康复;第四,有助于延年益寿;第五,有助于优生优育。

　　情志养生既适用于健康的人群,也包括心理亚健康状态的人群、心理疾病人群及相关躯体疾病人群,从而达到未病先防、既病防变、瘥后防复的目的。

复习思考题

1. 世界卫生组织(WHO)关于健康的定义要点有哪些?
2. 试述情志的概念,七情和五志的概念。
3. 情志养生有哪些作用?
4. 情志养生的适用人群有哪些?

第一章

中医情志养生学的发展简史

> **学习目的**
>
> 通过本章的学习,全面了解中医情志养生学的发展简史和形成过程,熟悉关键理论、方法、概念的来源,传承中医情志养生的核心思想和宝贵经验,为进一步发掘、整理、完善中医情志养生学,为提高人类身心健康文化知识和素养而努力学好本学科。
>
> **学习要点**
>
> 掌握《黄帝内经》对情志养生学的基本理论论述;熟悉张从正的"以情胜情"法;背诵相关中医情志养生经典语句;了解中医情志养生学各个发展阶段的代表性人物、标志性成就和经典性语句。

中医情志养生学是历代医学家、养生家和广大劳动人民通过长期的医疗、养生实践,在古代哲学思想和中医基本理论的指导下,不断丰富和发展,逐步形成的一套较为完整的理论体系和系统的养生方法,为中华民族的繁衍生息、疾病防治、健康长寿做出了卓越的贡献,影响深远。

中医情志养生学的发展过程,大致可以分为 6 个阶段。

一、萌芽阶段(先秦时期)

考古学家通过研究出土的山顶洞人文物发现,约在 5 万年前的旧石器时代晚期,人类就已经有了通灵祈祷、安慰祝福、怀念追悼等朴素的情志养生活动。《山海经》中已有了狂、痴等疾病的记载。《周礼》明确指出情志过则伤人:"天有五星,故有五行,以为寒暑,以为阴阳,风雨晦明,分为四时,序为五节,淫则为灾,以生寒热少腹惑心之疾;人有四肢五藏,化为五气,一觉一寤,吐纳往来,流为荣卫,章为气色,发为声音,以生喜、怒、哀、乐、爱、恶、欲之情,过则有伤。夫天之寒暑阴阳风雨晦明,既足以伤形;而人之喜怒阴阳,运于荣卫之间,交通则和,有余不足则病。"

远古时代,社会生产力落后,人类生活十分艰苦,对疾病的认识十分肤浅,常常将患疾染病认作是神灵惩罚、恶魔作祟。因此,或是祈祷神灵的保佑、宽恕,或是采用驱鬼、辟邪等手段来治疗疾病,如《尚书·金滕》就有"周武王患疾,周公祈祷神明,愿以身代。祷毕,纳策书于金匮中。次日,武王病愈"的记载。

古籍中所记载的许多传说中的名医,也曾以巫祝方法疗病,如尧帝时代的巫咸。

11

在科学技术还很不发达的当时,治病最简单易行的方法就是用语言、行为进行开导、说服。这种方法,开始由亲近的人随意而作,慢慢地从家族、部落、地区中涌现出威望较高的长者,或者由知识较多、经验丰富、能说会道者,在某种仪式下,通过他们的语言、行为、舞蹈等方式为人治病。《说苑》中有上古神医苗父用"祝由法"治病的记载:"苗父之为医也,以菅为席,以刍为狗,北面而祝,发十言耳,诸扶而来者,舆而来者,皆平复如故。"

春秋战国时期,诸子蜂起,百家争鸣,养生学说丰富多彩,老子、庄子、庚桑楚、文子、韩非子、管子等都对情志养生有较深的研究。

《史记·老庄申韩列传》中记载,老子李耳"修道而养寿",并从三个方面论述了情志养生的重要性和方法:一是要修心养德,道法自然,认为"德"是人与自然社会和谐统一的本质体现和准则,"含德之厚,比于赤子",善养生者首先要保持质朴、醇厚和纯真的自然本色;二是要清心寡欲,"祸莫大于不知足,咎莫大于欲得""知足不辱,知止不殆,可以长久",即告诫人们不要贪心,不要把利益、名声、地位、权势看得高于一切,保持寡欲清心、体泰神清的心理状态,才能健康长久;三是主张虚静养神,认为"虚静"是万物的根源,静胜躁,静则为君,只有"清静"才能"为天下正"。推崇"致虚极,守静笃",面对世事的纷争,能够致虚守静,才可把握根本。

庄子养生主张"无为",推崇精神上的逍遥自在,重视内在德性的修养,认为生命的核心是追求精神的自由而非物质的享受。《庄子·天地》里指出人的五种欲望的"失性"后果:"一曰五色乱目,使目不明;二曰五声乱耳,使耳不聪;三曰五臭熏鼻,困惾中颡;四曰五味浊口,使口厉爽;五曰趣舍滑心,使性飞扬。此五者,皆生之害也。"他认为人的欲望应该顺其自然,把握好尺度,决不能放纵。"人欲不可饱,亦不可纵",纵欲必招祸染病。

庚桑楚是老子的弟子,在老子"少私寡欲"的情志养生理论基础上,又明确提出了"全形""全神""全天""全性"的系列养生主张。

老子弟子以养生著称者还有文子,其主张养神为上,养形为次,曾传老子之说曰:"治身,太上养神,其次养形。神清意平,百节皆宁,养生之本也。肥肌肤,充腹肠,供嗜欲,养生之末也。"(《艺文类聚·方术部》)

战国时期著名思想家、法家韩非子对养生亦有深入论述。《韩非子》中重点谈到了"啬神""少欲""无忧"以及"去甚去泰""以肠胃为根本"等养神措施。如《解老》中说:"众人用神也躁,躁则多费,多费之谓侈;圣人之用神也静,静则少费,少费之谓啬。"

道法家管子主张"明养生以解固","虚其欲"以存其精,"精存自存,其外安荣",同时还提出"内静外敬……性将大定","心能执静,道将自定"。所著《内业》主要讲述养心之术,将善心、定心、全心、大心等作为最理想的心理状态,定为内心修养的标准。

二、奠基阶段(秦汉时期)

《黄帝内经》是我国现存最早的中医经典著作,集先秦诸子理论及医学之大成,成为"医家之宗,奉生之始"。《黄帝内经》在情志养生方面的论述十分系统和精辟,为中医情志养生学奠定了深厚的理论基础。

首先,强调了情志养生的重要性。《黄帝内经》明确指出只有"形神共养"才能达到天年:"上古之人,其知道者,法于阴阳,和于术数,食饮有节,起居有常,不妄作劳,故能形与神俱,而尽终其天年,度百岁乃去。"而且认为"精神内守"可以防御疾病的发生:"夫上古圣人之教下也,皆谓之虚邪贼风,避之有时,恬惔虚无,真气从之,精神内守,病安从来。"《灵枢·寿夭刚柔》中进一步强调情志失节可以危害机体身心健康,如"风寒伤形,忧恐忿怒伤气"等。

第二,确立了五脏生五志学说。在形神关系方面,已认识到,形寓神,神能驾驭形体,形神统一,才能身心健康,尽享天年。将人的不同情志归纳为"喜、怒、忧、思、悲、恐、惊"七种,并以五志为代表,运用五行学说,把人的情志活动归属于五脏,确立了"五脏生五志"学说,即喜为心志、怒为肝志、忧为肺志、思为脾志、恐为肾志。

第三,阐明五脏气血的盛衰可以引起情志的变化。《素问·生气通天论》中所载"阴平阳秘,精神乃治;阴阳离决,精气乃绝",强调了保持人体阴阳平衡的重要性。而当阴阳失去平衡,五脏气血出现盛衰时,可引起情志的变化。如《灵枢·本神》曰:"肝气虚则恐,实则怒……心气虚则悲,实则笑不休。"

第四,明确情志失调直接伤及内脏。《黄帝内经》不仅把情志视为重要的致病因素,而且对情志疾病的病机特点也作了较系统的阐述。《素问·阴阳应象大论》曰:"喜怒伤气,寒暑伤形。"《灵枢·寿夭刚柔》曰:"忧恐忿怒伤气。气伤脏,乃病脏。"《灵枢·百病始生》曰:"喜怒不节则伤脏,脏伤则病起于阴也。"按照五行学说,五志生于五脏,当五志过激、失调或不及后,也会直接伤及相应的脏腑。如"心怵惕思虑则伤神,神伤则恐惧自失""肝悲哀动中则伤魂,魂伤则狂忘不精""脾愁忧而不解则伤意,意伤则悗乱""肺喜乐无极则伤魄,魄伤则狂""肾盛怒而不止则伤志,志伤则喜忘其前言"(《灵枢·本神》)。

第五,突出了心在情志疾病过程中的主导作用。五脏虽各有所主神志,但总体又由心所主宰。"心者,君主之官也,神明出焉。"《素问·灵兰秘典论》"心者,五脏六腑之主也;目者,宗脉之所聚也,上液之道也;口鼻者,气之门户也。故悲哀愁忧则心动,心动则五脏六腑皆摇,摇则宗脉感,宗脉感则液道开,液道开故泣涕出焉。"(《灵枢·口问》)这说明心在精神活动调节中具有中心主宰地位,肝、肾、脾、肺在心的主持下,协调参与精神活动的调节。

第六,强调情志致病的主要特点是伤及脏腑气机。不同的情志刺激能引起不同脏腑的气机异常变化,如《素问·举痛论》曰:"怒则气上,喜则气缓,悲则气消,恐则气下,寒则气收,炅则气泄,惊则气乱,劳则气耗,思则气结。"

第七,确立了情志养生的原则与方法。《黄帝内经》中倡导"恬惔虚无""积精全神"的养生之道,告诫人们不要产生过激的情绪,要"少思""勿怒""勿大悲伤"(《素问·刺法论》)。《素问·上古天真论》介绍了圣人三大情志养生之道:一是"无恚嗔之心",二是"内无思想之患",三是"以恬愉为务"。其中的"无恚嗔之心"就是要人们消除恼怒、怨恨等不良情绪的刺激,喜怒哀乐要善于排解和自释;"内无思想之患"是说要放下思想包袱,减轻精神负担,莫过于患得患失,莫过于名利枷锁,不要为名利所惑而败伤心身;"以恬愉为务"是说人生要以恬静快乐为根本,悠然自得,知足常乐。

总之,《黄帝内经》对于心理与生理之间的密切关系,对于个性心理特征的种种分类,对于心理因素在疾病发生发展中的地位,对于心理治疗的意义,对于调神摄生的心理卫生的描述等等,均作了原则性的总结。

医圣张仲景在其《伤寒杂病论》的序言中畅言养生的重要性,同时责怪和痛斥时医、时人无视养生,"举世昏迷""不惜其命",只知"竞逐荣势,企踵权豪""惟名利是务",劝导世人要重生命,固根本。《伤寒杂病论》中形象地描述了奔豚病的证候,并明确指出其"皆从惊恐得之",并创奔豚汤、桂枝加桂汤治之。张仲景还首先提出脏躁病名,描写其症状表现为"喜悲伤欲哭,象如神灵所作,数欠伸"(《金匮要略·妇人杂病脉证并治》),并创甘麦大枣汤治之。其他如百合病、惊悸、不寐等常见的与心理因素密切相关的疾病,都确立了辨证论治方法。

三、发展阶段(三国、两晋、南北朝及隋唐五代时期)

该阶段养生学得到长足发展,不仅养生思想已经确立,诸多养生方法也日臻齐全,最具代表性的养生家主要有华佗、嵇康、葛洪、张湛、支法存、陶弘景、孙思邈等。

三国时期的华佗,"兼通数经,晓养性之术",重视心理卫生。他不畏杀身之祸,以激怒疗法使太守笃病"吐黑血数升而愈"的事迹,载于《后汉书·方术列传下》及《三国志·方技传》中,传播甚广。

嵇康的养生主旨"清虚静泰,少私寡欲",是老庄哲学在养生学思想方面的运用,其《养生论》阐述了摄养形神的要义:"精神之于形骸,犹国之有君也。神躁于中,而形丧于外,犹君昏于上,国乱于下也……世常谓一怒不足以侵性,一衰不足以伤身,轻而肆之,是犹不识一溉之益,而望嘉谷于旱苗者也。是以君子知形恃神以立,神须形以存,悟生理之易失,知一过之害生。故修性以保神,安心以全身,爱憎不栖于情,忧喜不留于意,泊然无感,而体气和平。又呼吸吐纳,服食养身,使形神相亲,表里俱济也。""善养生者……清虚静泰,少私寡欲。知名位之伤德,故忽而不营,非欲而强禁也;识厚味之害性,故弃而弗顾,非贪而后抑也。外物以累心不存,神气以醇泊独著。旷然无忧患,寂然无思虑。又守之以一,养之以和,和理日济,同乎大顺。然后蒸以灵芝,润以醴泉,晞以朝阳,绥以五弦,无为自得,体妙心玄,忘欢而后乐足,遗生而后身存。"

东晋著名的道教养生家葛洪所著的《抱朴子》分内、外篇,内篇论神仙方药、养生延年、禳邪却祸之事,外篇云人间得失,论世事臧否。葛洪认为,养生"诀在于志","欲得恬愉淡泊,涤除嗜欲,内视反听,尸居无心",并"以药物养身,以术数延命,使内疾不生,外患不入"(《论仙》)。

张湛撰有《养生要集》10卷,提出了著名的"养生十要":"一曰啬神,二曰爱气,三曰养形……"可见其对情志养生之重视。《晋书·范宁传》曾记载,范汪之子宁患目痛,就中书侍郎张湛求方,湛述其方云:"用损读书一,减思虑二,专内视三,简外观四,旦晚起五,夜早眠六。"上述皆是运用养生调治疾病的方法。

支法存撰有《道林摄生论》,其情志养生方面的贡献主要为内观之法:"禅观之法,闭目存思,想见空中太和之气,如紫云成盖,五色分明,下入毛际,渐渐入项,如雨初晴云入山,透皮入肉,至骨至脑,渐渐下入腹中,四肢五脏皆受其润,如水渗入地,若彻,则觉腹中有声汩汩然,意专思存,不得外缘,斯须即觉元气达于气海,须臾则自达于涌泉,则觉身体振动,两脚蜷曲,亦令床坐有声拉拉然,则名一通。一通二通,乃至日别得三通五通,则身体悦泽,耳目精明,令人食美,气力强健,百病皆去。"

陶弘景在情志养生方面,发挥道家"无为"学说,更为具体详细,并根据《小有经》提出"少思、少念、少欲、少事、少语、少笑、少愁、少乐、少喜、少怒、少好、少恶,此十二少,养生之都契也"。陶弘景还强调了"十二多"的危害性,认为"多思则神殆,多念则志散,多欲则损志,多事则形疲,多语则气争,多笑则伤藏,多愁则心慑,多乐则意溢,多喜则忘错乱,多怒则百脉不定,多好则专迷不治,多恶则憔煎无欢。此十二多不除,丧生之本也"。陶弘景将情志养生思想联系日常生活,具有易于普及推广的现实意义。

隋唐时期的养生学是魏晋六朝的延续,其明显特点是释、道与医家三者的结合,主要代表性人物有智顗、孙思邈及司马承祯等。

智顗是佛教天台宗的创始人,传有《修习止观坐禅法要》《六妙法门》《摩诃止观》等,所谓"止观",如东晋时僧肇对《维摩诘经》所注:"系心于缘,谓之止;分别深达,谓之观。"其系统论述了调身、调息、调心、止法和观法,止观治病,以及有关注意事项。

唐代名医孙思邈在其所著《备急千金要方》中有"养性"专篇论述,《千金翼方》中也有"养性""退居"等篇,另传有《孙真人养生铭》《摄养论》及《摄养枕中方》等养生专著或专论。孙思邈不仅整理了唐以前有关调神养心方面的论述,还提出了自己独特的见解。孙思邈的《大医精诚》影响深远,在后世得到广为流传,成为历代为医之准则。孙思邈也因医术高明,医德高尚,活到了"天年",以自身实践诠释了"仁者寿"之大道。

唐代道士司马承祯对炼养理论颇多论述,据传其著有《天隐子》《坐忘论》《服气精义论》等。他将养生的关键归纳为"信、闲、慧、定、神"五解。《天隐子》认为"修真达性,不能顿悟,必须渐而进之,安而行之",须通过"斋戒""安处""存想""坐忘""神解"等五门,逐渐达到长生的目的。其中养生的内容较为丰富,养神是其养生思想的核心。

四、完善阶段(宋金元时期)

宋金元时期医家的学术争鸣,推动了中医情志养生理论的进一步发展。

宋代陈无择在《三因极一病证方论》中明确提出"七情"学说,认为七情是内伤致病因素之一:"七情,人之常性,动之则先自脏腑郁发,外形于肢体,为内所因。"在三因致病学说中,特别突出了情志因素的致病作用,所创立的"七气汤""大七气汤""小定志丸""菖蒲益智丸"等方剂,为中医调养情志病证作出了贡献。

宋代在情志养生理论和方法上均取得了不少进步,出现了不少对后世有较大影响的养生著作,如陈直的《养老奉亲书》。根据老年人的精神情志特点,陈直指出:"凡丧藏凶祸不可令吊,疾病危困不可令惊,悲哀忧愁不可令人预报……暗昧之室不可令孤。凶祸远报不可令知,轻薄婢使不可令亲。"这说明保持老年人情绪稳定,维持心理健康是非常必要的。《养老奉亲书》中还载有一首著名的情志养生的诗:"自身有病自身知,身病还将心自医;心境静时身亦静,心生还是病生时。"说明了情志养生对防治疾病的重要性。

宋初蒲虔贯的《保生要录》,论述了养神气、调肢体、论衣服、论饮食、论居处、论药食六门，其所论固养神气、导引按摩等调摄保生之术，皆简易可行，便于"崇贵之人"日常养生之用。蒲虔贯特编创"小劳之术"："养生者，形要小劳，无至大疲。故水流则清，滞则浊。养生之人欲血脉常行，如水之流。坐不欲至倦，行不欲至劳。频行不已，然宜稍缓，即是小劳之术也。"（《保生要录·调肢体门》）小劳术是一套肢体运动和自我按摩相结合的健身运动，主要内容包括"屈伸手足""两臂挽弓""两手拓石""双拳筑空""手臂轻摆""头项左右顾""腰胯左右转""两手互擦"及"掩目摩面"等。

值得注意的是，魏晋以后，葛洪、陶弘景、孙思邈等著名医家都把儒、释、道糅合在一起，并引进到中医养生中来，完善了中医养生的内容，开辟了一个新的境界，而宋代养生学则在此基础上有了长足的发展。

周敦颐、程颢、程颐等儒家对易学研究取得进展，逐步建立了理学思想体系，其"主静"的思想对儒家养生有重要指导意义。此时期运气学说的研究也取得进展，如刘温舒所著《素问入式运气论奥》专论五运六气及其在医学上的运用。刘温舒曾说："善摄生者，何尝不消息盈虚以道御神也。无失天信，无逆气宜，抑其有余者而不翼于胜，助其不及者而不赞其复，是以喜怒悲忧恐有所一而莫能乱，精神魂魄意有所养而莫能伤。"《苏沈良方》记载的"观鼻端白"对静功炼气颇有作用。南宋陆游、朱熹等都有"观鼻端白"入静的体验，使其影响历久不衰。南宋名儒朱熹发展了"理气学说"，提出"居静"与"持敬"说，主张为学修性要动静相济，以静为本，从而使理学成了正统的儒家哲学，并进一步渗入医学领域中来，其主静的养生思想更是深入人心。

宋代道家养生方面，主要表现为内丹术系统较前代有了很大进步，已经纯化为静功内炼系统，推动了养生气功尤其是静功的发展。内丹中精气神的关系学说，水火既济、心肾交通的理论，以及经络感传现象的体验和精气神先天后天的讨论，无疑对养生医学的发展起到了促进作用。道家养生的重要著作主要著录于《云笈七签》及《道藏》，而《太平圣惠方》和《圣济总录》所载的养生内容也多属道家养生之术。

金元时期，对养生学的研究以医家和道家为主，其中医家以刘完素、张从正、李杲、朱震亨为代表，邹铉增补的《寿亲养老新书》、王珪的《泰定养生主论》等是较为著名的养生专著，道家则以丘处机、李鹏飞影响较大。

刘完素重视顺四时以养神，认为"顺四时，不逆阴阳之道"则能"形与神俱"，"失四时之气，所以伤其神"。刘完素还重视六欲七情与疾病的联系，认为亢盛的情欲属于阳。若情欲过度，则易化热为火。他说："所谓阳动阴静。故形神劳则躁不宁，静则清平也，是故上善若水，下愚如火。先圣曰：'六欲七情，为道之患。'属火故也。"因此，人们若能节制七情六欲，则可养生防病以保持健康长寿。

张从正是继刘完素之后又一位具有创新精神的医家，是金元时代中医情志疗法史上一位杰出的代表。在其所著《儒门事亲》中，极为重视心理治疗，对于《黄帝内经》的"以情胜情"疗法进行了深刻的研究，创造了"习以平之"等情志方法。张从正善用汗、吐、下三法，号称攻下派，而其中情志因素又是掌握使用三法的关键之一。如他在谈到吐法运用时，提出了八条禁忌，其中包括"性行刚暴，好怒喜淫之人，不可吐；左右多嘈杂之言，不可吐；病患颇读医书，实非深解者，不可吐；主病者不能辨邪正之说，不可吐；病人无正性，妄言妄从，反复不定者，不可吐……"在仔细观察患者后，张从正根据各人心理特点不同，对于不能很好地配合医生的患者，禁用吐法，这也是他能成功运用三法的重要因素之一。在《儒门事亲·过爱小儿反害小儿说》中,张从正强调由于人的社会经济地位不同,因而心理状态及其对疾病的影响也有差异。如"贫家之子,不得纵其欲,虽不如意而不敢怒,怒少则肝病少。富家之子,得纵其欲,稍不如意则怒多,怒多则肝病多",故"善治小儿者,当察其贫富贵贱治之"。在《儒门事亲》中,其运用情志疗法治疗疾病达 60 余种,也归纳了喜、怒、悲、惊、思之气的病证,并对《黄帝内经》情志相胜之理进行了发挥,提出了运用以情胜情治疗情志疾病的方法,如"悲可以治怒,以怆恻苦楚之言感之;喜可以治悲,以谑浪亵狎之言娱之;恐可以治喜,以恐惧死亡之言怖之;怒可以治思,以污辱欺罔之言触之;思可以治恐,以虑彼志此之言夺之。凡此五者,必诡诈谲怪,无所不至,然后可以动人耳目,易人听视"。张从正运用情志疗法的手段多种多样,或通过心理暗示,或采取移情易性、行为疗法等,有时装扮巫师治人之病,有时配合针灸,有时击拍门窗使声不绝以治因惊畏响者,有时治久思不眠、假醉而不问、使患者怒呵而安睡等,并留下来许多情志疾病验案。

李杲在《脾胃论·脾胃虚实传变论》中,论述了因情志因素而导致心火亢盛,治疗上提出"安养心神调治脾胃论",突出了精神因素的先导作用。他说:"饮食失节,寒温不适,脾胃乃伤。喜怒忧恐,损耗元气,资助心火。火与元气不两立,火胜则乘其土位,此所以病也。"在《脾胃论·安养心神调治脾胃论》中提到:"凡怒、忿、悲、思、恐、惧,皆损元气。夫阴火之炽盛,由心生凝滞,七情不安故也。"李杲注重养生摄神,把《摄养》《远欲》《省言箴》3 篇作为《脾胃论》的结语,强调要"安于淡薄,少思寡欲,省语以养气,不妄作劳以养形,虚心以维神,寿夭得失,安之于数"。

朱震亨认为相火妄动是导致疾病发生的根由,而引起相火妄动的重要原因之一是情志过极,如"怒为呕血飧泄,煎厥薄厥,胸满胁痛,食则气逆而不下,为喘喝烦心,为消瘅肥气,目暴盲,耳暴闭,筋缓。怒伤肝,为气逆。悲治怒。喜为笑,毛革焦伤,气不收,甚则狂。喜伤心,气为缓……思为不眠,好卧昏瞀,三焦痞塞,咽喉不利,呕苦筋痿,白淫,不嗜饮食。思伤脾,为气结。怒治思。恐伤肾,为气不行。思治恐"(《脉因证治·七情证》)。在临床实践中,朱震亨亦善于运用心理疗法。他曾治一人因忧患病,咳吐血,面黧色黑,用药十日不效。谓其兄陈状元曰:"此病得之失志而伤肾,必用喜解,乃可愈。即求一足衣食地处之,于是大喜,即时色退,不药而愈。"

《寿亲养老新书》为元代邹铉在宋代陈直撰写的《养老奉亲书》的基础上续增篇幅后而写成的,广撷老年人"食治之方,医药之法,摄养之道";书中对气功养生、食后将息法、养性、种植、药酒养生内容论述尤详,并倡导"嘉言善行",弘扬慈爱之心。

王珪的《泰定养生主论》尤重老年养生,认为人至老境,"荣卫告衰,七窍反常,啼号无泪,笑如雨流,鼻不嚏而涕,耳无声而蝉鸣……寐则涎溢,溲不利而自遗,便不通而或泄",致使"真阴妄行,脉络疏涩",为了延缓衰老,防治老年疾病,主张经常导引、按摩、叩齿、咽津,尤其谆谆告诫:"名利不苟求,喜怒不妄发,声色不因循,滋味不耽嗜,神虑不邪思,无益之书莫读,不急之务莫劳。"

道家养生名著主要有丘处机的《摄生消息论》《青天歌注释》、李鹏飞的《三元延寿参赞书》、张士弘编集的《悟真篇三注》等。这些书中都有述及情志养生内容。

五、传承阶段(明清时期)

明清时期,中医养生学理念体系和方法、技术等日臻丰富。

一是养生思想丰富多彩,趋于完善。明清时期是中医养生思想的繁荣时期,养生保健受到社会各界的关注。广大医家在论述临床各种疾病的同时,更多从预防保健的角度论述养生的重要意义。

二是大量养生著作问世。此期社会人文学士也进行了不少的养生文献搜集、整理、出版工作,使得明清两代的养生学文献倍增,各种养生专著汗牛充栋。著名的有高濂编纂的《遵生八笺》,广泛辑录儒、佛、道乃至文、史、哲、诸子百家的养生言论、经验、方法、方药等,从清修妙论、四时调摄、起居安乐、延年却病、饮馔服食、灵秘丹药等方面阐述养生保健,颇具实用价值,为明以前养生的集大成之作。万全《养生四要》明确提出"养生之法有四,曰寡欲,曰慎动,曰法时,曰却疾""养生之道,只要不思声色,不思胜负,不思得失,不思荣辱,心无烦恼,形无劳倦,而兼之以导引,助之以服饵,未有不长生者"。

明代养生家十分强调静养心神,如朱权《臞仙神隐书》首倡"疗人之心";高濂《遵生八笺》的第一笺就是"清修妙论",首重调养心神以祛病延年;胡文焕的《摄生集览》提出"养神""惜气""堤疾"的养生三原则,把养神放在第一位。

相较明代,清代养生学在理论方面一承道家、佛家之说,而少有深入的探索;在养生实践方面,也多属于明代养生家的绪余,大多为比较琐碎的日常修养之法。清代曹庭栋根据自己的长寿经验,参阅了300余名家的养生著作,针对老人的特点,编撰的《老老恒言》,又名《养生随笔》,是一部汇集了从古代到清代老年养生思想和方法的老年养生专著,具体而实用。曹庭栋兴趣广泛、心态好,75岁之后,不但学而不厌,经史子集无所不读,而且吟诗作赋抒情怀,写字绘画保聪明,奏乐鼓琴悦心志,栽花植木劳身形,著书立说缓脑衰。曹庭栋认为要想长寿,必须养阴精。其法:一是养静,静则心神安定,真气不耗;二是专心,心专则精神内守,五脏安和;三是要想得开,"虽事值可怒,当思事与身孰重,一转念间,可以涣然冰释"。

六、振兴阶段（近代和现代）

中华人民共和国成立之前,中医发展缓慢,中医情志养生理论和实践少有建树,养生著作也主要限于文献整理研究。

中华人民共和国成立以后,历任国家领导人对中医药事业均十分重视,尤其是近年来,中医药振兴发展迎来了天时、地利、人和的大好时机。中医学中的情志养生思想正在逐渐引起越来越多的有识之士重视,代表性成就主要体现在以下4个方面:

一是情志养生的文献整理和理论研究方面有所突破。在文献整理方面有《庄子》关于情志与疾病的关系、《淮南子》的养生理论、《吕氏春秋》的医学保健心理思想、《金匮要略》情志病的治法、三曹养生思想研究、《儒门事亲》医案论中医情志病治疗、《寿亲养老新书》老年情趣养生法、张介宾中医情志思想、阳明心学视角与中医情志理论的契合与反思、《针灸大成》情志病治疗、《老老恒言》情志养生观、《临证指南医案》情志学思想等;理论研究方面有五行模式对中医情志理论建构的影响、情志因素对体质及发病的影响、不同情志在神志病发病中的致病特征、情志"上火"增加"疾病易感性"的研究、中医情志脉象研究、心在情志活动中的作用探析、"喜怒悲愁过度则伤肺"探析、从心肝失调探讨情志病、情志与脾胃的关系等。

二是总结制订了不少情志病的治疗方法与治疗机制,出版了不少情志养生方面的专著。如李浚川等编著的《情志医学》,张光霁、张永华主编的《中医情志疗法研究》,陈涤平主编的《情志养生》,郑怀林主编的《情志疗法》,杨献智、姜海英主编的《中医怡悦情志论》,杨俏田、秦华、高金虎主编的《中医心身疾病治疗学》,谭开清编著的《七情病辨治》,周德安主编的《实用中医临床情志病学》等,从各个方面肯定了中医情志养生的重要性、梳理了历代中医情志养生理论,并对诸如失眠、抑郁症、焦虑症、支气管哮喘、肠易激综合征、斑秃、乳腺增生、儿童抽动障碍、经前期综合征、围绝经期综合征、恶性肿瘤等情志病进行了深入研究,总结制订了相应的情志养生方法。

三是对某些情志疗法进行了实验研究。如中医情志研究动物实验模型的思考、利用不良情志刺激建立肝郁证动物模型、正常人群愤怒情志诱发材料选取的实验研究、愤怒情志诱发图片的选取研究、愤怒情志调节的机体反应及个体差异研究、"怒伤气"大鼠行为观察与检测、七情致病的免疫学机制、情志变化相关性肝系病证候分布规律研究肝郁证实验动物模型研究、中医情志调护"胎教"对子鼠基因表达谱的影响等,为中医情志养生学的运用提供了一定的实验依据。

四是开展了多层次的人才培养。人才培养是学科发展的关键,目前南京中医药大学、成都中医药大学、河南中医药大学等已经设立了中医养生学硕士、博士学位授权点,多家院校开设了中医养生学本科专业人才的培养,编撰了系列中医养生学专业教材。

体壮曰健,心怡曰康。人类健康离不开中医中药!我们坚信,包括中医情志养生学在内的中医药学,必将在中华民族的伟大复兴进程中贡献出自己的积极力量。

（袁久林）

学习小结

旧石器时代晚期,人类就已经有了通灵祈祷、安慰祝福、怀念追悼等朴素的情志养生活动。上古神医苗父用"祝由法"治病。管子著《内业》讲养心之术。

《黄帝内经》奠定了中医情志养生学深厚的理论基础。首先,该书强调了情志养生的重要性。第二,确立了五脏生五志学说。第三,阐明五脏气血的盛衰可以引起情志的变化。第四,明确情志失调直接伤及内脏。第五,突出了心在情志疾病过程中的主导作用。第六,强调情志致病的主要特点是伤及脏腑气机。第七,确立了情志养生的原则与方法。《素问·上古天真论》介绍了圣人三大情志养生之道,即"无恚嗔之心""内无思想之患""以恬愉为务"。

张仲景《伤寒杂病论》中形象地描述了奔豚病、脏躁及百合病、惊悸、不寐等常见的与心理因素密切相关的疾病证治。

嵇康的《养生论》为养生学名篇,阐述了摄养形神的要义。

唐代名医孙思邈在其所著《备急千金要方》中有"养性"专篇论述。

宋代陈无择在《三因极一病证方论》中提出七情是内伤致病因素之一。

金元时期的张从正是继刘完素之后又一位具有创新精神的医家,是中医情志疗法史上的一位杰出代表。在其所著《儒门事亲》中,极为重视心理治疗,对于《黄帝内经》的"以情胜情"疗法进行了深刻的研究,创造了"习以平之"等意疗方法。

中华人民共和国成立以后,历任国家领导人对中医药事业均十分重视,尤其是近年来,中医药振兴发展迎来了天时、地利、人和的大好时机。中医情志养生思想正在逐渐引起越来越多的有识之士重视。

　　体壮曰健，心怡曰康。人类健康离不开中医中药！包括中医情志养生学在内的中医中药，必将在中华民族的伟大复兴过程中贡献出自己的积极力量。

复习思考题

1. 试述祝由开导法的起源和后世的运用。
2. 试述《素问·上古天真论》介绍的圣人三大情志养生之道。
3. 比较老子和庄子的情志养生思想有哪些异同。
4.《黄帝内经》在情志养生方面有哪些重要思想？

第二章

中医情志养生学的基础

第一节　情志的产生与生理作用

一、情志的产生

情志活动的产生十分复杂,既与心肝脾肺肾五脏密切相关,也离不开气血津液等物质基础。不同体质的人有着不同的情志特点,不同的生活环境也会产生相应的情志变化。

(一) 情志与脏腑

人体是一个以五脏为中心的有机整体,情志活动与五脏密切相关,故《素问·阴阳应象大论》中云"人有五脏化五气,以生喜怒悲忧恐",即"五脏生五志",其中"心在志为喜""肝在志为怒""脾在志为思""肺在志为忧""肾在志为恐"。

1. 心生喜,主神明,主血脉　喜生于心,心在志为喜,心的气血阴阳处于和谐平衡的状态时,则喜从心出,喜笑颜开。当心的气血阴阳不足,或因痰、瘀等病理因素阻滞心络时,则难生喜志,而多表现出痛苦、忧愁、悲伤。故《素问·调经论》说:"神有余则笑不休,神不足则悲。"

心不仅可生喜,在中医学中,将人的情志、思维等精神活动,都归为心所主。《素问·灵兰秘典论》指出"心者,君主之官也,神明出焉",即心统帅着人体的整个生命活动。《灵枢·邪客》进一步指出:"心者,五脏六腑之大主也,精神之所舍也。"此处的"心"其实是一个功能系统,且心和脑两个解剖器官包括在内。其中,心主宰全部的生命活动,通过心的有规律搏动为五脏六腑提供濡养的血液;脑主宰人体的精神、意识、思维活动,且喜、怒、忧、思、悲、恐、惊的七种不同表现,均是大脑对外界刺激的反应,并通过神经、呼吸、循环、消化、泌尿各个系统,以及腺体和内分泌腺、代谢过程和肌肉组织等表现出来。

2. 肝生怒,主疏泄,主藏血　怒生于肝,怒为肝志,肝性刚强燥劲,当肝气上逆时,能表达人的愤怒之情。《素问·灵兰秘典论》指出:"肝者,将军之官,谋虑出焉。"《素问·六节藏象论》也指出:"肝者,罢极之本,魂之居也。其华在爪,其充在筋,以生血气。"肝在人体生命活动中,占有重要地位。肝主疏泄,在正常情况下,可以保持全身气机、情志处于舒畅、条达状态;肝主藏血,调节全身的血液运行,而血液又是神志活动的基础,因此,肝在情志疾病发病中起着重要作用。正常情况下,适度发怒,可使压抑的情绪得到一定程度发泄,是肝气得以疏泄的一种有效途径,对人体生理、心理是有一定益处的。

3. 肺生悲(忧),主气,司呼吸　悲(忧)生于肺,悲(忧)为肺志,肺能表达人的悲伤、忧愁之情。肺主气、司呼吸,调节着全身的气机,辅助肝的疏泄以调畅情志。肺朝百脉、主治节,血液的运行亦有赖于肺气的敷布和调节,肺气充沛,辅助心血运行,心神才能得到充分滋养,才能神清气爽,身心愉悦。若肺虚不足时,机体对外界刺激的耐受性下降,易于产生悲忧的情绪变化。正如《素问·宣明五气》所言:"精气……并于肺则悲。"悲,犹如秋风扫落叶之凄凉,毫无生机,气机内敛,按五行特性分,属金而主于肺;忧,因其内向而趋于气机之收敛,亦属金而配属肺。悲忧的外在行为常常表现为哭泣,既可小声抽泣,又可号啕大哭;既可长歌代哭,又可痛哭流泪。哭泣是各种情绪累积到一定程度的宣泄,因哭泣后过激的情绪可以得到有效释放和舒缓,从而节制情绪进一步过度发展,保护身心健康。

4. 脾生思,主运化,主统血　思生于脾,思为脾志。《素问·宣明五气》云:"脾藏意。"《难经·三十四难》也指出:"脾藏意与智。"脾脏与神志活动密切相关,脾主要的生理功能为主运化和主统血。脾运化水谷精微,为气血生化之源,为机体活动提供营养。脾固摄血液,维持血液运行的正常,因此脾有"后天之本"之美名。若脾的功能正常,化生气血,是情志功能活动的物质基础;同时,脾与胃同属中土,升降斡旋,是情志之气正常运行的重要保证。思是其他情志活动的基础,其他情感变化须通过思而产生。思属土,归属于脾,与喜、悲、恐、怒等情志的关系,正与脾居中属土、灌溉四脏的特点相应,故思可谓情志之枢。积极思考,可以集中全身注意力,促进五脏六腑和谐平衡,尤其是助脾运化。脾运健常,气血生化有源,脑髓得养,人的思维更加敏捷,记忆力增强,有益于身心健康,不易罹患健忘、痴呆等神经系统退行性病变。

5. 肾生恐(惊),主藏精,主水　恐(惊)生于肾,肾志为恐(惊),肾能表达人的惊恐之情。恐(惊)是指人对外界突发刺激的应激反应,而肾有病则易惊,如《黄帝内经》所云"肾风而不能食,善惊""肾藏精,精舍志"。肾藏精,推动人体的生长、发育与生殖,是机体生命活动之本,因此肾被称为"先天之本"。肾中之精舍志,且肾所藏之精亦可化髓、充养髓海,对人的意志和记忆功能起了重要的充养作用。肾精亏损,则人的思维记忆等能力下降,每多头昏不清、记忆力下降,甚则痴呆。人若遇到突发刺激,惊恐过度,气机下陷,可出现大小便失禁等情况,所谓"恐则气下"也。

(二)情志与气血

1. 情志与气　气是构成人体和维持人体生命活动的最基本物质,是脏腑组织的生理功能,对机体其他生命活动、生理过程具有推动、温煦、防御、固摄、气化等作用。人体情志和气的运动、气化作用紧密相关,情志异常亦可导致气机失调。

气的运动称之为"气机",其基本形式是升降出入,对情志活动具有一定的作用和影响,主要表现在:①气的升降出入运动能够推动和激发人体各种生理活动,协调脏腑、经络等功能联系,平衡阴阳,使血运有序,从而使人体情志活动适而中节,有而不过,精神充沛;②气机升降出入的协调正常还有益于情志活动的调畅和稳定。一旦气机升降出入失调也会影响情志活动。因此,《黄帝内经》指出:"故气得上下,五脏安定,血脉和利,精神乃居。"(《灵枢·平人绝谷》)"出入废则神机化灭,升降息则气立孤危。"(《素问·六微旨大论》)

情志活动也离不开气的气化功能。第一,形体组织和五脏精气的生成均需依靠气化作用。《素问·阴阳应象大论》言:"气生形。"《灵枢·平人绝谷》云:"神者,水谷之精气也。"如果气的气化作用失常,形体和五脏精气生成不足,则会导致情志的异常。第二,情志活动的产生离不开精气血津液等营养物质的濡养和不断补充,而精气血津液的生成与转化均离不开气化作用。正如《素问·六节藏象论》所说:"天食人以五气,地食人以五味。五气入鼻,藏于心肺,上使五色修明,音声能彰;五味入口,藏于肠胃,味有所藏,以养五气,气和而生,津液相成,神乃自生。"张介宾在《类经》中亦云:"夫生化之道,以气为本,天地万物,莫不由之……人之有生,全赖此气。"

2. 情志与血　血是人体的基本物质之一。血沿着脉管周流于全身各脏腑、皮肉、筋骨之间,为五脏六腑提供丰富的营养物质,滋润着各组织器官,为它们的生理活动源源不断地提供营养物质。同样,血也是精神心理活动的主要物质基础。如《素问·八正神明论》云:"血气者,人之神,不可不谨养。"《灵枢·本脏》云:"人之血气精神者,所以奉生而周于性命者也。"

(三)情志与体质

体质,是由先天遗传和后天获得所形成的,人类个体在形态结构和功能活动方面所固有的、相对稳定的特性。不同的体质容易发生不同的情志变化。

《黄帝内经》中根据人的阴阳多少、生理和心理等不同对体质进行了不同分类。如根据阴阳偏颇将人体分为阴虚质和阳虚质,其中阴虚质者,多表现形态消瘦、面色偏红或有颧红、午后面赤、微感烘热、口燥咽干、渴喜冷饮、唇红唇干、手足心热、心烦少眠、舌红少苔或无苔、脉细数等,其性情不太稳定,多好激动,急躁易怒。阳虚质者,多表现形体肥胖、面色少华、形寒怕冷、四肢倦怠、肢端欠温、唇色淡白、舌淡胖嫩、舌边齿痕、脉沉迟无力等;其性格多沉静内向,易发淡漠抑郁。

《素问·血气形志》中根据心理特征的差异,将体质划分为5种形志类型,即体质的"五形志"特征——"形乐志乐""形苦志乐""形苦志苦""形乐志苦""形数惊恐"。这里的"形"指形体;"志"指精神情志活动。形体过于劳苦为"形苦";养尊处优,饱食终日不劳形体为"形乐";畅怀无忧,踌躇满志为"志乐";忧愁抑郁,劳伤心神为"志苦"。"形数惊恐"则指屡次受到惊恐刺激的人。

《灵枢·阴阳二十五人》按五行学说将体质分为"木形之人、火形之人、土形之人、金形之人、水形之人"。其中木形之人多忧劳,好用心思;火形之人易发怒,性急躁;土形之人善与人相处,忠厚诚恳;金形之人严厉冷酷,性格孤傲;水形之人好欺诈,无所畏惧。

《灵枢·通天》又依体质将人分为"太阴之人、少阴之人、太阳之人、少阳之人、阴阳平和之人"5种类型。其中太阴之人性格多喜怒不形于色,表面谦卑,内心险恶,贪而不仁,好得恶失等;太阳之人的性格多好高骛远,意气用事,言过其实,得意自足,不顾是非,自以为是等;阴阳平和之人的性格则多遇事从容,情绪平稳,很少因情绪失调而引起疾病,不追求过分喜乐等。

北京中医药大学王琦教授经多年研究,将人体的体质分为平和质、气虚质、阳虚质、阴虚质、湿热质、痰湿质、气郁质、血瘀质、特禀质9种,同样认为不同体质者性格特征有相应的差异。

(四)情志与环境

各种精神情感活动大都有外界诱因,由一定的刺激信息所引起,故情志与环境密切相关。

1. 社会环境　社会环境包括家庭环境、生活背景、职业因素、人际交往等。《素问·疏五过论》指出:"凡欲诊病者,必问饮食居处,暴乐暴苦,始乐后苦,皆伤精气,精气竭绝,形体毁沮……故贵脱势,虽不中邪,精神内伤,身必败亡。始富后贫,虽不伤邪,皮焦筋屈,痿躄为挛。医不能严,不能动神,外为柔弱,乱至失常,病不能移,则医事不行……"由此可见,社会环境因素对人的情志影响十分复杂。

(1)家庭环境:家庭是个体赖以生存的、最重要的社会环境,且家庭的类型、个体在家庭中担当的"角色"及家庭人员之间的和睦程度等都可对人的心身造成一定的影响,使之经常处于某种心境状态,甚至可引发情志疾病。例如在中国古代社会,占主导地位的家庭类型是多代同堂的大家庭制,在这个大家庭中有"一夫多妻制"和"男尊女卑"的观念存在,女性地位往往较低,在这类家庭环境中,妇女罹患情志疾病的可能性较大。明代董宿在《奇效良方》中感慨到:"妇人疾,多因欲恋爱憎、嫉妒忧恚,抑郁不能自释,为病深固,所以治疗十倍于男子也。"

个人的家庭生活条件对情志疾病的发生与发展影响明显。一般来说,生活条件优越者每每容易产生骄横任性、恣意轻人的不良情感和倾向,并因此而引发情志疾病;贫困潦倒之人则较易产生抑郁寡欢、逆来顺受等不良心境。正如《儒门事亲·过爱小儿反害小儿说》所云:"贫家之子,不得纵其欲,虽不如意而不敢怒,怒少则肝病少。富家之子,得纵其欲,稍不如意则怒多,怒多则肝病多。"

(2)生活背景:生活背景是指人们生活的环境或条件,涉及整个社会的政治、经济、文化、军事,或某些阶层、社区、某一时期的人群生活特点,还有家庭生活条件等。安定、富足、和谐的社会背景常使人们的生活稳定、身心健康;反之,则每可因生活动荡而使心身处于紊乱状态。

人生活于天地之间、社会之中,往往受到自然条件和社会环境的影响和制约。若逢风调雨顺,太平盛世,则人多长寿;若遇社会动荡,疫疠流行,则人多短寿夭折。《素问·移精变气论》说:"往古人居禽兽之间,动作以避寒,阴居以避暑,内无眷慕之累,外无伸宦之形,此恬憺之世,邪不能深入也。""当今之世不然,忧患缘其内,苦形伤其外,又失四时之从,逆寒暑之宜……所以小病必甚,大病必死。"东汉哲学家王充在《论衡》中指出"太平之世多长寿人""仓卒之世,以财利相劫杀者众""谷食乏匮,人民饥饿,自相啖食"。可见,生活在太平安定环境中,是人们长寿的重要社会因素;而生活在动乱、贫困的年代,人们会因钱财、饥饿而相互祸害。如东汉末年,豪强割据,战火连天,田地荒芜,疫病流行,人民惨遭厄运。张仲景在其《伤寒论》序中描述到:"余宗族素多,向余二百,建安纪年以来,犹未十稔,其死亡者,三分有二,伤寒十居其七。"

（3）职业因素:现代社会发展迅速,人们的工作压力相对增加,从政者、劳心者苦于求索思虑,更易罹患情志疾病;工作场所视野宽阔,或相关领域众多,从业者心胸往往较为豁达,性格开朗。相反,屈身狭小空间,或工作领域单一且枯燥乏味,则易致情感压抑不舒,久而久之,心胸趋窄,性格偏于内倾,常因郁闷而致情志病患;同事之间关系宽松和谐,有助于心身健康、情感稳定。如果同事之间关系紧张,钩心斗角,则易发生情志方面的问题;上下级之间,家长制、独裁式的领导方式,易促使工作团体中的某些成员出现情感异常,诱发疾病。

（4）人际交往:任何人都有与他人交往的心理需求,这种需求不能得到满足或受到压抑,就会引起情志失调,导致病变。良好的人际交往是以宽松、和谐、平等、相互尊重、各得所愿为标志。人际关系失常,不管是发生在哪一范围内,都可导致个体的情感活动异常,从而引发情志疾患。

2. 情志与自然环境　天人相应,自然环境对人的情志也有一定的影响。随着四季气候变化,人的情志亦会随之发生相应改变。如春季可使人愉快、兴奋,夏季则易使人烦躁易怒,秋季往往易使人抑郁,冬季则可使人精神萎靡等。故《素问·四气调神大论》提出了随季节变化调养精神情志的方法——春三月当"以使志生",夏三月当"使志无怒",秋三月当"使志安宁",冬三月当"使志若伏若匿"。

除四季的气候之外,外界环境,诸如空气、颜色、声音、光照、温度、湿度、气压、空间等都影响到人的情志。《灵枢·大惑论》记载黄帝"每之东苑,未曾不惑,去之则复",究其原因,乃因东苑系"清冷之台",台高而寒气逼人,刺激心神而产生"惑",而一旦脱离此境,随即恢复。

二、情志的生理作用

人非草木,孰能无情。"喜、怒、忧、思、悲、恐、惊"是人的七种主要情志活动。正常的"七情"有利于脏腑功能的司职、气血津液的流通,是维系身心健康的重要因素之一。

（一）喜的生理作用

喜为欢乐、高兴之意。喜出于心。心在志为喜,主血脉。喜则意和气舒,营卫流畅,脏腑功能协调有序,则人感觉精神振奋,神清气爽,怡然自得,不但有益于健康、预防疾病发生,也有益于疾病的恢复,使人趋于年轻,故民间有"笑一笑,十年少;愁一愁,白了头"之说。

1. 促进身心健康　《素问·举痛论》曰:"喜则气和志达,荣卫通利。"喜的主要生理作用是促进心理健康、身体健康和增加成就感。相对消极情绪来说,喜作为一种积极情绪,适应性更好,对生活满意度较高。故乐观者进入新环境后的压力、抑郁和孤独感相对较低,能够感受到更多的社会支持,更能够适应新生活,心理更为健康。适度的喜悦有益于心主血脉的功能,能使心脏、血管的运动加强,血液循环加快,新陈代谢提高。

2. 提升自信　乐观有助于提升自信和促进成功。从某种程度上来说,乐观这一积极情绪能够有助于成就未来。反之,悲观则容易产生沮丧、无助等消极情绪。喜能提高脑的活力,充分发挥机体的潜能,提高脑力和体力劳动的效率和耐久力,使人感到生活和工作中充满乐趣和信心,显得轻松有力、敏捷准确、精力充沛。

(二)怒的生理作用

肝在志为怒。肝主疏泄,喜条达,暴怒则气上,郁怒则气郁。因此一定程度的发怒,持续时间短暂,程度较轻,很快能被自我调节控制,这样的发怒能宣泄紧张情绪,减缓面临的内在及外在的压力,具有自我保护的作用。因此,怒也有一定的生理作用。

1. 促进气血流通　发怒时能释放较多儿茶酚胺,兴奋交感神经,使血管收缩,血压升高,心率、呼吸频率加快,气血运行加速。因此,偶尔轻度发怒,从某种程度上说,对心脑血管间接起到锻炼作用,能够增强心脑血管对外界刺激的负荷能力,促进气血的流通。

2. 释放心理压力　适度愤怒可释放心理压力,从而提高效率,使感觉更敏锐,信心倍增。一个人发怒,说明他心中仍存希望,是想通过发怒改变现状,所谓"怒其不争"也。若是遇事从不发怒,不争不吵,有可能说明此人已经失去信心、希望,甚则已彻底失望,所谓"哀莫大于心死"也。

3. 缓解惊恐情绪　怒能胜恐,适度愤怒所释放的心理能量可以对抗惊恐,产生应激反应,急中生智,从而防止因为惊恐过度而导致的不良后果。

(三)忧(悲)的生理作用

忧(悲)虽然都属于消极性情绪,但偶尔出现适度忧(悲)对维护机体的生理功能仍有一定益处。主要表现在:

1. 泄情减压　偶尔适度忧(悲)是人体释放压力的方式之一,在某种程度上属于人体自我调整的能力,可以避免引起躯体疾病。比如当失去亲人时,会情不自禁地悲痛、哭泣,通过哭泣可以宣泄心中的悲伤。如若强行压抑这种悲痛,该哭不哭,反倒可能导致疾病。

2. 自我保护　偶尔出现忧(悲)这种消极情绪,可帮助某些偏执的人群回到现实情境,通过后退和断念使自己不再失望和受到伤害,面对现实,脚踏实地,放弃好高骛远的想法,避免因偏执恶化继而导致伤害,也属于一种自我保护的能力,所谓"知足常乐"也是这个意思。

3. 实现自我　忧愁可以使人的意识更加清晰,更能够感受到自我的存在。悲伤不仅能使思维更加深刻,在一定程度上还与创造力具有明显相关性,能够促使人们奋发图强、卧薪尝胆。司马迁因李陵之祸,幽于缧绁,所以"述往事,思来者",发愤著成《史记》,千古流芳。

(四)思的生理作用

思,具有思考与思虑双重意义,是思维的探索活动,是精神集中地思考事情或问题的过程。思的生理作用主要表现在:

1. 自我激励　适度的"思"可以激发个体自我努力的决心、实现期望目标的信心,从而增加自我认同感,形成积极情绪,减少消极情绪。因此"思"可作为主观幸福感的一个重要预测变量,在学习、生活、工作中不断激励自我,取得成功。唐代著名医学家孙思邈,一生勤奋治学,"白首之年,未尝释卷",于晚年先后写成《备急千金要方》和《千金翼方》,对发展中医药学作出了杰出的贡献。他讲究精神养生,勤于思考,百岁时犹能"视听不衰,神守甚茂",脑健耳聪,"晚而自保",益寿延年。

2. 平衡阴阳　思考状态下,人处于紧张状态,机体为适应这种紧张状态,下丘脑就会通过神经系统,释放肾上腺素,从而协调平衡机体内血糖代谢、呼吸、消化、血液循环等功能,还能释放各种舒缓紧张的类固醇激素,从而促进人体阴阳的动态平衡。

3. 有益智力发育　思考是在学习的基础上,对事物或信息分析、认知的过程。通过思考,可以活跃思维,产生智慧。此外,勤于思考,不仅可以提高学习能力,还可以预防老年痴呆等神经系统退行性病变。每一次思考都是对过往知识的一次整理和升华,是以厚积为基石的生命魅力彰显。人类正是通过勤奋的思考和不懈的实践,才推动了社会的发展与文明的进步。有些人平时懒于用脑,未老先衰,"忽喇喇似大厦倾,昏惨惨似灯将尽",精神萎靡,表情呆滞,口舌笨拙,反应迟钝。

> **知识拓展**
>
> 脑肠肽与情志
>
> 　　西医学的发展为脾胃与情志相关的理论提供了客观依据。脑肠肽是一种胃肠道与神经系统双重分布的调节胆囊和胆管运动的激素,其在中枢神经系统具有神经递质或调质作用。因此,胃-肠-胰内分泌系统功能异常,通过脑肠肽影响脑肠轴,导致中枢神经功能失调。临床情志病证的防治亦基于此。脾胃为气机升降之枢,调理脾胃气机可以协调五脏气机,通过神经-内分泌-免疫网络的调控作用,调节人体情志活动。

（五）惊（恐）的生理作用

惊恐虽然总属不良情绪反应,但是偶尔出现适度惊恐,也会对人体产生一定的生理作用。

1. 兴奋机体　惊恐大部分情况下,令人不快。但是,对于某些心理素质较强的人群而言,参加如赛车、斗牛、蹦极、登山等极限运动项目,适度感受惊恐而带来的紧张、刺激,能产生兴奋感,并在克服、战胜惊恐之后,油然而生一种自豪感,这种积极情绪使他们面对生活、工作充满了精力与自信。

2. 激发潜力　在少数情况下,惊恐还能激发人的潜力。如危险环境中,惊恐一方面可以引发警觉,有助于更好地准备,规避可能的风险;另一方面,惊恐可以加快人的反应速度,大脑会更加充分地去考虑如何让事情朝好的方向发展,甚至突然闪现极具智慧的应变之道。唐代卢纶的《和张仆射塞下曲·其二》中就描写了西汉的飞将军李广在惊恐情况下发挥潜能,而将剑射入石棱中的故事:"林暗草惊风,将军夜引弓。平明寻白羽,没在石棱中。"

3. 产生敬畏　恐惧可以约束不良行为,使人们对道德、法律等产生敬畏感。人们只有恐惧违背道德,并将这种恐惧升华为敬畏感,才会明白"勿以恶小而为之";反之,如若失去了对道德的敬畏,对自身、他人,乃至整个社会而言,就多了一个危险的存在。历史上多少贪官、污吏、战犯就是因为狂妄自大、内心膨胀,心无畏惧而遗臭万年的,所谓"天欲其亡,必令其狂"是也。

（程绍民）

笔记

第二节　情志失调的表现与危害

人是形神统一的整体,因而形与神在病理上相互影响。形体的病变,如躯体、脏腑、经络、官窍以及精气血津液的病变,皆可引起神的失常;而情志活动的失常,既可产生异常情志变化,也能导致躯体、脏腑、经络、官窍以及精气血津液的病变,甚至出现"毛悴色夭"等气血衰败的征象。

一、七情失调表现

(一)喜失调

喜失调,可致心气缓慢、心神惮散等,影响身心健康。

大喜,尤其是突然狂喜,不能自控者,可致心气散乱弛缓。突发的狂喜,轻则致运血无力,心神失养,出现心悸心慌、怔忡不安、疲劳乏力、精神涣散、不寐等,甚则可使心神浮越,神不守舍,以致哭笑无常。若暴乐暴喜,阳气不收,则致昏厥、癫狂之疾。严重者还可危及性命,如大喜时造成中风或猝死,或见心阳暴脱的大汗淋漓、气息微弱、脉微欲绝等症。如《淮南子·精神训》说:"大喜坠阳。"《素问·阴阳应象大论》说:"暴喜伤阳。"

过度喜乐可出现心神惮散的病理变化。《灵枢·本神》所云"喜乐者,神惮散而不藏"正是对"喜则气缓"的诠释。心为阳脏,神之舍也。大喜伤阳,或喜怒不节,情志过激,使气缓不收,心失所主,出现精神错乱,狂笑不休。《素问·生气通天论》云:"阴不胜其阳,则脉流薄疾,并乃狂。"张从正《儒门事亲·九气感疾更相为治衍》中有:"喜气所至,为笑不休,为毛发焦,为内病,为阳气不收,甚则为狂。"《冷庐医话》记载一举子世为农家,举于乡,喜极发狂,遂笑不止,即是喜之太过,神气涣散而致癫狂之典型案例。清代医学家喻昌在《寓意草》中记载了一则因喜过度而亡的案例:"昔有新贵人,马上洋洋得意,未及回寓,一笑而逝。"

(二)怒失调

肝为将军之官,性喜顺畅条达。《灵枢·论勇》云:"怒则气盛而胸张,肝举而胆横,眦裂而目扬,毛起而面苍。"《素问·本病论》说:"人或恚怒,气逆上而不下,即伤肝也。"因此,怒失调,可致肝气郁结、气血上逆犯脑、肝气横逆乘犯脾胃等危害。

怒则气上,指郁怒、暴怒致使肝气上逆,甚则血随气逆的病理变化,且存在郁怒和暴怒的不同。若肝的升发条达之性不及,必致疏泄无权,气机运行不畅,出现以气郁为主的病理变化,主要以精神抑郁为主要特点的异常变化,如情绪低落、沉默寡言、多愁善感等。若疏泄太过,升发无制,则气机逆乱,出现气血上逆为主的病理变化,主要表现为头胀头痛、面红目赤、急躁易怒;血随气逆则呕血,甚则昏厥猝倒。《素问·生气通天论》说:"大怒则形气绝,而血菀于上,使人薄厥。"即是大怒伤肝,血随气逆所致。《素问·举痛论》说:"怒则气逆,甚则呕血及飧泄。"此外,《灵枢·本神》所云"盛怒者,迷惑而不治""肾盛怒而不止则伤志,志伤则喜忘其前言,腰脊不可以俯仰屈伸",更说明大怒不仅可以直接伤肝,而且进而伤心、损肾。

愤怒时,肝气横逆犯脾,可出现腹痛、腹泻等症。肝气犯胃,影响胃的受纳,常常胃脘胀痛、不思饮食,故《左传》说:"忿怒之深,空腹不食,直气盈饱也。"长时间愤怒,唾液分泌减少,会出现口干难言之表现。愤怒时常致不思饮食,饮食乏味不香,饮酒自觉有酸味等。

(三)悲(忧)失调

悲失调,可致肺气消散、心络挛急瘀阻等危害。

忧愁悲伤太过,或者持续时间过长,超过了人体自身所能调节的限度和承受的负荷,而在思想认识上,又不能主动或被动地转移这种不良情绪,就成为一种致病因素,对机体构成危害,严重者可因忧虑过度而伤及生命。常见表现有意志消沉、精神不振、气短胸闷、乏力懒言等症。《素问·举痛论》说:"悲则心系急,肺布叶举,而上焦不通,荣卫不散,热气在中,故气消矣。"《素问·痿论》云:"悲哀太甚则胞络绝,胞络绝则阳气内动。"由于悲哀过度则使心脏的络脉发生急迫,心络挛急瘀阻,从而出现胸闷、胸痛、气短等表现。

人在悲伤忧愁时,可使肺气抑郁,耗散气阴,出现胸闷、气短、咳嗽,甚则咯血等症状。中医认为肺主皮毛,所以悲忧伤肺,还可表现在某些精神因素所致的皮肤病上,如荨麻疹、斑秃、神经性皮炎、银屑病等。《灵枢·本神》指出:"因悲哀动中者,竭绝而失生。""肝悲哀动中则伤魂,魂伤则狂忘不精,不精则不正,当人阴缩而挛筋。"这说明悲哀过度不仅可以消灼心肺之气,影响生命安危,并且可以伤害肝气,发生许多复杂疾病。

(四)思失调

思为脾志,若思虑太过,甚至空怀妄想、谋虑怫逆,皆可导致气结不行,积聚于中,可以致脾胃运化功能失健、疲劳乏力、痰瘀内生、不寐等变化。

首先,过思可影响脾胃的运化功能。思虑过度,脾气郁结,久则伤正,运化失健,可出现食少纳呆、胸脘痞满、腹胀便溏等症。

其次,过思可致疲劳乏力。脾为后天之本,主四肢,为人体气血生化之源。思虑过度,气血生化乏源,可致四肢无力、气短心悸、形体消瘦、神疲倦怠等症。《灵枢·本神》云:"脾愁忧而不解则伤意,意伤则悗乱,四肢不举。"

第三,过思可致津液、血液运化失常,痰瘀内生。《素问·举痛论》说:"思则心有所存,神有所归,正气留而不行,故气结矣。"气结即气滞之意,气滞则血停为瘀、津停为痰,发展为血瘀、痰瘀之变,导致心慌、心悸、胸闷胸痛、肢体关节疼痛,还会引起女性月经失调,甚至闭经。《素问·阴阳别论》有云:"二阳之病发心脾,有不得隐曲,女子不月。"

第四,过思可致失眠。"思则气结",不仅指脾气郁结,常兼有心神之气郁结。思虑过度常可出现寝食不安,辗转难寐。

(五)恐(惊)失调

恐失调可致精却气下,惊失调可致气乱神散,孕妇受惊可致胎病癫疾等。

恐为肾志,恐则气下。《灵枢·本神》指出:"恐惧而不解则伤精,精伤则骨酸痿厥,精时自下。"惊恐过度会耗伤肾气,使得肾气闭藏失职,出现二便失禁、遗精滑泄及双足发颤等症,严重的惊恐还会致人死亡。故《素问·举痛论》曰:"恐则精却,却则上焦闭,闭则气还,还则下焦胀,故气不行矣。"

"惊则气乱"指猝然受惊,导致心神不定,气机逆乱的病机变化。临床可见惊悸不安、惊慌失措,甚则神志错乱。《素问·举痛论》说:"惊则心无所倚,神无所归,虑无所定,故气乱矣。"张介宾注:"大惊卒恐,则神志散失,血气分离,阴阳破散,故气乱矣。"

此外,孕妇受惊,可以影响胎儿,造成先天性癫痫。《素问·奇病论》说:"人生而有病颠疾者……病名为胎病,此得之在母腹中时,其母有所大惊,气上而不下,精气并居,故令子发为颠疾也。"《三因极一病证方论》中亦说:"夫癫痫病,皆由惊动,使脏气不平,郁而生涎,闭塞诸经,厥而乃成。"

二、情志失调危害特点

(一)直伤内脏

情志失调致病,可直接伤及脏腑。《黄帝内经》系统总结了情志作为一种病因,在人体疾病发生、发展和预后中的作用。如"喜怒不节则伤脏,脏伤则病起于阴也"(《灵枢·百病始生》),"喜怒不节,寒暑过度,生乃不固"(《素问·阴阳应象大论》),"卒然外中于寒,若内伤于忧怒,则气上逆,气上逆则六输不通,温气不行,凝血蕴里而不散,津液涩渗,著而不去,而积皆成矣"(《灵枢·百病始生》),"夫邪之生也……其生于阴者,得之饮食居处,阴阳喜怒"(《素问·调经论》)。这些论述,充分说明《黄帝内经》时代已将病因以阴阳和外感、内伤几个方面进行分类。情志作为内伤病因的属性,直中脏腑,引起气机紊乱。

情志的产生是五脏精气对外界环境刺激的反应,并以七情归属五行和五脏,七情反应太过又损伤所属之脏。即心在志为喜,过喜伤心;肝在志为怒,过怒伤肝;脾在志为思,过思伤脾;肺在志为悲,过悲伤肺;肾在志为恐,过恐伤肾。

(二)七情失节皆伤心神

《素问·灵兰秘典论》云:"心者,君主之官也,神明出焉。"可见人的情志活动虽然归属于五脏,但心起着主导作用。情志失调是否引发疾病,是心神作用为主。《灵枢·本神》所言"所以任物者谓之心",就是心神主管对外界事物的认识和判断。如果人的认识能客观反映外界事物,那么受外界事物的影响而发生的情志反应,可以保持在正常范围而不致过激。如果人在某种强度的情志活动状态下的认识是非理性的,那么这种不客观的认识活动就会将已发生的情志活动引向过激状态,使情志反应的强度、时间都超过正常限度,成为致病因素。因此七情所伤,虽五脏各有所属,但求其由,七情皆从心而发,故情志失调均可作用于心神,导致心神不宁、睡眠不安,甚则精神失常。如《灵枢·本神》说:"是故怵惕思虑者则伤神……喜乐者,神惮散而不藏;愁忧者,气闭塞而不行;盛怒者,迷惑而不治;恐惧者,神荡惮而不收。"《素问·举痛论》说:"惊则心无所倚,神无所归""思则心有所存,神有所归"。这说明不仅喜乐过度伤心,导致精神涣散、神志失常,而且怵惕思虑、大怒、大恐、大惊等情志太过都可伤及心神。

因此,七情发于心而分应于五脏,无论何种情志致病,均可影响心神。《类经》说:"心为一身之君主,禀虚灵而含造化,具一理以应万几,脏腑百骸,惟所是命,聪明智能,莫不由之""情志之伤,虽五脏各有所属,然求其所由,则无不从心而发";又详说:"心为五脏六腑之大主,而总统魂魄,兼赅志意。故忧动于心则肺应,思动于心则脾应,怒动于心则肝应,恐动于心则肾应,此所以五志惟心所使也。"此即《灵枢·口问》所言:"心者,五脏六腑之主也……故悲哀愁忧则心动,心动则五脏六腑皆摇。"

（三）多情交织,易伤心肝脾

情志虽然分属五脏,在发病过程中却很难截然分开,常常是两种或两种以上情志交织在一起致病,因此情志致病具有兼加性。情志致病方式并非单一情志对应的"五志伤五脏"模式,还表现为抑郁悲伤、惊慌恚怒等多种情志伤及其他脏腑的复杂情况。在《灵枢·本神》中明确体现了此种致病特点:"是故怵惕思虑者则伤神,神伤则恐惧流淫而不止。因悲哀动中者,竭绝而失生。喜乐者,神惮散而不藏。愁忧者,气闭塞而不行。盛怒者,迷惑而不治。恐惧者,神荡惮而不收。心怵惕思虑则伤神,神伤则恐惧自失,破䐃脱肉,毛悴色夭,死于冬。脾愁忧而不解则伤意,意伤则悗乱,四肢不举,毛悴色夭,死于春。肝悲哀动中则伤魂,魂伤则狂忘不精,不精则不正,当人阴缩而挛筋,两胁骨不举,毛悴色夭,死于秋。肺喜乐无极则伤魄,魄伤则狂,狂者意不存人,皮革焦,毛悴色夭,死于夏。肾盛怒而不止则伤志,志伤则喜忘其前言,腰脊不可以俯仰屈伸,毛悴色夭,死于季夏。恐惧而不解则伤精,精伤则骨酸痿厥,精时自下。"

因此,"五志伤五脏"只是情志致病的模式之一,而多种情志交织共同致病伤脏的概率较多常见。情志对脏腑的影响错综复杂,既可以情志致病多伤本脏,也可以几种情志影响同一脏,还可以同一种情志作用于不同的脏。

由于心为精神之所舍,所有情志反应都通过心,因此多种情志伤人自然伤心。肝主疏泄藏血,主气机调畅、情志变化。脾主运化而位于中焦,是气机升降的枢纽,又为气血生化之源。故情志所伤以心肝脾三脏为多见。

（四）影响脏腑气机

脏腑之气的运动变化,在情志活动产生中发挥着重要作用。而脏腑之气的升降出入运动,又与情志变化密切相关。气机升降出入正常,是人体脏腑功能协调,气血畅行的保障。情志刺激作用于人体,最易引起脏腑气机失调,气血功能紊乱而为病。不同的情志刺激,对人体脏腑的气机影响各不相同而病证各异,如过于愤怒可使肝气上逆,血随气升,出现面红目赤、青筋怒张,甚或眩晕、昏厥、偏枯等中风类病症;过度恐惧,可使精气下陷,肾气不固,出现面色苍白、二便失禁等症。

因此,情志内伤脏腑而致病,首先是影响脏腑气机,不同的情志刺激,对气机的影响也有所不同,导致脏腑气机升降失常而出现相应的临床表现。《素问·举痛论》概括为:"百病生于气也,怒则气上,喜则气缓,悲则气消,恐则气下……惊则气乱……思则气结。"

情志致病导致的脏腑气机失调是以气滞、气逆为主,由此产生的瘀血、痰饮、热结、寒结、痰瘀互结等病理产物,又因脏腑本身存在易感素质而引发不同证型的情志病证。

七情活动过度,会损及五脏精气,或使脏腑气机失调,产生疾病,所谓"五志过极化火"即是五种情志过度表达,影响脏腑,气机郁滞于内,从阳化火,而产生火邪侵犯人体的症状。正如明代张介宾所说:"人之情欲多有妄动,动则俱能起火。"《医家四要》更阐述了五志化火之别,而谓:"又有五志之火者,如烦劳过度,则火起于心。大怒气逆,则火起于肝。思虑过饱,则火起于脾。悲哀恸中,则火起于肺。房劳过度,则火起于肾。"

刘完素在《素问玄机原病式·六气为病·火类》中所说"由乎将息失宜而心火

笔记

暴甚,肾水虚衰不能制之,则阴虚阳实而热气怫郁……由五志过极皆为热甚故也",即朱震亨提出的"气有余便是火"。五志化热化火,既可表现为发热、头痛、胁胀、二便闭塞、卒中不语等躯体症状,亦可表现出烦躁、谵妄、惊悸、惊搐、僵仆、健忘等情志异常。情志太过化火,火热为阳邪,既可以迫津外泄,也可以直接煎熬津液,致使机体阴液耗伤而表现出一系列阴虚内热、干燥涩滞之状,如口干多饮、五心烦热、骨蒸潮热、盗汗、尿赤、大便秘结等。

气滞还可引起血瘀、痰饮、湿郁、食郁等病变,而痰饮与瘀血互结,则又可致癥瘕积聚等。因此,情志内伤引起的病理变化相当复杂,多种疾病的发生或诱发,大多与之有关。

(五)累及精血津液

1. 津聚为痰　痰是津液代谢障碍所形成的病理产物,属于继发性病因。气能行津,保持体内津液代谢正常,若长期忧思郁怒,造成气机不畅,肝气郁结,郁久犯脾,脾失健运,肝脾气机郁滞,清者不升,浊者不降,津液不归于正化,形成痰气内郁证。若气郁痰结日久不解,上蒙心窍而引起神志失常,发为诸种情志病,如癫狂、百合病、脏躁、郁证、不寐等,可见头晕目眩、精神萎靡、悲忧善哭、情绪低落,甚则突然晕倒、不省人事、口吐涎沫、神昏谵语等症。

2. 血滞为瘀　瘀血的形成虽责之气滞、外伤、气虚、血热、血寒等多途,但情志内伤是其形成的主要病因之一。气能行血,而气机失调易造成血运失常,产生瘀血。情志不遂,则气机郁滞,气滞则血亦滞,或者忧思郁怒,化火伤阴,血液郁滞不畅,热结血瘀。正如《灵枢·百病始生》所说:"若内伤于忧怒,则气上逆,气上逆则六输不通,温气不行,凝血蕴里而不散。"情志失调,气机不畅,初病气分,延久及血,症见气滞血瘀或热结血瘀之证。

3. 疏泄失常伤精　男性精室的开合、精液的藏泻,与肝肾的功能有关。"主闭藏者,肾也;司疏泄者,肝也。"(《格致余论·阳有余阴不足论》)肝之疏泄与肾之闭藏协调平衡,则精室开合适度,精液排泄有节,使男子的性与生殖功能正常。若情志过激影响肝之疏泄失常,必致开合疏泄失度。其不及,可见性欲低下、阳痿、精少、不孕等;其太过,则性欲亢奋、阳强、梦遗等。《素问·阴阳应象大论》说:"肾……在志为恐,恐伤肾。"伤肾可见伤及肾精,使肾精外泄为主,即《灵枢·本神》所提"恐惧而不解则伤精,精伤则骨酸痿厥,精时自下"。后世《医宗金鉴·四诊心法要诀》也论述了恐伤肾的病证表现:"肾黑善恐,脐下动气,腹胀肿喘,溲便不利,腰背少腹,骨痛欠气,心悬如饥,足寒厥逆。"

(六)多发为情志病证

情志刺激首先影响到心神的功能,再影响到相关的脏腑而产生疾病,故情志失调多发为情志病,如郁证、痴呆、癫狂、惊悸、脏躁、健忘、不寐、昏迷等,或表现为与神志失常的症状共见。

(七)影响疾病康复

消极悲观的情绪或七情强烈波动,可诱发疾病发作或使病情加重、恶化,影响疾病的康复。

旧病未愈或处于缓解期,机体存在脏腑功能失调,气血运行障碍,如遇情志刺激,使病情加重或缠绵难愈。正如《素问·汤液醪醴论》曰:"帝曰:形弊血尽而功不立者何？岐伯曰：神不使也。帝曰：何谓神不使？岐伯曰：针石，道也。精神不进，志意不治，故病不可愈。今精坏神去，荣卫不可复收。何者？嗜欲无穷，而忧患不止，精气弛坏，荣泣卫除，故神去之而病不愈也。"可见患者的心态与情绪对针刺疗效和转归预后具有至关重要的影响。

肝阳上亢证，若恼怒过度，可诱发中风偏瘫；狂证患者，可因情志刺激导致气郁化火，挟痰上蒙心窍，使病情加重或引起复发；肾气本亏的患者，可因惊恐重伤精气而发生阳痿、小便失禁等病变；眩晕患者素有阴虚阳亢，肝风内动的病理基础，若遇事恼怒，则肝阳暴张，气血并走于上，蒙蔽清窍，出现中风神昏之变。

《灵枢·厥病》曰："风痹淫泺，病不可已者，足如履冰，时如入汤中，股胫淫泺，烦心头痛，时呕时悗，眩已汗出，久则目眩，悲以喜恐，短气不乐，不出三年死也。"当形体病变较重，"病不可已"时，若出现悲恐等情绪表现，会严重影响到疾病的预后，甚则可"不出三年死也"。

（王洪武）

学习小结

情志活动的产生十分复杂，既与心肝脾肺肾五脏密切相关，也离不开气血津液等物质基础。不同体质的人有着不同的情志特点，不同的生活环境也会产生相应的情志变化。

人体是一个以心、肝、脾、肺、肾五脏为中心的有机整体，情志活动与五脏密切相关，故《素问·阴阳应象大论》中云"人有五脏化五气，以生喜怒悲忧恐"，即"五脏生五志"，其中"心在志为喜""肝在志为怒""脾在志为思""肺在志为忧""肾在志为恐"。其中，心为君主之官，不仅可生喜，且人的情志、思维等精神活动，都归纳为心所主。

人体的体质分为平和质、气虚质、阳虚质、阴虚质、血虚质、痰湿质、肝郁质、血瘀质、特禀质9种。

"喜、怒、忧、思、悲、恐、惊"是人的七种主要情志活动。正常的"七情"有利于脏腑功能的司职、气血津液的流通，是维系身心健康的重要因素。

适度的喜，有促进身心健康、提升自信的生理作用。喜失调，可致心气缓慢、心神惮散。

适度的怒，有促进气血流通、释放心理压力、缓解惊恐情绪的生理作用。怒失调，可致肝气郁结、气血上逆犯脑、肝气横逆乘犯脾胃等。

适度的忧（悲），有泄情减压、自我保护、实现自我的生理作用。悲失调，可致肺气消散、心络挛急瘀阻。

适度的思，有自我激励、平衡阴阳、有益智力发育的生理作用。过思，可致脾胃运化功能失健、疲劳乏力、痰瘀内生、失眠等变化。

适度的惊（恐），有兴奋机体、激发潜力、产生敬畏的生理作用。恐失调可致精却气下，惊失调可致气乱神散，孕妇受惊可致胎病癫疾。

情志致病直接伤及内脏、影响脏腑气机，七情失节皆伤心神，多情交织易伤心肝脾，累及精血津液，津聚为痰，血滞为瘀，疏泄失常伤精，多发为情志病证，影响疾病康复。

复习思考题

1. 试述情志的概念。七情、五志具体内容有哪些?
2. 试述惊与恐的主要区别。
3. 试述体质的不同分类方法。
4. 正常情志的生理作用分别有哪些?
5. 试述社会环境对情志的影响。

第三章

情志养生的原则和方法

学习目的

通过本章,详细学习情志养生的 6 大原则和情志养生的 18 种方法,建立中医情志养生的基本思维,为以后灵活运用打下深厚基础。

学习要点

掌握 6 大情志养生原则和 18 种情志养生方法。

中医学在长期的发展过程中,不断积累养生经验,逐步完善情志养生理论,总结凝练出了中医情志养生的基本原则和方法。《灵枢·本神》云:"故智者之养生也,必顺四时而适寒暑,和喜怒而安居处,节阴阳而调刚柔。"《灵枢·本脏》曰:"志意和则精神专直,魂魄不散,悔怒不起,五脏不受邪矣。"实践证明,只有遵循这些情志养生的基本原则和方法,才可达到却病延年、形神合一、健康长寿的目的。

第一节　情志养生原则

中医情志养生要遵守平衡中和、形神兼养、治未病、辨体施养、三因制宜、动静结合的六大原则。

一、平衡中和

《黄帝内经》强调"阴平阳秘,精神乃治"的养生原则,这种阴阳平衡之道追求的就是一种"平衡中和"情志养生原则。

儒家养生讲求中和之道,"致中和,天地位焉,外物育焉"。《中庸》言:"喜怒哀乐之未发谓之中,发而皆中节谓之和。"所谓过犹不及,不偏不倚,相互均衡,而中和追求的就是这种恰到好处的身心状态。对于情志养生而言,就是要注意保持情志的平衡与得当。儒家的"正心,诚意,修身,齐家,治国,平天下",是着重于品德的修养,也是广义养生的范畴。孔子曰:"益者三乐,损者三乐。乐节礼乐,乐道人之善,乐多贤友,益矣;乐骄乐,乐轶游,乐宴乐,损矣。"又曰:"君子有三戒:少之时,血气未定,戒之在色;及其壮也,血气方刚,戒之在斗;及其老也,血气既衰,戒之在得。"均强调要平衡中和。

笔记

35

二、形神兼养

形，是指构成人体的形态结构，包括五脏、六腑、皮肉、经络、骨骼、气血津液等，是维持人体生命活动的物质基础；神，是指人的精神思维活动，包括神志、意识、情感等，是人体生命活动的外在表现，也是维持生命活动的主宰。形神兼养，指养生不仅要注意形体的保养，而且还要注意精神的摄生。形者神之质，神者形之用；形为神之基，神为形之主；无形则神无以生，无神则形不可活；形与神俱，方能尽终天年。形与神，二者之间相互依存、相互影响、相互制约，是一个密不可分的整体。

（一）形为神之基

魏晋时期著名养生家嵇康在其《养生论》中指出："形恃神以立，神须形以存。"说明形乃神之基。《素问·上古天真论》曰："形体不敝，精神不散。"这也说明了神以形为基础的重要性，无形则神无以生。战国时期著名思想家荀子在《荀子·天论》中说："天职既立，天功既成，形具而神生，好恶喜怒哀乐藏焉。"其意是说，天作为自然界的代表，通过自身自然规律的演变，产生了我们所能见到的现象，其自然规律即是神的表现。引申到人的身上，我们只有具备了形体，才能产生像自然规律一样的精神活动。《灵枢·本神》亦指出"心藏脉，脉舍神""肝藏血，血舍魂""脾藏营，营舍意""肺藏气，气舍魄""肾藏精，精舍志"，不仅说明了"五脏"是"五神"的物质基础，而且说明了由五脏所主的精、气、营、血、脉及其生理功能与"五神"的动态关系。五脏藏而不泻，化气生神，神内守而情外达，正是五脏与五神密切关系的体现。金元四大家之一的朱震亨亦在《丹溪心法》中强调"神不得形，不能自成"。《素问·上古天真论》指出，"积精"方可"全神"，也就是说神是否健全与精是否充盛有密切关系。

"精、气、神"为人之三宝，气、血等精微物质是精神活动的物质基础。李杲在《脾胃论》中指出："气乃神之祖，精乃气之子。气者，精神之根蒂也，大矣哉！积气以成精，积精以全神。"说明精气充足才能神识健全。《灵枢·营卫生会》曰："壮者之气血盛，其肌肉滑，气道通，荣卫之行，不失其常，故昼精而夜瞑。老者之气血衰，其肌肉枯，气道涩，五脏之气相搏，其营气衰少而卫气内伐，故昼不精，夜不瞑。"由此可见，气血充盛，方可使神内守、安宁；反之则会出现神不守舍、夜不能瞑的现象。《灵枢·平人绝谷》说："血脉和利，精神乃居。"以上这些论述，都强调了人体只有保持气血等精微物质的充足，才能维持旺盛的精神活动。

（二）神为形之主

明代医家张介宾强调："神虽由精气化生，但统权精气而为运用之者，又在吾心之神。""心为一身之君主，禀虚灵而含造化，具一理以应万几，脏腑百骸，惟所是命，聪明智能，莫不由之。"可见，神为形主，无神则形不可活。人体的整体统一不仅表现为内部各个脏腑之间密切联系，同时也表现为与外界的自然环境保持着密切联系，而主宰这一系列联系的根本就是神。《素问·灵兰秘典论》指出："凡此十二官者，不得相失也。故主明则下安……主不明则十二官危，使道闭塞而不通，形乃大伤。"在人的一切精神活动中，神起着主宰作用，维持着人体内环境的平衡，也调节人体对外部自然环境的适应能力，缓冲各种外界环境对人体的刺激，从而保持人体与自然之间的平衡。如《灵枢·本神》曰："怵惕思虑者则伤神，神伤则恐惧流淫而不止。因悲哀动中者，竭绝而失生。喜乐者，神惮散而不藏。愁忧者，气闭塞而不行。盛怒者，迷惑而不治。恐惧者,神荡惮而不收。"

神在机体卫外抗邪的过程中也起到了重要的作用。故《灵枢·本脏》说:"志意者,所以御精神,收魂魄,适寒温,和喜怒者也……志意和则精神专直,魂魄不散,悔怒不起,五脏不受邪矣。寒温和则六腑化谷,风痹不作,经脉通利,肢节得安矣。"

（三）形神共养

"养神"和"养形"是中医两大养生内容。在《黄帝内经》之前,中医情志养生学一直受到以老庄学说为中心的道家思想的影响,中医养生观常以"养神"为第一要义,认为"神明则形安"。《黄帝内经》从医学角度提出了"形神合一"的观点,强调了"精神内守"的观点,认为人欲保持身体健康、精力充沛,除了要避免虚邪贼风等有害刺激对机体的侵袭外,还需保持"恬惔虚无",从而做到精神内守,即所谓"养神"。此外,还可以通过四气调神、气功练神、戒欲养神、修性怡神等方法,做到顺应天时、调息宁心,培养自己的兴趣爱好,从而起到修心养性的作用。

养神和养形,有着密切的联系,二者不可偏废。"守神全形"和"保形全神",是对立统一规律在养生学中的运用。形作为神的物质基础存在,而又受到神的主宰,构成了形神合一的有机整体。形的生理功能异常可导致神的变化,反之亦然。《黄帝内经》正是基于形神之间相互影响、相互制约的关系特点,提出了形神共养的养生原则。"上古之人,其知道者,法于阴阳,和于术数,食饮有节,起居有常,不妄作劳,故能形与神俱,而尽终其天年,度百岁乃去。"(《素问·上古天真论》)这既是中医养生观的基本思想和原则,也是中医整体观念在养生学中的体现。

三、治未病

《素问·四气调神大论》指出:"是故圣人不治已病治未病,不治已乱治未乱,此之谓也。夫病已成而后药之,乱已成而后治之,譬犹渴而穿井,斗而铸锥,不亦晚乎!"这种预防为主、未病先防的治未病思想受到历代推崇,也是中医情志养生应该尊崇的重要原则之一。治未病包含未病先防、既病防变和瘥后防复三个方面内容。

（一）未病先防

为了减少疾病的发生与发展,提高生活质量,延长寿命,应当尽量避免不良情志的产生,及时恰当地调整各种不良情志,尽早使之回归正常,此即情志养生治未病原则中的"未病先防"原则。

古代医家从实践中总结发现,淡泊名利,清心寡欲,保持平和的心态,有助于预防疾病的发生。如《素问·上古天真论》云:"恬惔虚无,真气从之;精神内守,病安从来。是以志闲而少欲,心安而不惧,形劳而不倦,气从以顺,各从其欲,皆得所愿。"《素问·痹论》曰:"静则神藏,躁则消亡。"《素问·至真要大论》云:"清静则生化治,动则苛疾起。"这些论述都指出了情志养生有助于生理功能正常,能够避免各种疾病的发生。如果能够做到心无杂念,乐观开朗,豁达宽宏,则脏腑和顺,气机调畅,从而"精神专直,魂魄不散,悔怒不起,五脏不受邪矣"。《黄帝内经》提倡"行不欲离于世""举不欲观于俗"。我们每个人都生活于凡世之中,但只要有高尚的思想境界和道德修养,就能够摆脱精神因素的困扰,达到祛病健康、长寿延年的目的。

（二）既病防变

疾病发生后,要根据其传变途径及其规律,尽早采取各项防治措施,不仅要截断病邪的传变途径,而且还要"先安未受邪之地",即未雨绸缪,实施预防性治疗,以控制疾病的进一步加重和发生各种传变。《金匮要略》中"见肝之病,知肝传脾,当先实脾"即是"既病防变"的经典运用。

《素问·阴阳应象大论》曰:"故善治者治皮毛,其次治肌肤,其次治筋脉,其次治六腑,其次治五脏。治五脏者,半死半生也。"这说明疾病的治疗应从轻浅时入手,如不及时治疗,病情深入将更难以诊治。很多严重的慢性疾病的发生、发展、转归等都与患者的情志关系密切,"七情失节"不仅常常是多种疾病的诱发因素,而且还常常导致已患疾病的加重或恶变。"三分治疗,七分调养",在对疾病进行药物治疗的同时,要注重患者情志调摄,保持七情平衡,勿使太过不及,从而使疾病向好的方向发展,达到既病防变目的。

如在对高血压进行施治时,有经验的医生常根据高血压的发展和传变规律,运用情志养生的方法,积极预防其对心脑肾三个靶器官的损害。《素问玄机原病式》指出:"多因喜怒思悲恐之五志有所过极而卒中者,由五志过极,皆为热甚故也。"验之临床,"喜伤心"可致血脉瘀阻、"怒伤肝"可致肝阳上亢、"思伤脾"可致痰浊中阻、"悲伤肺"可致气血不畅、"恐伤肾"可致髓海不足。喜、怒、思、悲、恐过极均能导致脑卒中的发生。故于高血压而言,情志调养就是既病防变的有效措施之一。

(三)瘥后防复

在疾病好转或是初愈之时,正气尚未复元,邪气残存未尽,此时需要注意情志调养,保持心情愉悦,以防因调养不当,旧病复发,或滋生新的病症。

《素问·举痛论》说:"怒则气上,喜则气缓,悲则气消,恐则气下……惊则气乱……思则气结。"又如"怒伤肝,喜伤心,思伤脾,忧伤肺,恐伤肾"等,都说明了七情的过度偏激会对人体的脏腑气机造成干扰,成为疾病复发的诱因或关键。因此,古今养生家和医家都非常重视对七情的调摄,以此作为"瘥后防复"的手段。清代医学家程履新指出:"大凡病原七情而起,仍须以七情胜服化制以调之,时者不悟,徒恃医药,则轻者增重,重者危矣!"如因情志刺激,暴怒或忿怒、郁怒,肝阳上亢引起的眩晕、中风、头痛等病,虽经治疗痊愈,若日常不注意调摄情志,移情易性,疾病仍会去而复来,缠绵不愈。

情志失调常是肿瘤病形成与进展的关键因素。《景岳全书·妇人规》曰:"或恚怒伤肝,气逆而血留,或忧思伤脾,气虚而血滞……而渐以成癥矣。"长期情志不悦即会导致肿瘤的发生,发生肿瘤后患者更易出现恐惧、悲观、痛苦、郁闷等不良情志,这些不良的情志如果不能得到及时排遣,不但影响疾病的治疗,还易导致肿瘤复发,甚而发生新的肿瘤。因而解决肿瘤患者的心理问题,加强情志养生,对于提高患者生活质量,防止肿瘤复发有着积极的意义。

四、辨体施养

针对不同的体质,选择有益于健康的不同情志调养策略,调畅人体气血,协调脏腑功能,达到强身健体的目的,这就是情志养生的辨体施养原则。

体质是指人体生命过程中,在先天禀赋和后天获得的基础上所形成的形态结构、生理功能和心理状态方面综合的、相对稳定的固有特质。体质与脏腑、经络、气血、阴阳等的盛衰偏颇关系密切,是中医学"天人相应"整体观和"形神合一"生命观的具体体现。

不同的体质状态在某种程度上决定其生理反应的特异性及对某些致病因素的易感性和病变过程的倾向性。同时体质也不是固定不变的，外界环境和发育条件、生活条件的影响，都有可能使体质发生改变。精神因素也可以直接影响脏腑、阴阳、气血的功能活动，进而影响人的体质。《素问·疏五过论》指出："暴乐暴苦，始乐后苦，皆伤精气，精气竭绝，形体毁沮。"《淮南子·精神训》也说："人大怒破阴，大喜坠阳，大忧内崩，大怖生狂。"这些均说明强烈或长期的精神刺激可直接损伤人的脏腑器官，引起机体阴阳气血失调，从而改变体质。

中医学对体质的认识始于《黄帝内经》，主要有阴阳五行分类、阴阳太少分类、禀性勇怯分类及体型肥瘦分类4种。北京中医药大学王琦教授从20世纪70年代开始从事中医体质学说的理论、基础与临床研究，并逐步确立了中医体质理论体系，并提出平和质、气虚质、阳虚质、阴虚质、痰湿质、湿热质、血瘀质、气郁质、特禀质等9种基本体质类型，受到公认。

情志养生，需辨别不同体质，选择适合的情志养生方法。

（一）平和质

平和质是指先天禀赋良好、后天调养得当，以体态适中，面色红润，精力充沛，脏腑功能状态强健壮实为主要特征的一种体质状态。多为阴阳平和、五脏匀平，气血畅达，情绪稳定，形神合一，即"阴平阳秘"健康人的体质状态。

平和者的情志特征有性格随和开朗、婉转谦逊等特点。《灵枢·通天》指出："阴阳和平之人，居处安静，无为惧惧，无为欣欣，婉然从物，或与不争，与时变化，尊则谦谦，谭而不治，是谓至治。"强调具有为人处世不慕名利、举止泰然，心态平和、婉转谦逊的情志特征。

平和质的人，情志方面要继续保持平和的原则，勿太过，勿不及，疏泄有常，避免各种不良情志影响心神。

（二）气虚质

气虚质是指由于一身之气不足，以气息低弱、脏腑功能状态低下为主要特征的体质状态。

气虚者的情志特征主要与肝、胆有关，具有性格内向、情绪不稳定、胆小不喜欢冒险等特点。气虚质常出现胆怯，是由阴阳相失、肝胆气血虚弱决定的。《灵枢·论勇》云："肝系缓，其胆不满而纵，肠胃挺，胁下空，虽方大怒，气不能满其胸，肝肺虽举，气衰复下，故不能久怒。"《灵枢·邪气脏腑病形》指出："胆病者……心下淡淡，恐人将捕之。"《灵枢·本神》指出："肝气虚则恐，实则怒。"

气虚的人群情绪以或多或少的悲观为主，但往往又易于改变，情绪不够稳定，容易焦虑、紧张、易怒，还有抑郁。失眠，喜欢安静、离群、内省，保守，喜欢独处。倾向于做事有计划，瞻前顾后，不凭一时冲动，很少进攻行为，不愿意冒险。

气虚质者的情志调养以培补元气、补虚健脾为原则，应当逐渐培养乐观豁达的生活态度，以振奋阳气。保持平和心态，可倾听轻音乐，欣赏戏剧，观看幽默的相声或小品等。参与愉悦的活动振奋精神，避免过度思虑、精神紧张。也可以通过食用山药、黄芪、人参等，以补益中气。

（三）阳虚质

阳虚质是指由于阳气不足,失于温煦,以形寒肢冷等虚寒现象为主要特征的体质状态。

阳虚者的情志特征主要与人体阴阳、筋骨气血的差异关系密切,且性格具有沉静、内向等特点。体质属多阴而无阳之人。《灵枢·通天》认为阳虚体质与"太阴之人"最相关:"太阴之人……好内而恶出,心和而不发,不务于时,动而后之。"

阳虚质者的情志调养以温养散寒、温补脾肾为原则,应多参加社会活动,或通过户外活动多接触自然美景,或以歌舞的方法,或通过习练太极拳、五禽戏、八段锦等,结合肢体舞蹈和歌曲演唱调动活力,提升阳气,振奋精神。

（四）阴虚质

阴虚质是指由于体内津液精血等阴液亏少,以阴虚内热等表现为主要特征的体质状态。

阴虚者的情志特征具有性情急躁,外向好动,活泼等特点。体质属多阳少阴之人。《灵枢·通天》认为阴虚体质与"太阳之人"最相关:"太阳之人,居处于于,好言大事,无能而虚说,志发于四野,举措不顾是非,为事如常自用,事虽败而常无悔,此太阳之人也。"

阴虚质者的情志调养以滋阴降火为原则。修心养性,静养心神,舒缓情绪。平素加强自我修养,学会控制自己的情绪,可选用读书、抚琴、弈棋、书法等方式,节制欲念,保持平和心态,以保精养神。

（五）痰湿质

痰湿质是指由于水液内停而痰湿凝聚,以黏滞重浊为主要特征的体质状态。

痰湿质的情志特征具有性格偏温和,稳重恭谦,和达,多善于忍耐等特点。体质五行归属土。《灵枢·阴阳二十五人》记载:"土形之人……其为人黄色,圆面大头,美肩背,大腹……多肉,上下相称……安心好利人,不喜权势,善附人也。能秋冬不能春夏。"《黄帝内经灵枢集注》在人之形态上认为:"色黄者,土之色黄也。面圆者,土之体圆也。头大者,土之高阜也。肩背美者,土之体厚也。腹大者,土之阔充也""多肉者,土主肉也。上下相称者,土丰满也。"所谓"安心",是脾土本性静也,是稳重恭谦的表现;"好利人""不喜权势,善附人",是脾土人生物为德也,是温和、和达,善于忍耐的具体表现。

痰湿质者的情志调养以健脾利湿、化痰泄浊为原则。要调节心情,培养广泛的兴趣爱好,以主动积极的心态来面对生活和工作,可多参加社交活动,广交朋友,多与家人和朋友沟通,多听欢快的音乐、观看喜剧或励志的影视作品。

（六）湿热质

湿热质是指以湿热内蕴为主要特征的体质状态。

湿热者的情志特征具有性格多急躁易怒等特点。体质属多阳少阴之人。《灵枢·通天》认为湿热体质与"少阳之人"最相关:"少阳之人,谛谛好自贵,有小小官,则高自宜,好为外交而不内附,此少阳之人也。"赵庭霞认为,"谛谛好自贵者""有小官则高""好外交而不内附"均是"好自审为贵也""妄自尊高""多阳少阴"的具体表现。

湿热质的情志调养以清热利湿、分消泻浊为原则。平时要培养良好的性格,有意识控制自己,遇到可怒之事,用理性克服情感上的冲动。如常聆听古典音乐,参加音乐会等。饮食清淡,切忌郁怒,以免化火助热。

(七)血瘀质

血瘀质是指体内有血液运行不畅的潜在倾向或瘀血内阻的病理基础,以血瘀表现为主要特征的体质状态。

血瘀质具有性格内郁、心情不快易烦、急躁健忘等情志特征。体质属多阴少阳之人。

血瘀质的情志调养以活血祛瘀、疏通经络为原则。要培养较广泛的兴趣爱好,活跃思维,不使气机郁结;多交朋友,培养开朗、乐观、平和的性格;积极参加社交、文体活动,如唱歌、跳舞、瑜伽、散步、慢跑、爬山等,有利于舒展肝气、促进活血通络。

(八)气郁质

气郁质是指由于长期情志不畅、气机郁滞而形成的以性格内向不稳定,忧郁脆弱,敏感多疑为主要表现的体质状态。

气郁者的情志特征具有性格内向不稳定,忧郁脆弱,敏感多疑等特点。体质五行归属火。《灵枢·阴阳二十五人》记载:"火形之人……其为人赤色……锐面,小头,好肩背髀腹……疾心行摇,肩背肉满,有气轻财,少信,多虑,见事明,好颜,急心,不寿暴死。能春夏不能秋冬。"《黄帝内经灵枢集注》在人之形态上认为:"面锐头小者,火之炎上者,锐且小也。好肩背髀腹者,火之自下而上,光明美好也。"所谓"疾心",是心火本性之势猛的表象,情志上多表现为忧郁脆弱的特征;"少信""多虑,见事明",在情志上多表现为敏感多疑的特征;"急心",在情志上多表现为内向不稳定脆弱等特征。

气郁质的情志调养以疏肝理气、宽胸散结为原则,应主动寻求快乐,多参加社会活动,集体文娱活动。常与家人或朋友谈心、常看喜剧、多听轻松音乐,以加速气血运行而解郁。要培养开朗、豁达的性格,培养积极进取的竞争意识,不计较个人得失,知足常乐。

(九)特禀质

特禀质是指由于先天禀赋不足和禀赋遗传等因素造成的一种特殊体质,包括先天性、遗传性的生理缺陷与疾病,过敏反应等。

特禀质的情志特征因禀质特异情况而不同。

特禀质的情志调养以益气固表、养血消风为原则,要注意保全身体,积极防御各种外邪的侵袭,随其不足而调之。对自己的特禀体质状态要充分了解,正确掌握应对措施,不要过于紧张,哮喘等过敏性疾病发作时要冷静,乐观对待,缓慢呼吸。要学会接受自己,多阅读励志书籍,培养积极向上的人生观,坚强自信的性格,形苦而志乐,从而培育正气,则正气存内,邪不可干。

五、三因制宜

情志养生要遵循因人、因时、因地的"三因制宜"原则。

(一)因人制宜

根据年龄、性别、体质、职业、生活习惯等不同,有针对性地选择相应的情志养生方法,叫做"因人制宜"。

人类的差异不仅存在于种族之间,也存在于个体之间。每个人所处的环境、生活习惯、文化教育背景的不同,加之年龄、性别等因素,会造成价值取向、体质、性格喜好等的明显不同。因此选择养生方法时,要做到因人制宜、辨人施养。例如,火型体质的人性格急躁,可以选择垂钓来磨炼自己,缓和急躁易怒的性格;水型体质的人性格多孤僻,则宜下棋,一方面进行意志锻炼,另一方面也可促进人际关系的和谐,扩大社交领域;若是青少年及文化程度较低的人,可有计划地多读书,广闻博览,不断充实自我,加强自身修养;长期从事文字工作的人,可在庭前屋后或阳台上栽花种草,不断领略大自然的绚丽色彩与浓郁的生命气息,激励自己对生活的热爱与前进的信心。

(二)因时制宜

气候变化影响着人体的生理、心理和病理变化,故在情志养生时,要做到"必先岁气,无伐天和",充分了解气候变化的规律,并根据不同季节的气候特点来调整情志,即"因时制宜"。

因时制宜的情志养生原则,主要注意三个方面:

第一,虚邪贼风,避之有时。形为神之基,神依于形,良好的情志建立在良好的形体基础上,因此注意四季气候的变化和更替,在气候变化剧烈或急骤时,要避免六淫外侵以保全形体。民间的"春捂秋冻"即是很好的预防外邪客体的养生方法。

第二,春夏养阳,秋冬养阴。春夏季节,阳气逐渐生发,万物复苏,是属于生发的季节,人们顺应天时,注意顾护阳气,不要贪凉,少吃冷食。到了秋冬季节,气候逐渐转凉,是人体阳气收敛,万物收藏的时候,此时人们也当以保养阴精为主。

第三,四气调神。四气调神方法出自《素问·四气调神大论》:"春三月……被发缓形,以使志生……逆之则伤肝。""夏三月……无厌于日,使志无怒……逆之则伤心。""秋三月……使志安宁,以缓秋刑,收敛神气,使秋气平,无外其志,使肺气清……逆之则伤肺。""冬三月……使志若伏若匿,若有私意,若已有得……逆之则伤肾。"清代高士宗《素问直解》云:"四气调神者,随春夏秋冬四时之气,调肝心脾肺肾五脏之神志也。"因此,在四时养生中要遵循春生、夏长、秋收、冬藏的基本原则。

(三)因地制宜

不同地区由于地理环境、气候条件及生活习惯各异,人的生理活动和病理特点也不尽相同。根据不同地域的环境特点,制定适宜的养生原则,称为"因地制宜"。

在《素问·异法方宜论》中有一段关于因地制宜的精彩论述:"黄帝问曰:医之治病也,一病而治各不同,皆愈何也?岐伯对曰:地势使然也。故东方之域,天地之所始生也。鱼盐之地,海滨傍水,其民食鱼而嗜咸,皆安其处,美其食。鱼者使人热中,盐者胜血,故其民皆黑色疏理。其病皆为痈疡,其治宜砭石。故砭石者,亦从东方来。西方者,金玉之域,沙石之处,天地之所收引也。其民陵居而多风,水土刚强,其民不衣而褐荐,其民华食而脂肥,故邪不能伤其形体,其病生于内,其治宜毒药。故毒药者,亦从西方来。北方者,天地所闭藏之域也。其地高陵居,风寒冰冽,其民乐野处而乳食,脏寒生满病,其治宜灸焫。故灸焫者,亦从北方来。南方者,天地所长养,阳之所盛处也。其地下,水土弱,雾露之所聚也。其民嗜酸而食胕,故其民皆致理而赤色,其病挛痹,其治宜微针。故九针者,亦从南方来。中央者,其地平以湿,天地所以生万物也众。其民食杂而不劳,故其病多痿厥寒热。其治宜导引按跻,故导引按跻者,亦从中央出也。故圣人杂合以治,各得其所宜,故治所以异而病皆愈者,得病之情,知治之大体也。"

生活在西部草原地区的人们，以农牧为主的生活方式，多以富含蛋白质和热量的牛、羊肉以及各种乳制品为主，他们通常身材高大、体格健壮、皮肤黑、性格豪爽、热情大方。他们的情志养生主要以预防过怒、过喜为主。

平原地区地势平缓，多与湖泊、河流等地形相结合，矿产资源丰富，人口密度大。此处的住宅常采用坐北朝南、避风向阳的布局。衣着多采用棉布、丝绸等轻薄透气的织物。平原地区的人们情志养生，主要是要注意避免过忧、过愁为主。

沿海地区以温和湿润的海洋性气候为主。清新的海陆风环流和充足的日照，使得此处的居民通常在长时间的户外活动中接受较多的紫外线辐射，呈现出肤色黝黑，体魄结实、精悍的特点。面对广阔的大海，人们胸怀宽广，情怀舒畅，但因大海深处暗藏危险，海上作业时有意外发生，因此这里的情志养生主要是预防过恐、过惊等为主。

六、动静结合

动和静是养生观中对立统一的两个方面。

静，是指清静、心静，具体指心无邪思、心无杂念、清心静欲等。尽管我国古代有不同的养生流派和众多见仁见智的养生方法，但对"静"的重要性认识则是一致的，皆以此作为养生的基本方法，强调养神务必先求静。养神心静，即以静制躁，努力保持心情的宁静，从而使身体各项功能保持正常和稳定，达到养心养生，健康长寿的目的。

动，是指运动。适度运动可以使气机调畅、气血通利，长时间坐卧则易使人气机郁滞、气血凝结。故《吕氏春秋·达郁》说："形不动则精不流，精不流则气郁。"运动可以促进精气流通，气血畅达，从而使情志舒缓，宣泄得宜。

人的生命过程中始终保持着动静和谐的状态，维持着机体的生理活动。正如王夫之《周易外传》中所言："动静互涵，以为万变之宗。"《素问·阴阳应象大论》说："阴阳者，天地之道也，万物之纲纪，变化之父母，生杀之本始，神明之府也。"正是这种一进一退、相互作用、相反相成的阴阳对立、动静互涵的模式，才使得宇宙万物得以生化不息。《类经·医易》说："天下之万理，出于一动一静。"

中医情志养生要遵循动静结合的原则，既要采取修心养德、清静养神等"静养"方法，也要施以疏泄畅情、运动养情等"动养"方法，合理发泄心中的郁闷与不快。传统的太极拳、五禽戏、易筋经、导引术等，动中有静，静中有动，动静相融于一体，凝聚着中华民族的养生智慧，值得推崇。

第二节 情志养生方法

对于情志养生的方法，中医历来强调"先治其心，而后医其身"。《素问·宝命全形论》说："一曰治神，二曰知养身，三曰知毒药为真。"《素问·汤液醪醴论》说："精神不进，志意不治，故病不可愈。"吴师机在《理瀹骈文》中更明确指出："七情之病也，看花解闷，听曲消愁，有胜于服药者矣。"因此，中医情志养生的方法由于表述方法的差异，仁者见仁，智者见智，众说纷纭，多种多样，但总体又不离情志二字，不越以下18种方法。

一、修心养德法

修心养德法，是指通过自我反省和体察，努力提高自身道德水平的修养，使身心达到更高的境界，从而达到健康、长寿的一种养生方法。

古代养生家早就提出"养生莫若养性，养性莫若养德"的理念。孔子早就提出"德润身""知者乐，仁者寿"的理论。《中庸》进一步指出"修身以道，修道以仁""大德……必得其寿"。这些都是道德升华、养生箴言。

儒家养生思想与道德修养融为一体。提倡善养生者，必须注重道德修养，养生贵在养心，而养心重在养德。儒家养生所要达到的境界，就是变化气质而成就圣贤气象。如《礼记·大学》所言："古之欲明明德于天下者，先治其国；欲治其国者，先齐其家；欲齐其家者，先修其身；欲修其身者，先正其心；欲正其心者，先诚其意；欲诚其意者，先致其知；致知在格物。物格而后知至，知至而后意诚，意诚而后心正，心正而后身修，身修而后家齐，家齐而后国治，国治而后天下平。"这是有关儒家修身思想非常有代表性的理论。这里"格物、致知、诚意、正心、修身、齐家、治国、平天下"逐层递进，环环相扣，其中"格物、致知、诚意、正心"是修身的方法，"齐家、治国、平天下"是修身的目的，修身是承上启下的关键，可见在这套格物致知、修身齐家治国平天下的儒学理论中，修身是最根本的环节。

唐代大医孙思邈在《备急千金要方》中说："德行不充，纵服玉液金丹，未能延寿……道德日全，不祈善而有福，不求寿而自延，此养生之大旨也。"道德修养高尚之人行事光明磊落，性格豁达开朗，处于奋然向上的精神状态，具有健康时尚的生活情趣。明代王文禄在《医先》中提出："养德、养生，无二术也。"吕坤在《呻吟语》中道："养德养生之第一也。"清代养生家石天基认为："善养生者，当以德行为主，而以调养为佐。"因此，养德就是养生，养生必需养德，修心养德是中医情志养生的重要方法。《素问·上古天真论》曰："上古之人……所以能年皆度百岁而动作不衰者，以其德全不危也。"主张"恬惔虚无"。这正是吸收了儒家"仁者寿"的思想精髓。我国历代养生家均竭力提倡善养生者必须注重道德修养，养生贵在养心，而养心重在养德。例如，三国时期著名养生家嵇康在《养生论》中就明确指出"修性以保神，安心以全身"的观点，认为"形神相亲，表里俱济"，就能达到健身祛病、延年益寿的目的。正如《中外卫生要旨》所言："常观天下之人，凡气之温和者寿，质之慈良者寿，量之宽宏者寿，言之简默者寿。盖四者皆仁之端也，故曰仁者寿。"

修心养德具体可从以下几个方面进行：

（一）个人品德

1. 修仁爱之德 《礼记·大学》又言："富润屋，德润身。"说明道德修养可以影响人的气质变化，强调了道德修养的重要性。所谓"仁者寿""大德……必得其寿"，何谓"仁"？仁即仁爱之心，包括"恭、宽、信、敏、惠、智、勇、恕、孝、悌"等多方面的内容。只有具备了仁爱之心的人，才能具备"仁"的美德，这样的人才会长寿。何谓"德"？德就是道德品质。《大学》中有"德者，本也；财者，末也"之说，意思是说如果把人比喻成一棵大树，德就是树之根，而财富是树枝的末梢，认为根深才能叶茂。作为人来说，只有品德高尚的人才能奠定为人的根基，得到社会的认可，有一个良好的社会环境，从而获得健康长寿。所以儒学认为"仁德"为人之本，既是为人处世之本，亦是获得健康长寿之本。儒学的"仁德"观念,既是儒家自我完善的核心内容,又是修身养心、养生、延年益寿的重要内容。

2. 修宽容之德 人在社会交往中,吃亏、被误解、受委屈的事总是不可避免地要发生。面对这些刺激,最明智的选择是学会宽容。宽容是一种良好的心理品质。它不仅包含着理解和原谅,更显示着气度和胸襟、坚强和力量。一个不会宽容,只知苛求别人的人,其心理往往处于紧张状态,从而导致神经兴奋、血管收缩、血压升高,使心理、生理进入恶性循环。学会宽容就会严于律己、宽以待人,没有竞争焦虑和心理负担,也会少了一些疾病发生的风险。

3. 修坦荡之德 孔子云:"君子泰而不骄,小人骄而不泰。"(《论语·子路》)君子与小人,由于品德的分化,从而形成了不同的心理气质,对健康也有不同的影响。不注重道德修养的小人,有地位、有权势之后,会傲慢狂妄,飞扬跋扈;只要略有成绩,便会沾沾自喜,到处显摆,骄傲自大;看到好的东西,妄起贪念,就会产生荼毒身心的忧愁;得到了好的东西,唯恐失去,更会整天提心吊胆,增添种种无形烦恼。如此,则宠辱皆惊,患得患失,没有一点安详泰然之气象,必然有损自己的寿限。只有胸怀坦荡,不骄不躁的君子,面对任何客观环境,才能内心平和,坦然处之;气血条达,康寿延年。正如《医述·医学溯源》所言:"胸襟坦荡,宁静淡泊,正如春气之和融,必能气血畅达,阴阳和调,自可益寿延年。"

4. 修善良之德 "人之初,性本善。"性善不仅可以免除灾祸,还可以却病延年。《备急千金要方》指出:"夫养性者,欲所习以成性,性自为善,不习无不利也。性既自善,内外百病皆悉不生,祸乱灾害亦无由作,此养性之大经也。"《寿世保元》亦谓:"积善有功。常存阴德,可以延年。"因此,要注意修养善良之德。

每个人的心底都有一颗善良的种子。善良是灵魂的微笑,是对生命的感恩,是一种至善至美的心灵境界。善良可以驱赶寒冷,横扫阴霾。人生路上用一颗善良的心来对待生命的际遇,生活就会处处明媚。赠人玫瑰,手留余香,每一份感动如花瓣,绚丽生命的春夏秋冬;与人和善,于己宽容,每一份善良如雨露,浸润着生命的最美。

善待他人就是善待自己,要想得到别人的爱,首先要学会爱别人,一个善良的人一定是温暖的人。

5. 修助人之德 助人为乐是中华民族的传统美德。历史上流传着许多感人至深的助人为乐的故事,如"孔融让梨""普施行灯""布施草鞋"等。

助人为乐,在历史上称为"修行""行善",虽然古今称法不同,但它们的意思基本相同,那就是把帮助别人作为自己快乐的事,服务他人,奉献社会,毫不利己,专门利人。如古时候的"普施灯笼"和今天的与贫困学生结对助学等一类行为都是"助人为乐"。正因为有这种"助人为乐"的精神才使我们生活变得更美好,也只有这种精神,才使我们的社会成为一个温暖的大家庭。

在公共生活中,人与人之间应该团结友爱,相互关心,相互帮助。爱人者人恒爱之,信人者人恒信之。现实生活中,不可能人人都时时快乐、事事顺心,难免会遇到这样和那样的困难和问题,总有需要人帮助、救济的时候。这就需要人们之间互相帮助,扶危济困,乐善好施,以助人为乐。对不法行为,每个公民都应当分清是非,挺身而出,斗智斗勇,见义勇为,都有责任和义务自觉维护社会治安。

（二）家庭美德

俗话说"家和万事兴""家不和,遭人欺"。一个家庭中如果没有尊老爱幼的美德,则不但家庭气氛不和谐,而且也影响家人的身心健康。

1. 夫妻是家庭和睦的主角　夫妻是家庭中的主要角色。夫妻之间首先要学会和睦相处,给子女做好表率作用。

首先,夫妻相处不要常常都是讲理,要多讲情,要懂得多欣赏对方的优点,多看到对方的付出。汉代有个读书人叫宋弘,当时光武帝的姐姐湖阳公主的丈夫不幸去世了,光武帝想再给他的姐姐找个好对象,就问姐姐,你觉得朝中哪个大臣合适,我去帮你做媒。结果湖阳公主就说,宋弘最有德行。光武帝就去帮她跟宋弘说媒,不想被宋弘拒绝了。宋弘认为:"贫贱之知不可忘,糟糠之妻不下堂。"意思是说,一个人在穷困的时候,尽心尽力帮助我们的朋友,在我们发达以后绝对不能忘了他们;而糟糠之妻是自己的原配夫人,也是胼手胝足跟我过了这么多年苦日子的人,总不能现在富贵逼人,可以变成皇亲国戚,而把这份情义给忘记,所以我不能因此而辜负了我的夫人。宋弘这股正气,让光武帝佩服,也让满朝文武不敢纳妾,人人都以他为榜样。这是夫妻相处不忘初心。

其次,夫妻要"言语忍,忿自泯"。《弟子规》中有两句话:"财物轻,怨何生;言语忍,忿自泯。"家里面夫妻也好、家人也好,有不愉快往往不是钱的问题就是言语当中欠妥,造成摩擦冲突。能轻财物,夫妻、家人的情感就不会伤;言语能忍住,冲突就不会扩大,不会伤害夫妻的感情而影响家庭和睦。

知识拓展

"相敬如宾"的典故

春秋时期,晋国大臣郤芮因罪被杀,儿子郤缺也被废为平民,务农为生。郤缺不因生活环境和个人际遇的巨大变化而怨天尤人,而是一面勤恳耕作以谋生,一面以古今圣贤为师刻苦修身,德行与日俱增,不仅妻子甚为仰慕,就连初次结识的人也无不赞叹。

一次郤缺在田间除草,午饭时间妻子将饭送到地头,十分恭敬地跪在丈夫面前,郤缺连忙接住,频致谢意。夫妻俩相互尊重,饭虽粗陋,倒也吃得有滋有味。

此情此景,感动了路过此地的晋国大夫胥臣,一番攀谈,认为郤缺是治国之才,极力举荐他为下军大夫,后来郤缺立大功,升为卿大夫。

这就是成语"相敬如宾"的由来,指的是夫妻在地位平等基础上互相敬重、爱护、感恩,建立动态平衡和谐的夫妻关系。

---

2. 孝顺老人是家庭和睦的关键　尊老爱幼是中华民族的传统美德,几千年来一直被倡导,古时即有"卧冰取鱼""割股疗亲""卖身葬父"等感人故事。《孟子》云:"老吾老以及人之老,幼吾幼以及人之幼。"我们每个人都有年幼及年老的时候,因此,尊老爱幼既是对别人的关爱,也是对自己的关爱。

"孝"字的汉字构成,上为老,下为子,意思是子能承其亲,并能顺其意。顺的核心在于"尊",就是要尊重老人的意愿、顺从老人的想法。尊老不仅要落实在物质上,更要体现在精神上。每年的新春佳节,就是我国的一个传统的尊老节,当儿女们大包小包地给老人送去年货时,老人高兴的并不是"大包小包",而为那大包小包中透出的一份亲情。只是老人们往往只能在节日里享受这短暂的满足,平时老人仍是孤寂的。老人更需要的是和家人的经常团聚与交流,能经常多和孙子、孙女待会儿比什么都好,子女的一个电话都能让他们开心好一阵,所以,尊老不仅仅是物质就能满足的,没有精神上的关爱,老人是不会幸福的。

3. 爱幼有方使家庭和睦代代相传 现在中国很多家庭都是独生子女,几乎每个家庭都十分重视对孩子的关爱,孩子成了两大家庭的核心,家长们恨不得把孩子的什么事情都包办了,导致许多孩子十多岁了生活还不能自理,个别孩子养成了懒散的习惯和自私的心理。这些孩子长大后不但难以融入社会,与家人相处也不会和睦。

孩子幼小,疼爱是人之常情。但爱幼的方式很关键,过分的爱就变成了溺爱,只会把小孩宠坏,从而影响到孩子的成长。孩子是一张白纸,教育就是笔墨,爱幼的方式直接关系到未来的画卷。所以,爱幼必须以培养孩子的优良品德为基础,以培养孩子的独立性为方向。给孩子提供必需的生活保证,教孩子起码的生活能力,树立孩子正确的是非观,这才是爱幼的正确方法。

(三)社会公德

社会公德是指人们在社会交往和公共生活中应遵守的行为准则,是维护社会成员之间最基本的社会关系秩序、保证社会和谐稳定的最起码的道德要求。在本质上是一个国家,一个民族或一个群体,在历史长河中、在社会实践活动中积淀下来的道德准则、文化观念和思想传统。它对维系社会公共生活和调整人与人之间的关系具有重要作用。

社会公德的内容是对公共生活中的方方面面提出的基本规范和要求。在我国现代社会中,社会公德的主要内容为:

1. 文明礼貌 社会公共生活中人与人之间应该和谐相处,举止文明以礼相待。自觉杜绝说脏话、随便猜疑、欺骗他人等恶习。

2. 爱护公物 爱护公共财物是社会公德极其重要的内容,尤其在公共场合更要注意这一点,每个人都要自觉爱护国家及公共财产不受侵犯。

3. 保护环境 为了保持社会公共生活的环境整洁、舒适和干净,保障社会成员的身体健康,每个公民都应当讲究公共卫生、保护生活环境,这也是社会公共生活中人们应当遵循的最基本的行为规范。讲究公共卫生,造成优美环境,是人身心健康的重要保证,是社会风尚的一个重要方面,体现出一个民族的文明程度和精神面貌。

4. 遵纪守法 法律是对公民行为的必要约束及规范,是对道德的补充,自觉遵守法律法规、纪律,是社会公德最基本的要求。每个社会成员既要遵守国家颁布的有关法律、法规,也要遵守特定公共场所的有关规定。人们只有依照法律、法规及纪律的有关规定行事,才不妨碍他人的正常活动,也保障自己所要从事的某项活动,才不会给社会和他人造成损失和伤害,保持社会公共生活相对稳定与和谐,并保证社会的健康发展。遵纪守法反映了人们的共同要求,体现了人们共同的利益。每个社会成员都应自觉提高法律意识、增强法纪观念,自觉用法纪来指导和约束自己的行为,自觉履行法纪规定的义务,敢于并善于运用法律武器同各种违法乱纪现象作斗争,并能正确运用法纪手段保护自己的合法权益不受侵犯,真正做到知纪懂法,遵纪守法。

（四）职业道德

诚信是社会主义核心价值观在个人层面的一个基本准则，是职业道德中的重要方面。诚，真实，诚恳；信，信任，证据。故诚信，即诚实无欺，信守诺言，言行相符，表里如一之意也。坚守诚信的人，不但会受到别人尊敬，而且由于做得都是心安理得之事，自然也就心神安宁，很少罹患失眠、焦虑、心悸等疾病了。因此，诚信也是养生保健的法宝之一。

古语云："反身而诚，乐莫大焉。"其意即是说只有做到真诚无伪，才可使内心无愧，坦然宁静，给人带来最大的精神快乐，是人们安慰心灵的良药。人若不讲诚信，就会造成社会秩序混乱，彼此无信任感，后患无穷。正如《吕氏春秋·贵信》所说，如果君臣不讲信用，则百姓诽谤朝廷，国家不得安宁；做官不讲信用，则少不怕长，贵贱相轻；赏罚无信，则人民轻易犯法，难以施令；交友不讲信用，则互相怨恨，不能相亲；百工无信，则手工产品质量粗糙，以次充好，丹漆染色也不正。

课堂互动

结合修心养德法，谈谈对社会主义核心价值观的理解。

二、清静养神法

养生之道，以静为先。静为道之本，静为动之体。所谓的静，即清静、心静。战国时期的庄子，是我国清静养生学的代表人物，享年83岁；他和老子最早提出了清静养生的思想。庄子以水为例，指出水在平静的时候，尤其清澈透明，所以如能保持精神世界也平静如水，则必能健康长寿。老子也明确指出，清静就是"返璞归真""清静无为"，人应少私寡欲，"甘其食，美其服，安其居，乐其俗"。清静养神，就是要以静制躁，努力保持心情的安宁和平静。

《菜根谭》中说道："人生只为欲字所累，便如马如牛，听人羁络；为鹰为犬，任物鞭笞。若果一念清明，淡然无欲，天地也不能转动我，鬼神也不能役使我，况一切区区事物乎？"因此，不要过分追求感官享乐和物欲贪求，只有摆脱世俗的功名利禄和俗情物欲，摈除外物的诱惑，才能做到淡泊名利，志存高远，达到理想的自由境界。正如《寿世青编》所说："未事不可先迎，遇事不可过忧，既事不可留住，听其自来，应以自然，任其自去，忿怒恐惧，好乐忧患，皆得其正，此养生之法也。"

要做到心静，须从节制情欲与僻静居等方面入手，将"静"融于一切日常生活之中。

（一）节制七情

节制七情，就是调和、节制情感，防止七情过极，达到心理平衡。《吕氏春秋》说："欲有情，情有节，圣人修节以止欲，故不过行其情也。"重视精神修养，先要克制自己的感情，才能维护心理的协调平衡。

喜为心志。在正常情况下，喜可缓解紧张情绪，然过喜则伤心。怒为肝志，怒可使人刚勇，但过怒则伤肝，使肝失疏泄，气血紊乱，心神无主。怒不仅伤肝，还伤心、伤胃、伤脑等，导致各种脏器功能失调，引发各种疾病。孙思邈指出："卫生切要知三戒，大怒、大欲并大醉。三者若还有一焉，须防损失真元气。"《老老恒言·燕居》亦说："人借气以充其身，故平日在乎善养，所忌最是怒。怒心一发，则气逆而不顺，窒而不舒。伤我气，即足以伤我身。"这些论述都把戒怒放在首位，指出了气怒伤身的严重危害性，故戒怒是养生的一个重要方面。

不少高血压患者，因暴怒引起血压骤然升高，脑血管破裂形成出血性中风，轻则偏瘫，重则神昏而亡。所以要心静长生，必须节喜怒，平七情。如《黄帝内经》所说："恬惔虚无，真气从之，精神内守，病安从来。"不为一时一事而过喜，亦不为一时一事而动怒，时时告诫自己保持气和志舒无忧虑的心境，遇到突发事件，能坦然处之，静若处子。

（二）节制六欲

六欲是指名利欲、滋味欲、声色欲、货财欲、佞妄欲、沮嫉欲。《黄帝内经》说："嗜欲无穷，而忧患不止……故神去之而病不愈也。"《素问·上古天真论》中亦指出："以酒为浆，以妄为常，醉以入房，以欲竭其精，以耗散其真，不知持满，不时御神，务快其心，逆于生乐，起居无节，故半百而衰也。"因此，对于名誉、地位、金钱等身外之物，不必过于苛求，不要看得太重。对于饮食、性欲等人的本能要有节制，一切应顺其自然，凡事知足常乐。

精神情志的刺激，会影响机体阴阳、气血和脏腑生理的平衡，如志忿造成气机郁结，气郁日久则从阳而化热，以致火热内生。故中医有"肝火""肝郁化火""五志化火"之说，生活中也常有"气得火冒三丈"的说法。欲望和火是紧密联系的，若情志活动中的欲望过强，超出了身体的承受能力，则是上火的一个主要原因。心火过旺则心烦失眠，肝火过旺则急躁易怒，相火过旺则性欲过强，胃火过旺则食欲旺盛等等。刘完素在《素问玄机原病式》中言："恐则伤肾而水衰，心火自甚。""将息失宜而心火暴甚，肾水虚衰不能制之，则阴虚阳实而热气怫郁。"朱震亨则认为"五脏各有火，五志激之，其火随起"，即五志的过度变化可直接激起五脏之火。因此，节制各种欲望是消除上火的重要方法。

"适嗜欲于世俗之间"是《黄帝内经》中记载的圣人养生之道之一，意思是说人们应按照社会一般的观念和行为规范而享受和生活。有悖于这个尺度，就可能引起心理上的不平衡。大千世界，欲望无穷，嗜欲心须胜理合情。《吕氏春秋》指出："夫乐有适，心亦有适。人之情：欲寿而恶夭，欲安而恶危，欲荣而恶辱，欲逸而恶劳。四欲得，四恶除，则心适矣。四欲之得也，在于胜理。"这就提示我们欲望必须适度，把握的标准就是世俗观念和规范。不合时宜的雄心勃勃，莫须有的悲观厌世，如杞人忧天，均不利于身心健康。

唐代药王孙思邈特别注重心理情志养生，在《备急千金要方》中对节制欲望的重要性有诸多论述，十分精辟。如"莫忧思，莫大怒，莫悲愁，莫大惧，莫跳踉，莫多言，莫大笑，勿汲汲于所欲，勿悄悄怀忿恨，皆损寿命。若能不犯者，则得长生也。故善摄生者，常少思、少念、少欲、少事、少语、少笑、少愁、少乐、少喜、少怒、少好、少恶。行此十二少者，养性之都契也。多思则神殆，多念则志散，多欲则志昏，多事则形劳，多语则气乏，多笑则脏伤，多愁则心慑，多乐则意溢，多喜则忘错昏乱，多怒则百脉不定，多好则专迷不理，多恶则憔悴无欢。此十二多不除，则荣卫失度，血气妄行，丧生之本也。唯无多无少者，几于道矣……""凡心有所爱，不用深爱；心有所憎，不用深憎，并皆损性伤神。亦不用深赞,亦不用深毁,常须运心,于物平等,如觉偏颇,寻改正之。居贫勿谓常贫,居富莫谓常富。居贫富之中,常须守道,勿以贫富易志改性。识达道理,似不能言,有大功德,勿自矜伐。美药勿离手,善言勿离口,乱想勿经心。常以深心至诚,恭敬于物,慎勿诈善,以悦于人。终身为善,为人所嫌,勿得起恨。事君尽礼,人以为谄,当以道自平其心。道之所在,其德不孤。"

综上所述,坚持"十二少",反对"十二多",就是要讲究生理卫生和心理卫生,以保持和增进身心健康。北宋有首《酒色财气歌》颇能说明这个道理:"酒色财气四道墙,人人都在里边藏。只要你能跳过去,不是神仙也寿长。"

课堂互动

学习孟子《鱼我所欲也》文章,讨论"鱼与熊掌不可得兼"的养生意义。

孟子曰:"鱼,我所欲也,熊掌亦我所欲也;二者不可得兼,舍鱼而取熊掌者也。生亦我所欲也,义亦我所欲也;二者不可得兼,舍生而取义者也。生亦我所欲,所欲有甚于生者,故不为苟得也;死亦我所恶,所恶有甚于死者,故患有所不辟也。如使人之所欲莫甚于生,则凡可以得生者,何不用也?使人之所恶莫甚于死者,则凡可以辟患者,何不为也?由是则生而有不用也,由是则可以辟患而有不为也。是故所欲有甚于生者,所恶有甚于死者。非独贤者有是心也,人皆有之,贤者能勿丧耳。

一箪食,一豆羹,得之则生,弗得则死,呼尔而与之,行道之人弗受;蹴尔而与之,乞人不屑也。万钟则不辨礼义而受之。万钟于我何加焉?为宫室之美、妻妾之奉、所识穷乏者得我与?乡为身死而不受,今为宫室之美为之;乡为身死而不受,今为妻妾之奉为之;乡为身死而不受,今为所识穷乏者得我而为之,是亦不可以已乎?此之谓失其本心。"

(三)静居养神

"静益寿,噪损寿。"安静的生活环境,有益于身心健康,可以使人的寿命增加。相反,过强的噪声会打乱人的大脑皮质兴奋与抑制的平衡,影响人体生理功能,会使人厌倦不安、心情紧张、失眠等,从而损害健康,不益于长寿。唐代名医孙思邈老年时,选择山青水秀的环境,造屋植树,种花修地,独自在那里养老而获长寿。古代的寺院古刹,一般也都选择在深山老林、依山傍水之地,以求佛心清静。

因此,要注意居住地的选择,尽量保持居室的安静和日照、空气的良好状态,家中陈设不要过于花哨、繁杂,尽量少用噪声明显的家用电器等。

三、移情悦志法

移情悦志法,即通过一定的方法改变患者的思想焦点,或改变其周围环境,使其脱离不良的刺激因素,或转移到另外的事物上去的一种情志养生方法。《续名医类案》说:"失志不遂之病,非排遣性情不可。"

当患者沉迷于恶劣的情绪状态中不能自拔时,可以先了解其心理特点,兴趣所在,投其所好,培养或发展其多种情趣爱好,并适当加以诱导,来治疗和防范心身疾病。《儒门事亲》说："好棋者与之棋,好乐者与之笙笛。"吸引和激起患者的乐趣,转移其对病情的注意,移其心则忘其病,其病自愈。

移情悦志法类似于古代的"移精变气"法。《素问·移精变气论》云："黄帝问曰:余闻古之治病,惟其移精变气,可祝由而已。今世治病,毒药治其内,针石治其外,或愈或不愈,何也? 岐伯对曰:往古人居禽兽之间,动作以避寒,阴居以避暑,内无眷慕之累,外无伸宦之形,此恬憺之世,邪不能深入也。故毒药不能治其内,针石不能治其外,故可移精祝由而已。"孙思邈的《备急千金要方》亦云："弹琴瑟,调心神,和情性,节嗜欲。"吴尚先在《理瀹骈文》中也提出："七情之病也,看花解闷,听曲消愁,有胜于服药者矣。"

因此,移情悦志的本质就是转移注意力,从而纠正人体气血紊乱状态,调畅气机,疏通气血,调整脏腑功能,恢复机体健康。在闲暇、业余时间,通过各种情趣高雅,动静相参的娱乐活动,如音乐欣赏、书法绘画、读书赋诗、种花养鸟、下棋及外出旅游等,以怡养心志,舒畅情怀,可以克服禀赋、年龄及文化教育背景对情志活动的不良影响,进而达到情志调养的目的。

小贴士

清代画家高桐轩总结了十条养生长寿之道,谓之"十乐"。

(1)耕耘之乐:伏案一日,把锄半天,既享田家之乐,又能健壮人身,又有秋收丰食之望,何乐不为?

(2)把帚之乐:把帚扫地,洗桌净几,躬身举手之劳,则尘埃尽去,地净窗明,精神一快,乐趣则寓其中。

(3)教子之乐:教子以诗文书画,能以艺立身,自食其力,无忧于后,岂不快乐。

(4)知足之乐:公卿不足为贵,而安贫乐道,吾爱吾业,岂不一乐。

(5)安居之乐:吾所居,里人为力作以食庄稼汉,和睦为习,居此仁厚乡里,不闻酷吏之呵斥声,亦一大乐。

(6)畅谈之乐:与野老田夫纵谈天下世外事,或测天气晴雨,或卜年景丰歉,坦胸畅谈,其乐陶陶。

(7)漫步之乐:起身散步于中庭,或漫游于柳岸花畦,心神焕然爽朗,襟怀为之一畅。

(8)沐浴之乐:冬月严寒不宜频浴,其他三季该当常浴,活动筋脉,有健身心,乃一乐事。

(9)高卧之乐:每至炎暑伏天,白昼不宜作课(画),竹枕蒲席,北窗高卧,熏风吹来,五风生凉,合目养神,养精蓄锐正此时,亦劳者之一乐也。

(10)曝背之乐:冬日天气清和,每至日中,或坐场上,或倚北墙,取日晒之如披狐裘,通身温暖,畏寒缩冷之感顿消,既活人筋血,又强人皮骨,其乐不可不知。

四、疏泄畅情法

疏泄畅情法,就是将胸中的不良情绪宣达、发泄出去,从而尽快恢复正常情志活动,维系平和心境的一种中医情志养生方法。

《灵枢·本神》云："悲哀动中者，竭绝而失生。"《颐养诠要》曰："神者，伸也，人神好伸而恶抑郁，郁则伤神，为害匪浅。"《丹溪心法》亦告诫："气血冲和，万病不生，一有怫郁，诸病生焉。"因此，情感宜畅达，不可抑郁。当出现情感抑郁时，适度宣泄是非常必要的，可避免疾患产生。

疏泄畅情法具体可分为言语倾诉法和行为发泄法。

（一）言语倾诉法

向亲朋好友倾诉自己的痛苦，在悲痛笼罩着的时候，向自己十分信赖的亲朋好友诉说不幸，是发泄情绪和治疗创伤的有效方法。即使你不愿向别人谈及自己不幸的遭遇，也可以从亲朋的友情中得到慰藉，因为友谊有减轻人生痛苦、治疗心灵创伤之功效。强忍痛苦，寂寞独处会严重损害你的健康。

疏泄畅情法也可以借助别人的疏导，把憋在心里的郁闷宣散出来。好的伴侣和朋友也是你的心灵治疗师。因此，扩大社会交往，广交朋友，互相尊重，互相帮助，也是解忧消愁和克服不良情绪的有效方法，良性的人际关系是幸福人生的开始。

（二）行为发泄法

依靠自身的力量，利用正当的途径和渠道，采取一定的行为，以最直接、最不加掩饰的方式将内心的不良情绪发泄出去。如伤心悲痛时，痛快淋漓，毫无保留地大哭一场，甚至可学古人边歌边哭；受挫压抑时，找一个开阔无人之地，或大海，或山谷，无所顾忌地大声呼喊一气；怒不可遏时，对着沙包或是充气物体猛烈捶打或大吼大叫一番；委屈难受时，拿出大叠白纸涂鸦一气……总之，就是将内心的郁积即刻性地、毫不保留地发泄出来，从而使精神和心理状态恢复平衡。

需要强调的是，不论采用哪种方法，都要注意宣泄适度，适可而止，同时注意避免只图个人一时之快，给社会及他人带来不良影响，给自己造成新的烦闷和苦恼。发泄不良情绪，必须学会选用正当的途径和渠道，绝不可采用不理智的、冲动性的行为方式。否则，非但无益，还会带来新的烦恼，引起更严重的不良情绪。

知识拓展

"六然""四看"情志养生法

明末清初杰出的思想家、哲学家——王夫之（1619—1692），世称"船山先生"，与方以智、顾炎武、黄宗羲同称明末四大学者。他倡导的"六然""四看"情志养生法有一定借鉴意义。其中"六然"是指：

第一，自处超然。自处就是自己对待自己。自己怎么样来看待自己呢？要超然。态度要超然，也就是说，要达观、豁达。

第二，处人蔼然。处人是对待别人，就是说对人要非常和气，与人为善。

第三，无事澄然。没有事情的时候要"澄然"。"澄"是非常清澈、非常宁静的意思。就是说没有事的时候要非常宁静。如果说自处超然有点淡泊的意思，无事澄然就是宁静，宁静就可以致远。

第四，处事断然。就是处事要有决断，不能优柔寡断、犹犹豫豫。

第五，得意淡然。就是说得意的时候要淡然，不居功自傲，忘乎所以。

第六，失意泰然。失意的时候要泰然处之，别把它看那么重。

"四看"是指：

第一，大事难事看担当。遇到大事难事，要看你能不能勇于面对它，是不是不回避、不逃避，勇敢地担当起来。

第二，逆境顺境看襟怀。碰到逆境了，或者处于顺境了，这时就要看你的襟怀，够不够豁达，能不能够承受得起。

第三，临喜临怒看涵养。碰到了喜事或令人恼怒的事，换句话说，也就是得失了，喜就是得，怒就是失，就要看你的涵养，能不能宠辱不惊。

第四，群行群止看识见。所谓行止，也就是去留的意思。碰到去留的问题，就要看你的识见了，看你能不能做出正确判断，该去就去，该留就留。

五、暗示诱导法

暗示诱导法主要是采取含蓄、间接的方法，对异常的心理状态施加影响，诱导其接受医生的治疗意见，树立某种情感，去改变其原有的情绪和行为，使情绪趋于稳定的一种情志养生方法。晋代乐广的杯弓蛇影案，唐代张文仲的诵《本草》愈应声虫案等均是很好的案例。《素问·调经论》中说："按摩勿释，出针视之，曰我将深之，适人必革，精气自伏，邪气散乱，无所休息，气泄腠理，真气乃相得。"其意思是说医生针刺时，要先用手按摩，时间要长一些，然后拿出针来给患者看，并说"我要深刺"，但在针刺时却刺入很浅，这样可使患者因惊恐而精气深伏体内，邪气散乱于外而无所留，邪气就从腠理外泄，从而使真气通达，恢复正常。这是通过医生的暗示，改变患者的"神情绪"，激发人体自我调控能力，从而促使疾病自愈的例子。

暗示诱导法根据被暗示者的意识状态可分为觉醒状态暗示疗法与催眠状态暗示疗法。就其施示者而言，分为自我暗示和他暗示两种；就其施行的方式则可分为语言暗示和借物暗示两类。

其中的语言暗示包括词句语言和肢体语言。语言暗示现象在人们的生活实践中，并不陌生。"论八珍者必咽，言粪秽者必唾"等是现实生活中语言暗示下产生生理反应的典型例子。三国时期，曹操率军出征，正值炎夏盛暑的中午，烈日当空，士兵们口渴得走不动了，都想到树荫下歇凉，更盼望能喝到凉水。曹操看到这种情况，便用马鞭指着前方说：前面就是一片梅林。士兵们一听，想到梅子的酸味，顿时口水内生，不感到口渴了。部队继续向前，一口气又走了几十里路。可见语言暗示有着惊人的力量。

借物暗示指借助于一定的药物、物品及其他暗号，暗示出某些现象或事物，以解除患者心理症结的方法。《北梦琐言》中记载：唐朝京都医生吴之祯诊治一妇女，该妇女伴随丈夫外地回家途中，误食一虫，担心害怕而"一病不起"。吴之祯诊后并没有开方，而是选择了患者身边一细心懂事的侍女，暗中对她说："我准备用催吐药使你家主人呕吐，你用木盆接着，当她呕吐时你就说，看见一条虫从女主人嘴里吐出来逃掉了，但绝不能让她知道是假的。"于是侍女遵照医生的嘱咐办事，患者听后果然以为腹中之虫已经吐出来，疾病也就霍然消除了。

积极的暗示常可用于治疗，即巧妙运用语言，暗示某些有关疾病的情况，使患者无意中加以了解,从而消除心因,树立起战胜疾病的信心,改善不良的情感状态。但实施暗示的人员必须具备一定的权威性和影响力,具有较强的分析推理能力,掌握丰富的社会学和生理知识,运用时应该谨慎从事,切不可令患者看出任何破绽,否则难以取效,甚则起到相反作用。

值得指出的是,在医治疾病过程中,医者或家属的一些不慎言行常常会给患者以消极暗示,反而使病情加重。如一位丧偶女性,悲痛欲绝,医生劝她把心放宽,否则会"急出精神病来",然而患者工作单位附近是精神病收容所,每日上下班看到收容所就想到医生的话,后来,果然发生了癔症(歇斯底里症)。另外,某些神经症,尤其是神经衰弱,往往就是由于自我消极暗示作用而引起或加重的。如有的老人对自身状况过于关注,稍有不适就惊慌失措,自觉患了重病而坐卧不安。因此,消极的他人暗示或自我暗示都必须认真加以克服。

暗示作用研究还表明,患者受暗示性的个人差异很大,女性比男性较易接受暗示,而智力和文化程度高低对受暗示性不起任何决定作用。

知识拓展

催眠疗法

催眠术有着久远的历史,但究竟始于何时无法考证。现代催眠术来自奥地利的麦斯麦的实践,他以"动物磁气"的理论创立了"麦斯麦术",即在光线幽暗的房间里设置个金属桶,让患者围坐在桶的周围,麦斯麦用言语暗示桶内的"磁气"会流入患者身体,这样患者便都进入催眠状态,恢复后患者普遍感到心身舒畅,一些疼痛或症状往往霍然而愈。在18世纪末,这种被称为"麦斯麦术"的疗法在欧洲轰动一时,迷信此法的信徒众多。

19世纪中期,英国外科医生布莱德通过实验指出,催眠术并没有任何神秘或超自然的力量,施术者也没有赋予被催眠者任何物质的东西,催眠实际是暗示作用下的一种心理状态。这种对催眠现象较为科学的解释得到其他学者的认可,也逐渐使催眠术作为一种疗法被广泛应用于临床。

催眠疗法的主要适用范围包括:①治疗各种神经症、心身疾病,如焦虑症、恐怖症、神经性厌食、失眠、支气管哮喘、原发性高血压等;②消除各种躯体疾病或症状引起的疼痛;③减轻或消除心理应激,改善情绪及睡眠,提高社会适应能力和身体的免疫功能;④培植学习兴趣,增强记忆力、注意力,提高学习效率;⑤矫正各种不良习惯,如戒除烟酒及控制儿童多动、厌食、偏食等行为;⑥治疗性功能障碍及痛经、盆底肌松弛、经前期紧张症及围绝经期综合征等。

催眠治疗需在安静、整洁、光线暗淡的治疗室内进行。患者平卧床上或坐在沙发上,然后施术者用单调、柔和的语气反复进行言语暗示,同时也可配合应用较弱的感觉刺激作辅助条件进行催眠诱导。当患者进入催眠状态后,可根据其病情特点用事先编好的暗示性语言进行治疗。治疗结束时,一定要予以轻松愉快的暗示语,逐渐解除催眠状态,这样可避免患者产生不适反应。催眠医师的言语暗示一般为:"请集中注意力,跟着我的指令去做。缓慢,平静地呼吸,你的肌肉从面部、颈部、上肢、胸腹部、下肢都逐渐放松,变得很沉重了……"这样重复几次后,患者进入放松状态。这时,医生让患者注视30cm外的一支红色笔头或一个发光的小物件,几分钟后,医生暗示说:"你的眼睛疲倦了,眼皮发重……开始下垂,眼睛要闭上了,要睡了……睡吧……睡着了。"反复诱导之后,患者即可进入催眠状态。医生可检查患者是否进入催眠状态,方法是用言语暗示:"你的双手很沉重,已抬不起来了,试着抬抬看,哦,是抬不起来……"如果这时患者努力试着做抬手动作,但确实抬不起来,则表示患者已进入催眠状态。在患者进入催眠状态后,可通过预先设计的程序了解其压抑的心理创伤,让其加以宣泄或给予指导来达到治疗目的。

催眠中可以出现下列副作用:①情绪的剧烈变化:在催眠中可由于涉及受试者心理创伤而引起潜意识的情绪激动。患者突然对医生表现出不友好的态度,甚至谩骂。有人在催眠中谈及自己的痛苦体验时痛哭不止。此时医生要以诚恳和支持的态度,用婉转、抚慰的言语进行暗示使其平静下来。②感知障碍:在催眠中因暗示言语不当或感觉阈改变,会出现不同情况的感知障碍。这可通过暗示性指令使其消失。

催眠治疗的主要禁忌证有:①精神分裂症和其他重性精神病;②严重的心血管疾病如冠心病、脑动脉硬化症等;③对催眠治疗有严重的恐惧心理,经解释后仍然怀疑者。

六、祝由开导法

祝由开导法,是在一定的形式下,针对患者的不良情绪及其心理状态,通过指导、劝说、安慰、保证,以疏泄感情,使其心中屈情得以发泄,从而消除焦虑、紧张、恐惧等,纠正不良情绪的一种情志养生方法。我国现存最早的医书《五十二病方》曾提到祝由疗法达10余处,《黄帝内经》中有"移精变气论"专篇记载,至元明时期,祝由则被列为医学十三科之一。

《灵枢·贼风》载:"黄帝曰:其祝而已者,其故何也? 岐伯曰:先巫者,因知百病之胜,先知其病之所从生者,可祝而已也。"这就是说,祝由之所以能愈病,不仅要求施术者要有一定的医学知识(知百病之胜),而且术前必须了解患者发病的原因(先知其病之所从生),然后才能采用推以知之的恰当方法进行治疗。因此,运用祝由治病,不仅需要具备一定的医疗业务水平和较强的分析推理能力,并且需要善于运用语言技巧,以取得患者的信任,才能"移易精神,变化脏气"(《素问吴注》),改变患者的情性,调动机体正气,从而战胜疾病。

祝由开导法一般是针对某些精神情志方面的疾患,或某些轻微小疾,通过解除思想负担,转移情志,调动神气,即可治愈疾病。由于患者深信,祝由术方能取得一定的疗效。如《后汉书·皇甫嵩朱俊列传》所说:"张角,自称大贤良师……符水咒说以疗病,病者颇愈,百姓信向之。"

需要注意的是,不能过分夸大祝由的疗效。《素问·移精变气论》就已明确指出:"古之治病,惟其移精变气,可祝由而已。"王冰注曰:"移谓移易,变谓变改,皆使邪不

笔记

伤正,精神复强而内守也。"若病已"内至五脏骨髓,外伤空窍肌肤,所以小病必甚,大病必死,故祝由不能已也"。清代名医吴鞠通总结平生医疗体会说:"吾谓凡治内伤者,必先祝由,并详告以病所由来,使病人知之,而不敢再犯,又必细体变风变雅,曲察劳人思妇之隐情,婉言以开导之,庄言以振惊之,危言以悚惧之,必使之心悦情服,而后可以奏效如神。"

《灵枢·师传》明确指出祝由开导法的步骤与方法:"人之情,莫不恶死而乐生,告之以其败,语之以其善,导之以其所便,开之以其所苦,虽有无道之人,恶有不听者乎?"其中的"告之以其败",即是通过诊察分析患者的心理和行为,然后有针对性地指出疾病的危害性,唤起患者对疾病的注意,使其重视疾病,树立认真接受治疗的态度,这是心理治疗的第一步。"语之以其善",是分析疾病的预后和转归,指出只要治疗及时恰当,是可以很快恢复健康的。"导之以其所便",是指导患者积极配合医生进行治疗、休养、锻炼、调摄的方法。"开之以其所苦",是指开导、疏泄患者的情怀,解除其抑郁、消极、顾虑的心理状态,使其做到勿忧勿悲,情绪稳定的治疗方法。

《晋书·乐广传》记载的"杯弓蛇影"的故事,就是典型的祝由开导法的运用:乐广有一个非常友好的朋友,有很长一段时间没有来拜会他。这天,朋友终于来了,乐广就问他长时间不来的原因。朋友说:"前在坐,蒙赐酒,方欲饮,见杯中有蛇,意甚恶之,既饮而疾。"当时厅内墙上挂有角弓,乐广想到杯中的蛇可能是角弓的影子。于是端来一杯酒放在同样的位置,让好友仔细观察对照蛇影和墙上角弓,好友顿时明白了原因,病也畅然若失了。

明代名医缪仲淳曾治顾仲恭的疑难怪病,左足麻冷发展至全身麻冷,以致不省人事。缪仲淳先剖析其病由为失志伤心、房劳损肾而致心肾不交,心血耗散;继而"语之其将败",谓其"心肾交病,则阴阳将离,离则大病必作",以警惕而动其心神;再嘱以务必"使心境清宁,情念不起",并告谕患者要持之以恒,则"真精自固,阴阳互摄,而形神调适矣";最后处以方药,并指导以收心调摄之法。

七、顺情从欲法

顺情从欲法是指顺从其情绪、意志,满足其身心的必要需求,以改善其不良的情感状态,纠正心身异常的一种情志养生方法。

《荀子·荣辱》指出:"凡人有所一同,饥而欲食,寒而欲暖,劳而欲息,好利而恶害,是人之所生而有也,是无待而然者也,是禹桀之所同也。"意思是说,我们每个人的基本需求是相同的,目欲视物,耳欲闻声,饥而欲食,渴而欲饮,寒而欲衣,劳而欲息,病而欲医等,都是人类最基本的生理需求。而理想、前途、爱情、婚姻、家庭、求学、就业等等,又是人类社会生活的必然反映。对于那些因外界条件所限,或因个人精神过分压抑而胆怯、内向、愿望难遂,积久而形成的心身疾病,治疗时应尽可能地予以满足其心理要求,不能强行抑制。所以《素问·移精变气论》告诫,对积郁成疾的情志病症的治疗要"以从其意"。张介宾亦提出:"若思虑不解而致病者,非得情舒愿遂,多难取效。"

明代外科名医陈实功曾诊治一女性瘰疬患者,因爱上了一个男子,两情相悦,但女子父辈却认为对方家庭过于贫穷,坚决反对,于是女子心情从此抑郁,后来即患上了瘰疬,还有低热、咳嗽、月经闭阻。陈实功诊断后对女子父辈说道:"要治令媛身上的病,先要治她心里的病。"他道出了女子因郁致疾的原委,其父恍然大悟,后顺女子之情欲,将女儿嫁给了那位男子。婚后3个月,疾病就减轻了许多。

清代《续名医类案》摘录了《江南通志》中记载的一则医案:王某的小儿刚满1岁,突然患病,不吃乳食,逐渐消瘦。医生怀疑得了疳症,经治疗未见好转。薛东明医生来诊看后说小孩得了相思病,众人都嗤笑他胡说八道。薛东明让人拿出患儿平时玩的玩具,样样摆在小孩面前,当病儿看到小木鱼时,顿时喜笑颜开,此后病也就慢慢痊愈了。

《古今医案按·惊搐》记载:"宣德间,治宁阳侯孙,始生九月,患惊悸啼哭而汗,百方莫救。瑛最后视疾,乃命坐儿于地,使掬水为戏,惊啼顿止。人问之,曰:时当季春,儿丰衣重帷,不离怀抱,其热郁在内,安能发泄,使之近水则火邪杀,得土气则脏气平,疾愈矣,奚用药为。"

八、以情胜情法

以情胜情是从人体脏腑、情志与五行配属关系出发,根据五脏主五志对应五行理论,以及五行生克制化规律而制订的以一种情志制约另一种情志的情志调养方法,以达到淡化、消除不良情绪刺激,恢复机体健康的目的。故《类经·论治类·祝由》提出:"因其情志之胜,而更求其胜以制之之法。"

(一)五脏情志制约法

这种方法早在《黄帝内经》中就有记载,如"怒伤肝,悲胜怒……喜伤心,恐胜喜……思伤脾,怒胜思……忧伤肺,喜胜忧……恐伤肾,思胜恐"(《素问·阴阳应象大论》),并主张"以恬愉为务"来调节人的情志,为以情制情法奠定了理论基础。正如《医方考》所言:"情志过极,非药可愈,须以情胜……《内经》一言,百代宗之,是无形之药也。"金元时期的张从正进一步提出:"悲可以治怒,以怆恻苦楚之言感之;喜可以治悲,以谑浪亵狎之言娱之;恐可以治喜,以恐惧死亡之言怖之;怒可以治思,以污辱欺罔之言触之;思可以治恐,以虑彼志此之言夺之。凡此五者,必诡诈谲怪,无所不至,然后可以动人耳目,易人听视。"

在调治情志时,要分析其不同的情况,使用不同的情志调养方法,才能达到其目的。正如金元时期的名医朱震亨所言:"五志之火,因七情而起,郁而成痰,故为癫痫狂妄之证,宜以人事制之,非药石所能疗也。须诊察其由以平之。怒伤于肝者,为狂为痫,以忧胜之,以恐解之;喜伤于心者,为癫为痫,以恐胜之,以怒解之;忧伤于肺者,为痫为癫,以喜胜之,以思解之;思伤于脾者,为痫为癫为狂,以怒胜之,以喜解之;恐伤于肾者,为癫为痫,以思胜之,以忧解之;惊伤于胆者,为癫,以忧胜之,以恐解之;悲伤于心胞者,为痫,以恐胜之,以怒解之。"这段文字尽管谈的只是癫、狂、痫证,却总结了前人的丰富经验,为具体应用以情制情法树立了典范。后世不少医家对情志的调摄都十分重视,创造了许多行之有效的情志疗法。或逗之以笑,或激之以怒,或惹之以哭,或引之以恐等,因势利导,宣泄积郁,畅遂情志。

运用"以情胜情"方法时,要注意情志刺激的总强度,超过或压倒致病的情志因素,或是采用突然的强大刺激,或是采用持续不断的强化刺激。同时,一定要注意取得患者家属的配合,并掌握施行情志治疗的时间,对患者本身要不断予以鼓励,对患者的隐私予以保密,争取患者的信任;要在患者有所预感时,有一定思想准备之时,再进行正式的情志治疗。还要掌握患者对情志刺激的敏感程度,选择适当方法,避免太过或不及。

（二）阴阳情志制约法

阴阳情志制约法是运用情志之间阴阳属性的对立制约关系,调节情志,协调阴阳的一种情志养生方法。

人类的情志活动是相当复杂的,往往多种情感互相交错,但总体又离不开阴阳两大属性,此即现代心理学所称的"情感的两极性"。《素问·举痛论》指出:"怒则气上,喜则气缓,悲则气消,恐则气下……惊则气乱……思则气结。"七情引起的气机异常具有两极倾向的特点。根据阴阳分类,人的多种多样的情感,皆可配合成对,如喜与悲、怒与恐、惊与思、怒与思、喜与忧、喜与恶、爱与恨等。前者为阳,后者为阴,性质彼此相反,对人体阴阳气血的影响也正好相反。因而相反的情志之间,可以互相调节控制,使阴阳平衡。喜可胜悲,悲也可胜喜;喜可胜恐,恐也可胜喜;怒可胜恐,恐也可胜怒等。

值得注意的是,以情胜情法是用一种情志去纠治另外一种情志,切不可滥用,否则就有可能增加新的不良情绪刺激。因此,只有掌握以情胜情法的精神实质,方法运用得当,才能真正起到情志养生作用。

九、行为养情法

行为养情法,是指通过学习、认知的方法,纠正和治疗不适当的情志反应和情志疾病的一种情志养生方法。

行为养情法的理论依据是把各种心理病变和躯体症状看成是异常行为,这些异常行为可以通过重新学习来加以调整和改造。通过学习,以新的健康的行为来代替原有的不健康行为。宋代医家危亦林在《世医得救方》中转录一个戒酒的案例:一男嗜酒如命,每天要喝一二斗酒。家人如不让其喝酒,就叫骂不绝,甚至连饭也不吃。天长日久,人变得非常疲弱。为了让其戒酒,家人想了一个办法,将其手脚捆绑起来,然后在他身边放上一坛好酒,打开盖子,酒香扑鼻,令其馋涎欲滴。这个嗜酒如命的男子一会儿工夫便受不了,涎水滴入酒中还不算,还吐了一大口脏东西到酒坛中,家人再将酒煮沸,然后将坛中凝固成块的脏东西取出来让其观看,只见一小块如猪肝状的脏东西在眼前晃动,联想到这正是刚才从自己口中吐出的,只觉恶心不止,万分厌恶。此后,这人便滴酒不沾了。

用这种方法达到嗜酒者对酒厌出恶的条件反射,相当于现代心理治疗中的"厌恶疗法",是行为疗法的一种。

金元时期的张从正,曾运用惊恐的脱敏疗法治愈了卫新德妻子的惊恐病:"卫新德之妻,旅中宿于楼上,夜值盗人烧舍,惊坠床下。自后每闻有响,则惊倒不知人。家人辈皆蹑足而行,莫敢冒触有声,岁余不痊……乃命二侍女执其两手,按高椅之上,当面前下置一几。戴人曰:'娘子当视此。'一木猛击之,其妇大惊。戴人曰:'我以木击几,何以惊乎?'伺少定击之,惊也缓。又斯须,连击三五次。又以杖击门,又暗遣人划背后之窗。徐徐惊定而笑曰:'是何治法?'戴人曰:《黄帝内经》云惊者平之。平者常也,平常见之必无惊。'是夜使人击其门窗,自夕达曙。夫惊者,神上越也,从下击

几,使之下视,所以收神也。一二日,虽闻雷亦不惊。"(《儒门事亲》)

张从正这一惊恐疗法,类似于现代的行为主义疗法和"系统脱敏疗法"。这在心理治疗学上不能不说是个创举。

知识拓展

行 为 疗 法

行为疗法是以减轻或改善患者的症状或不良行为为目标的一类心理治疗技术的总称。它的发展已有上百年的历史,具体又可分为以下几种:

1. 系统脱敏法　这一方法于20世纪50年代由精神病学家沃尔帕所创,它是整个行为疗法中最早被系统应用的方法之一。最初,沃尔帕是在动物实验中应用此法的。他把一只猫置于笼子里,每当食物出现引起猫的进食反应时,即施以强烈电击。多次重复后,猫即产生强烈的恐惧反应,拒绝进食。最后发展到对笼子和实验室内的整个环境都产生恐惧反应,即形成了所谓"实验性恐怖症"。然后,沃尔帕用系统脱敏法对猫进行矫治,逐渐使猫消除恐惧反应,只要不再有电击,最终回到笼中就食也不再产生恐惧。

此后,沃尔帕便把系统脱敏疗法广泛运用于人类的临床实践。实施这种疗法时,首先要深入了解患者的异常行为表现(如焦虑和恐惧)是由什么样的刺激情境引起的,把所有焦虑反应由弱到强按次序排列成"焦虑阶层"。然后教会患者一种与焦虑、恐惧相抗衡的反应方式,即松弛反应,使患者感到轻松而解除焦虑;进而把松弛反应技术逐步地、有系统地和那些由弱到强的焦虑阶层同时配对出现,形成交互抑制情境(即逐步地使松弛反应去抑制那些较弱的焦虑反应,然后抑制那些较强的焦虑反应)。这样循序渐进地,有系统地把那些由于不良条件反射(即学习)而形成的、强弱不同的焦虑反应,由弱到强一个一个地予以消除,最后把最强烈的焦虑反应(即我们所要治疗的靶行为)也予以消除(即脱敏)。异常行为被克服了,患者也重新建立了一种习惯于接触有害刺激而不再敏感的正常行为。它在临床上多用于治疗恐怖症、强迫性神经症以及某些适应不良性行为。

2. 厌恶疗法　厌恶疗法是一种帮助人们(包括患者)将所要戒除的靶行为(或症状)同某种使人厌恶的或惩罚性的刺激结合起来,通过厌恶性条件作用,从而达到戒除或减少靶行为出现的目的。这一疗法也是行为治疗中最早和最广泛被应用的方法之一。在临床上多用于戒除抽烟、吸毒、酗酒、各种性行为异常和某些适应不良性行为,也可以用于治疗某些强迫症。

厌恶刺激可采用疼痛刺激(如橡皮圈弹痛刺激和电刺激)、催吐剂(如阿扑吗啡)和令人难以忍受的气味或声响刺激等,也可采取食物剥夺或社会交往剥夺措施等,还可以通过想象作用使人在头脑中出现极端憎厌或无法接受的想象场面,从而达到厌恶刺激强化的目的。例如,要戒除酗酒的不良行为,可以在酗酒者个人生活习惯中最喜欢喝酒的时刻进行,使用催吐吗啡或电击等惩罚性刺激,造成对酒的厌恶反应,从而阻止并消除原来酗酒的不良行为。又如,戒烟可以采用

笔记

"戒烟糖""戒烟漱口水"等,都可以直接或间接使抽烟者在抽烟时感觉到一种难受的气味,而对抽烟产生厌恶感,以致最终放弃抽烟的不良行为。

3. 行为塑造法　行为塑造法是根据斯金纳的操作条件反射原理设计出来的,目的在于通过强化(即奖励)而造成某种期望出现的良好行为的一项行为治疗技术。一般采用逐步进级的作业,并在完成作业时按情况给予奖励(即强化),以促使增加出现期望获得的良好行为的次数。有人认为最有效的强化因子(即奖励方法)之一是行为记录表,即要求患者把自己每小时所取得的进展正确记录下来,并画成图表。这样做本身就是对行为改善的一种强大推动力。根据图表所示的进展,治疗者还可应用其他强化因子,当作业成绩超过一定的指标时即给予表扬或奖励。此外,还可采用让患者得到喜爱的食物或娱乐等办法,通过这种方式来塑造新的行为,以取代旧的、异常的行为。为了使治疗效果得以保持和巩固,在应用这一治疗方法时,需要特别注意如何帮助患者把在特定治疗情境中学会的行为,转换到家庭或工作的日常生活现实环境中来。此法的适用范围包括孤独症儿童说话,改善或消除恐怖症、神经性厌食症、肥胖症及其他神经症的行为,也可以用来改善或促进精神分裂症患者的社交和工作的行为。在社会教育中,可用于对低能者的训练以及用于治疗某些性功能障碍等。

4. 代币制疗法　这是在斯金纳的操作条件反射理论,特别是条件强化原理的基础上形成并完善起来的一种行为疗法。它通过某种奖励系统,在患者做出预期的良好行为表现时,马上就能获得奖励,即可得到强化,从而使患者所表现的良好行为得以形成和巩固,同时使其不良行为得以消退。代币作为阳性强化物,可以用不同的形式表示,如用记分卡、筹码和证券等象征性的方式。代币应该具有现实生活中"钱币"那样的功能,即可换取多种多样的奖励物品或患者所感兴趣的活动,从而获得价值。用代币作为强化物的优点在于不受时间和空间的限制,使用起来极为便利,还可进行连续的强化;只要患者出现预期的行为,强化马上就能实现;用代币去换取不同的实物,从而可满足受奖者的某种偏好,可避免对实物本身作为强化物的那种满足感,而不致降低追求强化(奖励)的动机。并且在患者出现不良行为时还可扣回代币,使阳性强化和阴性强化同时起作用而造成双重强化的效果。代币制疗法不仅可用于个体,而且可在集体行为矫治中实施。可以在医院,也可以在学校中广泛使用,甚至可在精神病院、在特殊教育的班级中以及在工读学校、管教所和监狱中使用。临床实践表明,在多动症儿童、药瘾者和酒癖者等的矫治中,在衰退精神病患者的康复中代币制疗法都有良好的效果。

5. 暴露疗法　这是一种主要用于治疗恐怖症的行为治疗技术,其治疗原则是让患者较长时间地想象恐怖的观念或置身于严重恐怖的环境,从而达到消退恐惧的目的。1967 年,斯坦夫尔和列维斯首先报告一种使患者逐步暴露于恐怖情境来治疗恐怖症的行为疗法,这便是最早使用的暴露疗法,但当时称为爆破疗法。此法与系统脱敏疗法有某些共同之处,如都需要让患者接触恐怖的对象(事物或情境)。但它们之间又有不同之处:①在暴露疗法实施过程中,恐怖情境出现时无需采用松弛或其他对抗恐怖的措施。②暴露疗法需让患者暴露于恐怖情境的时间较长,如治疗严重的广场恐怖并伴有严重焦虑的患者,每次治疗时间约需2小时或更长。③系统脱敏法一般仅能对较轻的恐怖症有效;而暴露疗法则常用于治疗严重的患者。④暴露疗法不仅可用于个别治疗,还可用于集体治疗。如对广场恐怖症,可对5~6名患者同时进行治疗,即同时暴露于恐怖情境,疗效与个别应用时相同。

6. 松弛反应训练　这是一种通过自我调整训练,由身体放松进而导致整个身心放松,以对抗由于心理应激而引起交感神经兴奋的紧张反应,从而达到消除紧张和强身祛病目的的行为训练技术。一般的松弛反应训练方法,使用较多的是雅可布松首创的渐进性松弛法。此法可使被试者学会交替收缩或放松自己的骨骼肌群,同时能体验到自身肌肉的紧张和松弛的程度以及有意识地去感受四肢和躯体的松紧、轻重和冷暖的程度,从而取得松静的效果。我国的气功、印度的瑜珈和日本的坐禅等都能起到类似的作用。一般认为,不论何种松弛反应训练技术,只要产生松弛反应都必须包含4种成分:①安静的环境;②被动、舒适的姿势;③心情平静,肌肉放松;④精神内守(一般通过重复默念一种声音、一个词或一个短句来实现)。

据国内外的实验研究证实,松弛反应训练能产生如下生理效应:交感神经系统活动降低、耗氧量降低、心率和呼吸减慢、收缩压下降、脑电波多呈α波等。因此,一般来说,能产生松弛反应的疗法,都能对抗紧张和焦虑。松弛反应疗法由于简便易行,还可以自我训练,故它不仅是系统脱敏法的一个重要环节,而且与生物反馈仪并用,可收到生物反馈治疗单独进行时所得不到的效果。对于高血压、失眠、头痛、心律失常以及各种由于心理应激(紧张)所造成的疾患都有良好的疗效。

十、色彩怡情法

色彩怡情法是通过不同色彩,调养人的情绪及精神状态的一种情志养生方法。

中医学对于色彩及其医疗养生作用的认识及应用源远流长,早在《吕氏春秋·孟春纪·本生》就有记载,如"故圣人之于声色滋味也,利于性则取之,害于性则舍之,此全性之道也",说明了颜色对人"性"有利或害的影响。《黄帝内经》提出:"黄色宜甘,青色宜酸,黑色宜咸,赤色宜苦,白色宜辛。"也就是说,黄、青、黑、赤、白五色,相对应的是脾、肝、肾、心、肺五脏,分别具有健脾、柔肝、滋肾、养心、润肺作用。

光线是由一系列频率、振幅不同的流动的波所组成的。人对色彩的感觉是一个复杂而微妙的心理、生理、化学和物理过程,所有颜色都能通过这一系列波的振动,在人体内引起生物微电波的抑制和共鸣,从而影响人的情绪及精神状态。色彩进入眼帘,能引起人们多样的感情和心理效应。如产生冷暖感、轻重感、软硬感和强弱感,以及明快与忧郁、兴奋与恬静等不同的感觉。

（一）赤色

赤色使人感到温暖、活泼、开朗,激发朝气。赤色是热情、活力的象征。如果一个人缺乏活力,可以多使用赤色提神。但是如果一个人经常情绪不稳,容易激动,那么就应该避免运用赤色,尤其是高血压、心脏病患者,更应该慎用。

中医把心比作火,象征着温暖、和煦、热情,因为心主一身的血脉,生生不息,是生命的基础,所以用热情的火来代表心非常恰当,很形象地表达出心的主要功能和特点。因此,人们在喜庆的日子里喜欢用红色,因为心主色为赤,在志为喜,当人置身于红色的环境时,心气大盛,则多发生愉快、兴奋的情志。

（二）青色

青色给人舒适、柔和的感觉,可以解除精神紧张、恐惧,并能调解和改善机体功能。

青色可调节体内平衡,消除紧张情绪,起镇静作用,有助于减轻急躁、易怒、胁肋胀痛、胸闷、乳胀、头痛、发热、晕厥、失眠等。肝属木,象征着旺盛条达,也象征着刚毅果断,所以用冷峻、刚硬的“青色”象征肝。

肝喜条达舒畅而恶抑郁,也不喜欢情绪的激烈变化,而青属于冷色调,沉稳内敛,刚好符合肝的特征。蔚蓝的天空和平静的大海,能给人以宁静、深邃之感,让人产生和谐的感觉,并对人的精神起着镇静的作用,同时还可开阔人的心胸。蓝色的灯光还能减少噪声对城市居民的情绪干扰,有助于人的睡眠,有一定的降血压作用。蓝色或绿色的电脑显示器屏保,有助于减轻视力疲劳。

抑郁症患者过多接触蓝色,则有可能加重病情。

（三）黄色

黄色比较柔和,属于中性色。长期以来,黄色多为皇室、宗教所用。黄色会让人产生高贵、庄严、辉煌、神秘的感觉。

黄色能促进血液循环,增加唾液腺的分泌,刺激食欲,并能激发忧郁病患者的欲望和意志活动,使人兴高采烈,充满喜悦。此外,黄色具有刺激神经和消化系统,加强逻辑思维的作用。由于脾喜甘,所以吃甜食具有补热量、养气血、缓解疲劳、调和脾胃、解除毒素等作用。

厚德载物,中医把脾比作土,因为脾在位置上居于最中央,属后天之本,是人赖以生存的基础,是气血营养运化的基地,所以能够代表脾的是生长万物的土地。同属黄色系的橙色、橙黄色都有提高免疫力,促进新陈代谢,增强消化的作用,而在厨房、餐厅的设计上多融入橙、黄等色彩会起到相应的作用。

（四）白色

白色给人以整洁、纯净、神圣的感觉,属于偏冷的颜色,适合身体壮实,平时情绪饱满的人。如果一个人身体偏虚,弱不禁风,或者性格偏于孤僻则不太适合,因为白色会让人更冷静、更寂寞、更悲凉。

在丧礼等悲伤场合时,常用白色来渲染,因为肺主白色,在志为忧。肺属金克肝木,故白色可以抑制肝火,使易怒的人变得平静。白云、哈达,是纯洁无瑕的象征,给人以洁净、明快的感觉,能促使高血压患者的血压下降,对易于动怒的人可起调节作用,有助于血压正常。

孤独症、抑郁症患者不宜久处白色环境中。

（五）黑色

属于冷色,比较容易压抑人的性格,不利于体现乐观的情绪。中医把肾比作水,因为肾主一身水液代谢,是阴中之阴,因此黑色是可以对肾有滋补作用的。它的特点是寒凉,所以人们常用如潭底清泉、色黑如墨的黑色来表达肾需要清洁流动、静水流深的特点。正因为黑色的这一特点,所以它才具有使人冷静下来的作用,但居住环境中应尽量少用黑色,因过多使用黑色会使人感觉沉闷、压抑。

十一、饮食养情法

饮食养情法是通过食物的四气五味、升降沉浮之异,选择养心安神类、疏肝解郁类、镇静定惊类、忘忧消愁类、泻火清肝类食物等,达到情志养生目的的一种情志养生方法。

《素问·六节藏象论》曰:"天食人以五气,地食人以五味。五气入鼻,藏于心肺,上使五色修明,音声能彰;五味入口,藏于肠胃,味有所藏,以养五气,气和而生,津液相成,神乃自生。"饮食是人体生命存在的必需物质来源。良好的饮食习惯,合理膳食,能保持身心愉快,是调节身体功能的有效方法。

药食同源,食物与药物一样也有四气五味、升降沉浮之异。《素问·脏气法时论》说:"五谷为养,五果为助,五畜为益,五菜为充,气味合而服之,以补精益气。"《遵生八笺·饮馔服食笺》说:"食饮以时,饥饱得中,水谷变化,冲气融和,精血以生,荣卫以行,脏腑调平,神志安宁。"因此,通过选择合适的饮食,可达到情志养生的目的。

（一）养心安神类食物

心血虚或心气虚,致心神失养,容易发生胆小易惊、性格内向、不爱欢笑等不良情绪。常用的补心血食物有荔枝、龙眼肉、红枣、猪心、阿胶、花生、蜂蜜、燕窝等。常用的补心气食物有山药、黄精、鹌鹑、鸡肉、鱼、莲子、小麦、粳米等。

（二）疏肝解郁类食物

肝气郁结,容易发生闷闷不乐、胁肋疼痛、失眠、喜叹气、烦躁不安等不良情绪。常用的疏肝理气类食物有香橼、橙子、佛手、柑、荞麦、高粱米、刀豆、菠菜、白萝卜、韭菜、茴香菜、大蒜、红酒、山楂、花椒、辣椒、大麦芽、玫瑰花、香椿、芫荽等;常用的柔肝解郁类食物有乌梅、石榴、醋、合欢花、白芍药、木瓜等。

（三）镇静定惊类食物

肝肾阴虚,水不济火,则虚阳浮越,心神不定,或肾阳下虚,心神失养,均可致心虚胆怯,容易出现惊慌不定、心慌恐惧等不良情绪。常用的滋补肝肾、镇静定惊的食物有乌龟、牡蛎、甲鱼、黑芝麻、核桃仁、牛肉、羊肉、狗肉、小米、大米、麦子、燕麦、猪心、白酒、牛奶、山药、肉桂、栗子、鹿肉、虾、海参、鳗鱼、蚕蛹等。

（四）忘忧消愁类食物

脾胃虚弱,健运失司,气血生化乏源,则容易发生悲伤善哭、郁郁寡欢、愁眉苦脸等不良情志。常用的忘忧消愁类食物有萱草、茯神、香蕉、全麦面包、巧克力、红酒、深水鱼、葡萄柚、樱桃、菠菜、南瓜、低脂牛奶、鸡肉等。

笔记

（五）泻火清肝类食物

肝主疏泄,肝火旺盛,或肝阴不足,肝阳上亢,则容易发生急躁易怒、爱发火、脾气暴躁等不良情绪。苦能泻火,针对肝火炽盛,常用的泻火疏肝食物有芹菜、百合、绿茶、苦丁茶、竹叶、合欢花、莲子心、决明子、栀子、菊花、绿豆、西瓜等。

甘寒食物能滋水涵木,酸甘养阴,宜吃新鲜蔬菜瓜果或含纤维素及维生素较多的食物,宜吃含优质蛋白质丰富的食品。忌吃辛辣刺激性、煎炸炒爆的食品。常用的滋阴类食物有梨、葡萄、西瓜、百合、甲鱼、乌龟、麦冬、黑豆、黑芝麻等。枣皮粳米粥、麦冬粳米粥、银耳红枣羹、百合莲子羹等都有滋阴的作用。

十二、药饵养情法

药饵养情法是通过运用补气类、补血类、温阳类、滋阴类、化湿类、清热泻火类、活血化瘀类、疏肝解郁类、重镇安神类、养心安神类等方药,达到情志养生目的的一种情志养生方法。

（一）补气类方药

气虚体质的人,气虚推动无力,继而出现气滞,容易情绪低落、悲春伤秋、少思懒言、头昏头晕、记忆力下降等。药物可用人参、太子参、西洋参、党参、山药、黄芪、黄精等。药膳方如人参粥、黄芪粥、益脾饼等。四君子汤、益气聪明汤、参苓白术散等方剂可以酌情选用。

（二）补血类方药

血虚体质的人容易出现头晕、心悸、健忘、烦躁、面色萎黄或苍白等表现。补血是中医的一种常用治法,主要用于血虚证的防治。药物可选熟地黄、当归、阿胶、何首乌、大枣、鸡血藤、茜草等补血药物。药膳方如党参杞子红枣炖鸡、阿胶蜜枣炖鸡等。四物丸、乌鸡白凤丸、人参养荣丸、八珍颗粒、当归补血汤等方剂可以酌情选用。

（三）温阳类方药

阳虚体质的人,四肢不温,形体畏寒,情志上容易虚怯畏缩。中药可选用补阳祛寒、温补肝肾之品,如肉桂、附子、鹿茸、海狗肾、蛤蚧、冬虫夏草、仙茅、淫羊藿、肉苁蓉、杜仲、人参等。药膳方如羊肉羹、肉苁蓉酒、杜仲腰花等。慎食寒凉伤阳药膳。四逆汤、麻黄附子细辛汤、肾气丸等方剂可以酌情选用。

（四）滋阴类方药

阴虚体质的人容易阴虚阳亢,虚热内炎,情志上出现烦躁、失眠、躁动不安。中药可选用滋阴清热、滋补肝肾之品,如女贞子、山茱萸、五味子、墨旱莲、麦门冬、天门冬、黄精、玉竹、杞子等。药膳方如桑椹粥、山药粥、西芹百合、银耳莲子羹、鳖甲汤、沙参玉竹猪肺汤。慎食温热补阳药膳。黄连阿胶汤、杞菊地黄丸、六味地黄丸等方剂可以酌情选用。

（五）化湿类方药

痰湿体质的人容易气机不畅,烦闷不舒,疲劳倦怠、急躁易怒等。中药可选用芳香化湿之品,如苏叶、藿香、佩兰、茯苓、薏苡仁、赤小豆、白术、车前子、石菖蒲等。药膳方如海带萝卜汤、鲜藕白蜜汁、薏苡仁粥、茯苓饼等。连朴饮、三仁汤、藿香正气丸等方剂可以酌情选用。

（六）清热泻火类方药

肝火内盛、痰热扰心的人，易出现口干口苦、急躁易怒、烦躁不安、大便秘结、失眠等不适，甚则躁狂症等。中药可选用苦寒泻火、甘寒滋阴之品，如黄芩、黄连、生地黄、大黄、金银花、连翘、栀子、莲子心、石膏、芒硝等。药膳方如双花饮、栀子茶、绿豆粥、泥鳅炖豆腐等。龙胆泻肝汤、礞石滚痰丸、生铁落饮、二陈汤、半夏厚朴汤等方剂可以选用。

（七）活血化瘀类方药

血瘀体质的人因血瘀而气滞，不通则痛，所以常常愁眉不展、心情郁闷、胸胁胀痛。饮食宜选活血化瘀之品，如红糖、丝瓜、玫瑰花、月季花、桃仁、山楂等。白酒也有一定活血作用，可酌情小饮。中药可选用当归、川芎、怀牛膝、鸡血藤、茜草等活血养血的药物。药膳方如山楂红糖粥、当归田七乌骨鸡、玫瑰花茶、山楂桃仁酒。血府逐瘀汤、抵当汤、桃红四物汤等方剂也可酌情运用。

（八）疏肝解郁类方药

气郁体质的人肝失疏泄，容易抑郁、焦虑，抗压能力降低。中药可选用香附、佛手、柴胡、青皮、郁金、合欢花、玫瑰花、枳壳、白芍等。药膳方如陈皮西米露、玫瑰花茶、甘麦大枣粥等。小柴胡汤、柴胡疏肝散、四逆散、逍遥丸、丹栀逍遥丸、四七汤等方剂亦可酌情选用。

（九）重镇安神类方药

本类药物多为矿石、化石、介类药物，具有质重沉降之性。重者能镇，重可祛怯，故有镇安心神、平惊定志、平肝潜阳等作用。主要用于阳气躁动、心火炽盛、痰火扰心、肝郁化火及惊吓等引起的心神不宁、烦躁易怒、心悸失眠及惊痫、狂妄、肝阳眩晕等实证。常用重镇安神药有朱砂、磁石、龙骨、龙齿、琥珀、珍珠母、牡蛎、紫石英等。朱砂安神丸、珍珠母丸、磁朱丸等方剂亦可酌情使用。

（十）养心安神类方药

本类药物多为植物类种子、种仁，具有甘润滋养之性，故有滋养心肝、益阴补血、交通心肾等作用。主要适用于阴血不足、心脾两虚、心肾不交等导致的心悸怔忡、虚烦不眠、健忘多梦、遗精、盗汗等虚证。常用养心安神药有酸枣仁、柏子仁、灵芝、夜交藤、茯神、远志、合欢皮等。酸枣仁汤、天王补心丹、甘麦大枣汤等方剂亦可酌情使用。

十三、经穴养情法

经穴养情法是以中医经络学说为基础，应用艾灸、耳穴压豆、穴位贴敷、刮痧、推拿、拔火罐等手段，通过刺激腧穴，疏通经络，从而激发营卫气血的运行，和阴阳，养脏腑，达到调养目的的一种情志养生方法。

人体是一个有机统一的整体，以脏腑为中心，由经络联系肢体、官窍。《灵枢·经别》曰："十二经脉者，人之所以生，病之所以成，人之所以治，病之所以起。"说明人的生长与健康，病的形成与痊愈，与人体经络有密切关系。《针灸甲乙经·精神五脏论》开篇即强调"神"的重要性，指出"凡刺之法，必先本于神"，而早在《黄帝内经》中便记载了针灸通过刺激体表穴位，舒畅全身经络的传导，从而调整气血和脏腑的功能,如"形乐志苦,病生于脉,治之以灸刺"(《素问·血气形志》)。《素问·血气形志》认为按摩可以调养情志:"形数惊恐,经络不通,病生于不仁,治之以按摩醪药。"

因此,通过对经穴的调养,可调节人体生理活动,对其病理、心理过程发生影响,对患者起到积极的心理暗示作用,抑制不良情绪对躯体的有害影响,从而达到情志养生的目的。

下面介绍一些具有较好调养情志功效的穴位:

1. 三阴交　足太阴脾经、足厥阴肝经、足太阴脾经之交会穴。具有调理三焦、养阴清热功效。主治脏躁、心悲、怔忡、失眠、健忘、月经不调等。

2. 涌泉　足少阴肾经之井穴。具有滋阴降火、安神定志功效。主治善恐、善惊、善怒、烦躁、昏厥、癔症等。

3. 太冲　足厥阴肝经上的重要穴道之输穴。具有舒解情绪、安神定志的功效。主治胁肋胀痛、心情不畅、郁郁寡欢、失眠多梦、头痛头晕等。

4. 足三里　足阳明胃经之合穴。具有健脾和胃、扶正培元功效。主治烦躁、郁闷、脏躁、腹泻、纳差等。

5. 阳溪　手阳明大肠经之经穴。具有祛风泻火、镇惊除烦功效。主治各种原因所致的喜笑无常、心烦狂言等。

6. 内关　手厥阴心包经之络穴。具有宁心安神、理气止痛功效。主治怔忡虚烦、急躁易怒、癔症、恶心呕吐等。

7. 间使　手厥阴心包经之经穴。具有理气活血,安神功能。主治心悸、烦躁等。

8. 灵道　手少阴心经之经穴。具有益气养心、安神定惊、开郁散结等功效。主治善悲易恐、喜笑无常等。

9. 通里　手少阴心经之络穴。具有宁心安神、息风和营功效。主治悲伤恐惧、心悸怔忡、失眠眩晕等。

10. 神门　手少阴心经之原穴。具有补益心气、镇静宁神功效。主治悲伤善哭、心烦狂躁、失眠、多梦等。

11. 郄门　手厥阴心包经之郄穴。具有理气清营、宁心安神功效。主治忧郁、心烦、惊恐等。

12. 百会　属督脉。具有开窍醒脑、回阳固脱功效。主治头痛、失眠、狂痫不识人、癫病、目眩、鼻塞、耳鸣、中风、失语、脱肛、阴挺、久泻久痢等。

13. 期门　属足厥阴肝经,脾之募穴。具有疏肝清热、利胆和胃、降逆止痛功效。主治胸胁胀满疼痛、呕吐、呃逆、吞酸、腹胀、泄泻等。

十四、环境养情法

环境养情法是指通过对住所及其周围的自然环境的合理布置,调养情志的一种方法。

环境可分为居室周边环境和居室内环境。适宜的起居环境,可促进人的健康长寿。《灵枢·本神》曰:"故智者之养生也,必顺四时而适寒暑,和喜怒而安居处,节阴阳而调刚柔。"说明居处对人体健康的重要性。《老老恒言·消遣》曰:"院中植花木数十本,不求名种异卉,四时不绝便佳……阶前大缸贮水,养金鱼数尾。"体现了古代养生家对住宅环境的改造和构想,既蕴含了天-地-人三者合一中医自然观的思想,又有他们对身心健康等方面的追求。《千金翼方·退居》指出:"山林深远,固是佳境,独往则多阻,数人则喧杂。必在人野相近,心远地偏,背山临水,气候高爽,土地良沃,泉水清美,如此得十亩平坦处,便可构居……若得左右映带,岗阜形胜,最为上地。地势好,亦居者安。"说明选择良好的住宅环境,对保障身心健康、延年益寿非常重要。

(一)室内陈设简洁实用

房间内所有器物的摆放应以方便生活为前提。长期杂乱无章的居住环境会影响人们的情绪,进而影响机体的生理健康。房间面积小的,只能选择必不可少的家具,床应靠墙边、墙角放置,家具可取组合式、活动式。各种家具的放置都必须注意到不影响房间的采光、通风。卧室、客厅、书房、厨房内应分别摆放相应的家具。

客厅是接待客人的地方,日杂柜或多用柜、沙发、茶几、方桌或圆桌、椅凳等,要视客厅的大小而摆放,要尽量使客厅保持宽敞、明亮。

书房是供读书学习的地方,布置从有利于学习为前提。家具不宜放得太多,主要是书柜、书架、写字台等。书房灯具应用日光灯,以保证学习需要。

寝室的主要家具是床铺、床头柜和大衣柜等,卧室的布置应体现宁静、舒适、温馨的特点。

房间内可摆放一些工艺品、古玩、雕塑等,以增加安静宁谧的气氛。墙上可悬挂名人字画,或挂上一幅山水画。如自己书画较佳,亦可自己书写一些警句格言,以增加居室的高雅气氛。

室内家具的色彩应统一或基本相配,以给人以和谐感。应以淡雅的色调为主,尤其书房更应以淡雅为原则,否则会使人心情浮动难于安静。居室的窗帘宜采用垂挂式的方法装饰,选择墙纸、墙布时,应优先选择有纵向线条图案的,以增加人心理上的静谧感。

在阳台上摆放盆花或栽种各种绿色植物,如飘逸的文竹、淡雅的水仙,或是潇洒的吊兰等。绿意盎然的植物不仅能柔化窗前的噪声,还能给人带来活力和宁静的安逸感。

在居室的装饰柜上、矮柜上摆放一些照片,也是装饰房间的方法之一。摆放的照片应以风光、景物、花卉等为题材的风景照,或是以人物为题材的生活照、结婚照、全家福等。照片并非一定要彩色的,也可选择黑白照,有些黑白照别具一番艺术魅力。

(二)巧妙搭配色彩

当我们见到绿色、蓝色、紫色、青色时,会联想到海洋、森林、草地,从而感到凉意与安宁。而当我们见到红色、橙色、黄色时,就会联想到太阳、炉火,从而感到温暖。因此,不同的色彩会使人产生不同的感受。颜色能够影响和改变一个人的情绪,每个人的大部分时间都是在自己的房间里度过的,因此,我们在装饰居室时,应注意色彩的选择,在注意美观的同时,应考虑巧妙选用色彩来达到保健健身的目的。

一般来说,浅黄、杏黄色可增加房间的亮度,使房间显得宽敞,给人以庄严、高贵的感觉;湖绿、嫩绿、浅蓝的色彩显得温柔、恬静,使人产生安闲、幽雅的感觉。因此,向阳的房间由于光线充足,家具的色彩可以选择绿灰、浅蓝、湖绿等中性偏冷的色彩;而背阳房间光线比较暗,家具则宜选择奶黄、米黄、浅紫罗兰等中性偏温的色彩;室内屋顶等用白色,有利于室内采光;客厅及餐厅可刷成浅黄色或粉红色,能增添柔和欢乐的气氛;书房采用浅绿色,有利于保护视力,营造一个安静舒适的读书环境;厨房、卫生间可用灰色,使环境光线更加调和。

工作环境的色彩同样会影响人的情绪调养。

(三)科学种养花草

种养花草,既可赏心悦目,怡情悦性,调养精神,又可运动筋骨,锻炼身体。明代医家高濂在《遵生八笺·燕闲清赏笺》中就明确记载种植牡丹、芍药、兰花、菊花等花卉可陶冶性情,健身解郁。当代著名作家老舍也很喜爱养花,曾专门写过一篇《养花》的散文。文中说:"有笑有泪,有花有果,有香有色。既须劳动,又长见识,这就是养花的乐趣。"

鲜花的香味中,含有的芳香油,既能净化空气,又能杀菌灭菌。各种不同的花朵,能产生各种不同的芳香油。当芳香油的气味和人的鼻腔内的嗅觉细胞相接触时,立即通过嗅觉神经传递到大脑皮质,使人产生"沁人心脾"之感,即通过感官,调和血脉,畅达气机,从而调节人体的各种生理功能。天竺花、百合花能镇静神经,促进睡眠,是治疗神经衰弱和健脑的好花草;豆蔻花的香味可治胃病;苏合花对冠心病和高血压有很好的疗效。由于鲜花对人的健康大有裨益,故近年来兴起了一种"花香疗法",受到越来越多人们的欢迎。

因此,不妨在房前屋后,或在阳台上,种养上一些自己喜爱的花草树木,以培养乐趣,陶冶情操,领略和享受大自然的情绪,既能美化居室,又能增进身心健康。佳节期间,摆放适当花卉,可增添吉祥喜庆气氛,烘托出美好的情景,给节日家庭带来温馨和生机盎然的感觉。

(四)减少噪声影响

噪声按其发生的声源又可分为工业噪声、交通噪声和社会噪声。家庭噪声一般属于社会噪声范畴。噪声的计量单位是分贝(dB)。当噪声在 30dB 以下时,环境非常安静。日常生活中的声音,一般在 40dB 左右。如达到 50~60dB 时就觉得有些吵闹了。在礼堂用麦克风讲话的声音约有 70dB;大声喧哗及室外高音喇叭可达 80dB;卡车、摩托车的噪声可达 100dB;最响的汽车喇叭声可达到 120dB。

过强的噪声会打乱人的大脑皮质兴奋与抑制的平衡,影响人体生理功能,损害健康。长期生活在噪声很强的环境里,会使人感到厌倦不安,性情紧张和睡眠不好。在 70dB 持续性的环境里,人们熟睡的程度明显降低。经常受到 80dB 噪声的刺激,会使人头痛、头晕、失眠、记忆力减退,甚至导致神经衰弱。如有患者在家休养,噪声的危害性就更加明显了。

家用电器的日益普及,给人们生活带来了方便,但也增加了家庭中的噪声污染。据测试:各种家用电器的声级(A)为:电冰箱 34~56dB,电风扇 40~45dB,电剃须刀 47~60dB,空调机 60~67dB,耳机和电视机 70~110dB,洗衣机 42~72dB,抽排油烟机 65~78dB,吸尘器 68~85dB,电吹风 65~85dB,机动玩具(大型)80~100dB。假如把这些声音汇合起来,同时发声,可抵得上两三辆汽车驶过时所发出的噪声声级。

因此,现代家庭要注意防止噪声。一般应从以下几方面入手:

(1)尽量选购性能好,噪声小的家电。家电使用久了,噪声过大,应送修理或置换。

(2)各种家用电器应分室放置,放置要平稳,垫上橡皮垫子,以减少因振动引起的噪声。

(3)正确合理地按使用说明操作使用,不要超负荷运行,不要同时使用几种家电。

(4)音响电器在使用时音量要适度,有孕妇和婴幼儿的家庭,更应该注意控制音量。

(5)室内可设置一些屏障吸收噪声,阻碍噪声的传播和反射,如铺设地毯、挂壁毯和丝绒窗帘;放置吸收噪声的松软家具,如沙发等;关闭门窗,以防室外噪声的侵袭。

十五、运动养情法

运动养情法是通过各种不同形式的运动,增强生命活力,转移和改变人的情志,使人精神愉悦的一种情志养生方法。

早在马王堆出土的《导引图》中就记载了44个人物的运动场景,他们不仅摆有各种姿势,同时部分人员还拿有器械。到了东汉,著名医学家华佗更是发展了运动能够延年益寿的学说,指出"人体欲得劳动,但不当使极尔,动摇则谷气得消,血脉流通,病不得生,譬犹户枢不朽是也"。

运动可以有效地把不良情绪释放出去,调整机体平衡。当情绪苦闷、烦恼,或情绪激动、与别人争吵时,最好的方法就是转移一下注意力,去参加各种自己喜欢和擅长的体育运动。

休闲类运动可以缓解压力,开阔心胸,适合工作紧张、生活中压力大的人群,如散步、登山和滑雪。散步为动态的一般性运动,从人体的血液循环系统来讲,人在行走时,肌肉系统犹如转动的泵,通过肌肉的反复收缩,促使血管收缩与扩张,促进血液循环,从而降低血压;爬山在锻炼形体的同时,可以登高远眺,欣赏美景,且于空旷处大声呐喊,能有效释放压力,找回真我;滑雪时面对洁白的雪景,本身就可令人心旷神怡,而通过惊险的运动过程,更让身心都得到锻炼。

交谊舞、拉丁舞等舞蹈类运动可以帮助自闭、抑郁的人走出来,建立交际圈,增加交流,建立自信和获得友谊的快乐。

弹跳类运动是一种全身性活动,能够加强血液循环,使血液更好地流向大脑,从而供给大脑更多的氧气,调节沉闷、呆板的心情。同时,弹跳促进脑中多种神经递质的活力,使大脑思维反应更为活跃、敏捷。如跳绳是一项极佳的健体运动,能有效训练个人的反应和耐力,有助于保持个人体态健美和协调性,从而达到强身健体的

69

目的。

球类运动多为集体项目,在运动中,可以促进交流,增进友谊,培养集体荣誉感,舒解紧张和释放压力,减轻抑郁。

传统的体育运动主张动中有静,静中有动,动静结合,能使形神舒畅,心神安合,从而实现阴阳协调平衡。而且习练时有一种浩然之气充满天地之间的感觉,一切不良情绪随之消散。

五禽戏是东汉时期华佗创造发明的一种健身体操,是通过模仿虎、鹿、熊、猿、鸟5种动物的动作编制而成。练五禽戏时要求意守、调息和运动协调配合,意守可以精神宁静,神静可以培育真气,调息可以行气、通调经脉,动形可以强筋骨和利关节。经常锻炼不仅可以治疗疾病,又能活动全身肌肉、筋骨和关节,有明显的健身保健、延年益寿的作用。

太极拳是我国传统的体育运动项目之一,影响深远。太极拳本身的名字就极富文化含义。"太极"指万物的原始浑圆之气,其动而生阳,静而生阴,阴阳两气互为其根,此消彼长,相互转化,不断运动则变化万千。其名取之于《易经》"易有太极,是生两仪"。太极拳动作舒展轻柔、动中有静、圆活连贯、形气相随,外可活动筋骨,内可流通气血,协调脏腑。它不但是一种拳技,可以防身自卫,更是一种健身防病的体操。

十六、气功养情法

气功,古代又称吐纳、导引、行气、食气、服气等,是以呼吸的调整、身体活动的调整和意识的调整(调息、调身、调心)为手段,以强身健体、防病治病、健身延年、开发潜能为目的的一种身心锻炼方法。

气功可分动功与静功两大类,前者也叫外功,后者也叫内功。外功以内功为基础,静极才能生动,所谓"内练精气神,外练筋骨皮",精气神充足了,筋骨才能强壮。静功并非静止,而是"外静内动",是机体的特殊运动状态。静以养神,以吐纳呼吸为主要练功方法;动以练形,以运动肢体为主要练功方法。一般来说,身体瘦弱者,宜先练内养功,待体壮以后,再练站桩功、行功和各种动功。体胖者,宜用强壮功、站桩功、行功等;高血压者,可练松静功及内养功;胃肠病等消化系统疾患及肺结核等,可选内养功;神经衰弱、阳痿、遗精、早泄等,应选强壮功,配合保健功。

对于情志调养的功法锻炼,以下两法较受推崇。

(一)静思冥想法

冥想练习能有效放松身心,是解除心理疲劳的好方法。冥想的时候,注意力高度集中,进入一个平和与安静的意境,此时能帮助我们聆听内心的感受,从而获得力量去面对各种压力和困扰。所以,当一个人心烦意乱时,可找一处光线柔和、温度适宜、环境安静的房间,坐在或躺在舒服的位置,双目微微闭上,深吸气后再慢慢呼出,反复几次,让放松的情感传遍身体各部。然后,运用想象让自己处身于一个令人愉快的自然环境中,尽量体验想象环境中的美好,如面朝大海、鲜花盛开,或海风轻拂、海涛阵阵,或山峦叠嶂、鸟语花香等等,使自己从声音、颜色、气味各方面体验舒适、自由,然后再慢慢睁开眼睛。这种与大自然融为一体的心理体验,能很好地达到自我放松、调养情志的目的。

（二）静坐澄心法

《友渔斋医话》记载了这样一个案例："前明道林蒋先生偶抱疾病,岁乙亥病益甚,咯血几不起。先生乃弃医药,借寓道林一室,只以一力自随。闭目迭足,默坐澄心,常达昼夜,不就席。一日忽香津满颊,一片虚白,炯炯见前,狂然有省之间,而沉疴已霍然去体。"这个案例说明某些疾病可以通过静坐和呼吸调节等澄心方式,调动自身潜质,超越身体限制达到另一境界,则可能实现自然痊愈。

休闲静坐时,要保持清静自然、心平气和、身体放松的状态取坐式,鼻吸鼻呼。先用较短呼吸开始练习,纯熟后,渐渐加长。最长时,一呼一吸可各占1分钟,但务必自然,不可勉强。吸气时,使空气入肺尽量充满,肺底舒张,腹部外突。呼气时下腹部收缩。横膈膜推而向上抵住肺部,使肺底之气外散无余。

十七、雅趣养情法

雅趣养情法,又称娱乐养情法,是通过培养和发挥自身高雅的情趣及爱好,达到怡养身心的一种情志养生方法。

各种富有情趣的娱乐形式,如琴棋书画、花木鸟鱼、旅游观光、艺术欣赏等,通过轻松愉快、情趣雅致的活动,在美好的生活气氛和高雅的情趣之中,使人们舒畅情志、怡养心神、增加智慧、增强体质、寓养生于娱乐之中,能达到养神健形、益寿延年的目的。故何之鼎在《芥子园画谱》序言中指出:"世之所谓怡情悦性者,非一事也。或漱石枕流以为娱,或种竹莳花以自遣,或瑶琴偶抚慕曩哲之光仪,或古笈闲搜企先民之轨范,所好各殊,而其为适志则一也。"徐春甫在《古今医统大全》中也说:"凡人平生为性,各有好嗜之事,见则喜之。有好书画者,有好琴棋者,有好博弈者,有好珍奇者,有好药饵者,有好禽鸟者,有好古物者……使其喜爱玩悦不已。"

娱乐的形式多样,但并非任何娱乐皆具有养生的作用。"娱乐养生",强调这些娱乐活动不仅要有"趣"的环节,还必须要有"雅"的取向。仅沉溺于"乐"且过度,不仅不是"养"生,还可能是"害"生。如通宵达旦地上网、废寝忘食地玩牌、乐而忘返的夜生活,这些虽然也是娱乐,但因为没有节度,反而有害健康。所以,从事各种娱乐活动,必须掌握"养"和"害"之间的度。"雅"就是强调以一种高雅的情趣来规范日常的娱乐活动,有节制、不低俗,且有益于健康。

高雅的情趣活动,主要有音乐、弈棋、品读、垂钓、花鸟、旅游、品茗、集藏、香熏等,皆可作为养生方法而使用。正如清代李渔所说:"行乐之事多端,未可执一而论。如睡有睡之乐,坐有坐之乐,行有行之乐,立有立之乐,饮食有饮食之乐,栉有栉之乐。即祖裼裸裎,如厕便溺,种种秽亵之事,处之得宜,亦各有其乐。苟能见景生情,逢场作戏,即可悲可涕之事,亦变欢愉。"(《笠翁一家言全集·闲情偶寄》)

书画也是陶冶情志的重要方法之一。写字作画需要形静心清、全神贯注,必须心正气和,意力并用,调整全身的气和力,使其运于手、腕、肘、臂。因此,挥毫运笔时大脑皮质的兴奋和抑制得到平衡,四肢肌肉得到锻炼,内脏器官的功能得到调整,新陈代谢旺盛,全身气血通畅,达到一种所谓的"气功态"。不仅如此,写书法、作画时还可得到艺术享受。如《老老恒言·消遣》曰："笔墨挥洒,最是乐事。"我国自古以来,勤于书画者大多长寿。

十八、音乐养情法

音乐养情法是通过音乐的旋律、节奏、节拍、速度、力度、音区、音色、和声、复调、调式及调性等音乐语言,促进人体脏腑功能和气血循环的正常协调,调畅情志的一种情志养生方法。

音乐者,感之于物,成之于心,变之于声,扬之于外,动之于人。《黄帝内经》早就认识到音乐调节情志活动的特殊作用。《素问·阴阳应象大论》曰:"肝……在音为角……在志为怒""心……在音为徵……在志为喜""脾……在音为宫……在志为思""肺……在音为商……在志为忧""肾……在音为羽……在志为恐"。表明五音(角、徵、宫、商、羽)和五行(木、火、土、金、水)相应,五脏(肝、心、脾、肺、肾)与五志(怒、喜、思、悲、恐)相连。五音分属五行,通于五脏,可调五脏之气血,五音的变化可影响五脏气血的变化,从而影响人们的健康状况。以角调式、徵调式、宫调式、商调式、羽调式音乐的声波振荡作用,分别顺应木气生发、火气上升、土气平稳、金气清肃、水气潜降的特点,并根据五音的多与少、偏与正等属性来辨析身心特点,结合五行对人体体质人格的分类,构建了声学与医学相关理论的框架,奠定了中医音乐治疗学的理论基础。正如《乐书论》中所言:"故闻宫音,使人温舒而广大;闻商音,使人方正而好义;闻角音,使人恻隐而爱人;闻徵音,使人乐善而好施;闻羽音,使人整齐而好礼。"

《左传》指出"天有六气,降生五味,发为五色,征为五声,淫生六疾",说明客观的五声与主观的哀乐之情都"生于六气",指出音乐和天地万物相通的同时,也和人的情志相通。例如,古曲《关山月》鼓角横吹,大起大落,可使听者心情振奋,豪气勃发;《胡笳十八拍》悲凉委婉,则会使听者不由得"落泪沾边草""断肠对客归"。因此,情志可由音乐来宣导、表达,在潜移默化中愉悦心神。故《礼记》曰:"乐者音之所由生也,其本在人心之感于物也。""乐至而无怨,乐行而伦清,耳目聪明,血气平和,天下皆宁。"《史记》曰:"故音乐者,所以动荡血脉,流通精神和正心也。"清代吴师机《理瀹骈文》亦云:"七情之病也,看花解闷,听曲消愁,有胜于服药者矣。"

北宋文学家欧阳修患了忧郁症,四处求医,后来通过弹琴而恢复了健康。他的挚友杨寘曾怀才不遇,屡试不第,后由于"恩准",才获得偏远地方的一个小官职。杨寘曾心情忧郁,身体多病。赴任之前,欧阳修特意送琴一张,并作《送杨寘序》。以自身的体验,劝慰杨寘以弹琴来寄托情怀,排遣忧愁,养神去病。欧阳修在这篇文章中,还谈到了不同的音调乐曲对人精神上所产生的影响,可谓是一篇音乐养生治病的专论。

一般来说,根据五音的不同,养生作用也相应有异。

1. 角音 角为春音,属木主生。正角调式音乐,调而直也,其性条达,柔和舒畅,可调节肝胆疏泄,促进人体气机的升发、调畅、宣发和展放。可用于防治因肝气郁结所致的胁胀胸闷、食欲不振、嗳气泛酸、性欲低下、月经不调,心情郁闷、烦躁易怒、胆小易惊等病症。

具有代表性的角音音乐有《草木青青》《一粒下土万担收》《绿叶迎风》《春风得意》《平沙落雁》《江南好》《胡笳十八拍》《蓝色多瑙河》《春之声圆舞曲》等。

2. 徵音　徵为夏音,属火主长。正徵调式音乐,和而美也,火热,兴奋,活泼,欢快,可促进全身气机上升,调节心脏功能,助脾胃,利肺气。可用于防治心脾两虚、内脏下垂、神疲肢倦、神思恍惚、头晕目眩、胸闷气短、惊悸怔忡、情绪低落、形寒肢冷等病症。

具有代表性的徵音音乐有《喜相逢》《百鸟朝凤》《轻骑兵进行曲》《喜洋洋》《春节序曲》《闲聊波尔多》《紫竹调》《步步高》《狂欢》等。

3. 宫音　宫为长夏音,属土主化。正宫调式音乐,大而和也,敦厚,庄重,具有促进全身气机的稳定、调节脾胃升降功能的作用。可用于治疗脾胃虚弱、气机逆乱所致的恶心、呕吐、腹泻、脘腹胀满、纳呆、消瘦乏力等病症。

具有代表性的宫音音乐有《秋湖月夜》《鸟投林》《闲居吟》《春江花月夜》《月儿高》《十面埋伏》《月光奏鸣曲》。

4. 商音　商为秋音,属金主收。正商调式音乐,轻而劲也,清肃,优美,高亢,悲切,具有调节肺气的宣发和肃降,兼有保肾益肝的作用。可用于治疗肺气虚衰、气血耗散、自汗盗汗、咳嗽气喘、心烦易怒、头晕目眩等病症。

具有代表性的商音音乐有《阳关三叠》《黄河大合唱》《第三交响曲》《嘎达梅林》《悲怆》《高山流水》《将军令》《阳春白雪》等。

5. 羽音　羽为冬音,属水主藏。正羽调式音乐,深而沉也,如流水,奔放,哀怨,具有调养肾气,促进全身气机的潜降,调节肾与膀胱的功能,兼有助肝阴、平抑心火之效。可用于治疗阴虚火旺、肾精亏虚所致的烦躁、头痛、失眠、多梦、腰膝酸软、性欲低下、阳痿、早泄、小便不利等病症。

具有代表性的羽音音乐有《昭君怨》《塞上曲》《梁祝》《二泉映月》《梅花三弄》《汉宫秋月》等。

随着科学的发展,人们对音乐的防病治病作用有了进一步认识:

首先,从物理作用来看,音乐是一种有规律的声波振动,能协调人体各器官的节奏,激发体内的能量。如节奏明快的乐曲,可增长肌肉力量;节奏徐缓的音乐,可使人呼吸平稳,脉搏有力;而优雅动听的音乐则可调节自主神经功能,有助于大脑休息,使疲劳得以恢复。

其次,音乐可调畅人的情绪。音乐的旋律、节奏、音调对人体有良好的影响,对大脑和脑干的网状结构有直接作用,可调节人的精神活动和自主神经功能,产生镇静、安定、镇痛、兴奋、调节情绪及降压的功能,并能促进胃肠蠕动,增加消化液分泌,有利于食物的消化吸收。

第三,音乐对多种疾病有治疗作用,音乐医学正成为一门专门的学科。如音乐代替麻醉药物进行拔牙,效果良好;小提琴协奏曲,使高血压患者血压明显下降;忧郁患者每天三联单次听优美的轻音乐,症状可以明显减轻;《梅花三弄》镇静可治疗烦躁不安,《喜洋洋》则是治疗神经衰弱的一剂良药;《步步高》则使人精神振奋,对精神压抑和过度悲伤皆有良效。

第四,孕妇经常听音乐,是一种较好的胎教方式,可促使胎儿健康成长和容颜美丽;老年人经常听音乐,可延缓脑细胞衰老,丰富生活内容,得到美的享受;年轻人听摇滚音乐,则能发泄心中不满,有利于身心健康等。

当然,就像治病用药必须对症一样,听音乐也应因人而异,因时而异。如高血压患者就不宜听节奏过快的兴奋音乐,忧郁悲伤时则应避免听低沉、伤感的音乐等等。

现介绍几类情志养生中常用的音乐处方:

1. 解郁类音乐　本类音乐多节奏鲜明,优美动听,具有怡悦情志、疏肝解郁的功效,可用于调畅抑郁情绪,使精神、心理趋于常态,用于情志郁结所致的各种病证,如《光明行》《喜洋洋》《步步高》《春天来了》《雨打芭蕉》《阳关三叠》《啊,莫愁》《高山流水》等。

2. 宁神类音乐　本类音乐多轻缓低吟,柔和优美,清幽和谐,具有宁心安神、定志除烦的功效,可消除紧张焦虑的情绪,用于情志焦躁的各种病证,如《圣母颂》《梦幻曲》《二泉映月》《春江花月夜》《平沙落雁》《梅花三弄》《烛影摇红》《江南好》等。

3. 抑怒类音乐　本类音乐多低沉伤感,凄惨悲哀,具有抑制狂躁、愤怒,减轻情绪亢奋的功效,可用于情志偏激易怒及喜笑不休症、躁狂症者,如《江河水》《汉宫秋月》《三套车》《塞上曲》等。

4. 振奋类音乐　本类音乐多高亢激昂,曲调雄壮,具有激昂情绪、振奋勇气的功效,可以减轻患者低沉消极悲观失望的情绪,如《义勇军进行曲》《国际歌》《欢乐颂》《霹雳行》《黄河大合唱》《大刀进行曲》等。

5. 减轻疼痛类音乐　止痛音乐宜选择悠然轻快、清丽流畅的乐曲,如《春之歌》《小夜曲》《夜莺》《空山鸟语》等;而情志恼怒所致的头痛,则可选取如《阳关三叠》《渔舟唱晚》等乐曲,还可根据"悲胜怒"的原理,选择一些悲哀低沉的曲子,如《悲歌》《双声恨》等。

知识拓展

宋代欧阳修《送杨寘序》

予尝有幽忧之疾,退而闲居,不能治也。既而学琴于友人孙道滋,受宫声数引,久而乐之,不知其疾之在体也。夫疾,生乎忧者也。药之毒者,能攻其疾之聚,不若声之至者,能和其心之所不平。心而平,不和者和,则疾之忘也宜哉。

夫琴之为技小矣,及其至也,大者为宫,细者为羽,操弦骤作,忽然变之,急者凄然以促,缓者舒然以和,如崩崖裂石、高山出泉,而风雨夜至也。如怨夫寡妇之叹息,雌雄雍雍之相鸣也。其忧深思远,则舜与文王、孔子之遗音也;悲愁感愤,则伯奇孤子、屈原忠臣之所叹也。喜怒哀乐,动人必深。而纯古淡泊,与夫尧舜三代之言语、孔子之文章、《易》之忧患、《诗》之怨刺无以异。其能听之以耳,应之以手,取其和者,道其湮郁,写其幽思,则感人之际,亦有至者焉。

予友杨君,好学有文,累以进士举,不得志。及从荫调,为尉于剑浦,区区在东南数千里外,是其心固有不平者。且少又多疾,而南方少医药。风俗饮食异宜。以多疾之体,有不平之心,居异宜之俗,其能郁郁以久乎?然欲平其心以养其疾,于琴亦将有得焉。故予作《琴说》以赠其行,且邀道滋酌酒,进琴以为别。

(林慧光)

学习小结

中医情志养生要遵守平衡中和、形神兼养、治未病、辨体施养、三因制宜、动静结合的六大原则。情志养生方法有修心养德法、清静养神法、移情悦志法、疏泄畅情法、暗示诱导法、祝由开导法、顺情从欲法、以情胜情法、行为养情法、色彩怡情法、饮食养情法、药饵养情法、经穴养情法、环境养情法、运动养情法、气功养情法、雅趣养情法、音乐养情法等,共18种。

平衡中和追求的是阴阳平衡之道。

形神兼养强调的是形为神之基、神为形之主,养神和养形二者不可偏废。

治未病遵崇的是预防为主、未病先防的治未病思想,包含未病先防、既病防变和瘥后防复三方面内容。

辨体施养强调的是辨体施养原则。其中平和质的人要继续保持平和的原则,勿太过,勿不及,疏泄有常,避免各种不良情志影响心神;气虚质者的情志调养以培补元气、补虚健脾为原则;阳虚质者的情志调养以温养散寒、温补脾肾为原则;阴虚质者的情志调养以滋阴降火为原则;痰湿质者的情志调养以健脾利湿、化痰泄浊为原则;湿热质者的情志调养以清热利湿、分消泻浊为原则;血瘀质者的情志调养以活血祛瘀、疏通经络为原则;气郁质者的情志调养以疏肝理气、宽胸散结为原则;特禀质者的情志调养以益气固表、养血消风为原则。

因人制宜、因地制宜、因时制宜是情志养生的三因制宜原则。如春夏养阳、秋冬养阴,山区的人们情志养生主要以预防过怒、过喜为主,平原地区的人们情志养生主要是要注意避免过忧、过愁为主,沿海地区的情志养生主要是预防过恐、过惊等。

动静结合的原则,既要采取修心养德、清静养神等"静养"方法,也要施以疏泄畅情、运动养情等"动养"方法,合理发泄心中的郁闷与不快。

修心养德法,是指通过自我反省和体察,努力提高自身道德水平的修养,使身心达到更高的境界,从而达到健康、长寿的一种养生方法。其中个人品德方面要注意修仁爱之德、修宽容之德、修坦荡之德、修善良之德、修助人之德等。

清静养神法,就是要以静制躁,节制情欲与僻静居,努力保持心情的安宁和平静。

移情悦志法,即通过一定的方法改变患者的思想焦点,或改变其周围环境,使其脱离不良的刺激因素,或转移到另外的事物上去的一种情志养生方法。

疏泄畅情法,就是将胸中的不良情绪宣达、发泄出去,从而尽快恢复正常情志活动,维系平和心境的一种中医情志养生方法,包括言语倾诉法和直接发泄法。

暗示诱导法,主要是采取含蓄、间接的方法,对异常的心理状态施加影响,诱导其接受医生的治疗意见,树立某种情感,去改变其原有的情绪和行为,使情绪趋于稳定的一种情志养生方法。

祝由开导法,是在一定的形式下,针对患者的不良情绪及其心理状态,通过指导、劝说、安慰、保证,以疏泄感情,使其心中屈情得以发泄,从而消除焦虑、紧张、恐惧等,纠正不良情绪的一种情志养生方法。

顺情从欲法,是指顺从其情绪、意志,满足其身心的必要需求,以改善其不良的情感状态,纠正心身异常的一种情志养生方法。

以情胜情法,是从人体脏腑、情志与五行配属关系出发,根据五脏主五志对应五行理论,以及五行生克制化规律而制订的以一种情志制约另一种情志的情志治疗原则,以达到淡化、消除不良情绪刺激,恢复机体健康的目的。

行为养情法,是指通过学习、认知的方法,纠正和治疗不适当的情志反应和情志疾病的一种情志养生方法。

色彩怡情法,是通过不同色彩,调养人的情绪及精神状态的一种情志养生方法。黄、青、黑、赤、白五色,分别具有健脾、柔肝、滋肾、益心、润肺作用。

饮食养情法,是通过食物的四气五味、升降沉浮之异,选择养心安神类、疏肝解郁类、镇静定惊类、忘忧消愁类、泻火清肝类等食物,达到情志养生目的的一种情志养生方法。

药饵养情法,是通过运用补气类、补血类、温阳类、滋阴类、化湿类、清热泻火类、活血化瘀类、疏肝解郁类、重镇安神类、养心安神类等方药,达到情志养生目的的一种情志养生方法。

经穴养情法,是以中医经络学说为基础,应用艾灸、耳穴压豆、穴位贴敷、刮痧、推拿、火罐等手段,通过刺激腧穴,疏通经络,从而激发营卫气血的运行,和阴阳,养脏腑,达到调养情志目的的一种方法。

环境养情法,是指通过对住所及其周围的自然环境的合理布置,调养情志的一种方法。

运动养情法,是通过各种不同形式的运动,增强生命活力,转移和改变人的情志,使人精神愉悦的一种情志养生方法。

气功养情法,是以呼吸的调整、身体活动的调整和意识的调整(调息、调身、调心)为手段,以强身健体、防病治病、健身延年、开发潜能为目的的一种情志养生方法。

雅趣养情法,又称娱乐养情法,是通过培养和发挥自身高雅的情趣及爱好,达到怡养身心的一种情志养生方法。

音乐养情法,是通过音乐的旋律、节奏、节拍、速度、力度、音区、音色、和声、复调、调式及调性等音乐语言,促进人体脏腑功能和气血循环的正常协调,调畅情志的一种情志养生方法。

复习思考题

1. 联系具体案例,理解张子和的以情胜情法。
2. 试述音乐的防病治病作用。
3. 试述气虚质的情志调养原则及方法。
4. 如何运用治未病原则调养情志?
5. 如何理解情志养生的形神兼养原则?
6. 试述不同体质的情志调养原则和方法。
7. 修心养德具体可从哪几个方面进行?

第四章

七情失节的调摄

学习目的

通过对七情失节的调摄学习,掌握预防七情内损脏腑、导致疾病的具体养生方法。

学习要点

掌握喜过度的调摄方法,了解喜不及的调摄方法;怒失调的调摄方法;忧(思)失调的调摄方法;悲失调的调摄方法;恐(惊)失调的调摄方法,了解恐不及的调摄方法。

    人体最为常见的喜、怒、忧、思、悲、恐、惊七种情志中,无论哪一种情志,只有保持在适当的程度,才会对健康有裨益。如果七情过激,超过了人体所能承受的生理限度,或出现喜不及、恐不及等情志不及的情况时,都属于情志失调范畴;这种情况下的七情就成了一种致病因素,轻则表现为情绪的失常,重则导致人体脏腑功能内损,甚则罹患情志病,危害健康。

    因此,中医情志养生,当重视七情失节的调摄。

第一节　喜失调的调摄

    喜作为一种七情中最为积极、良好的情绪,一般有益健康。但乐极则生悲,喜失调,尤其喜过度对身心健康则会造成一定危害。正如张从正在《儒门事亲·九气感疾更相为治衍》中所云:"喜气所至,为笑不休,为毛发焦,为内病,为阳气不收,甚则为狂。"因此,应重视对喜失调的调摄。

    对于喜失调者,可以采取以下方法进行调摄。

(一)清静养神法

    静者寿,躁者亡。金元四大家之一的刘完素认为:"心乱则百病生,心静则万病悉去。"因此,平素要使自己的情志处于一种自然、和谐的中性状态,不偏不倚,恬惔虚无,不为一事一物而过喜,不存非分之想,不图非分之欲,以安定平静心情对待自己所取得的成绩、所获得的名誉等,顺其自然,不得意忘形。

(二)移情调摄法

    过喜难抑时,可以主动将情志转移到一些可以引起忧伤、悲哀的情志上去,以制约过于激动、喜悦的心志。如到亲人的坟墓前凭吊,写一篇回忆父母的文章,追思父

笔记

78

母的养育之恩,回忆昔日艰苦生活等。

（三）祝由开导法

老子曾言:"祸兮福之所倚,福兮祸之所伏。"其意是说,祸福看似两个丝毫无关,实则可互相转化。比喻坏事可以引发出好结果,好事也可以引发出坏结果。警示人们在顺境中要谦虚谨慎,戒骄戒躁;志得意满,狂妄自大,反而滋生灾祸,由福转祸。逆境中百折不挠,勤奋刻苦,可变逆境为顺境,由苦而甜的道理。

成语"塞翁失马",就很形象地说明了福祸相倚的道理:"近塞上之人有善术者,马无故亡而入胡。人皆吊之。其父曰:'此何遽不为福乎?'居数月,其马将胡骏马而归。人皆贺之。其父曰:'此何遽不能为祸乎?'家富良马,其子好骑,堕而折其髀。人皆吊之。其父曰:'此何遽不为福乎?'居一年,胡人大入塞,丁壮者引弦而战,近塞之人,死者十九,此独以跛之故,父子相保。故福之为祸,祸之为福,化不可极,深不可测也。"（《淮南子·人间训》）

山外青山楼外楼,一山更比一山高。我们要正确对待自己的成绩,要看到和别人的差距,要不断地发扬自己的优点,克服缺点,不要停留在对过去成绩的沾沾自喜上,喜而有节,喜勿狂妄。

因此,在思想认识上,要纠正对"喜"的片面理解,要结合自己的身体状态、年龄因素等,克制过度兴奋,喜要有度,以防乐极生悲。

（四）以恐胜喜法

本法适用于神情兴奋、狂躁者。

《儒门事亲》中记载了一个姓庄的医生,以此法治疗一因喜乐太过而生病的患者。庄医生为患者切脉后,故作惊讶地大叫了一声,好像说其病已非常严重了,并对患者借口说"我去取药",结果一去不回,多少天也不送药来。患者见医生先是惊讶,后又避而不见,以为自己的病情重了,得了不治之症,故而悲从心起,哭着对家人说:"吾不久矣。"庄医生听说患者已担心害怕活不久,便知道其病情将要好转,便来安慰患者,告知病情将愈,后来果真就痊愈了。

《续名医类案》中载:明代,世代为农的李大谏考中举人,次年又中进士及第,其父遂大笑不止,竟成狂笑病,十年不愈。李求治于赵太医。赵太医一番思索后,派人到李的家乡告诉其父云:"你某子前数日不幸患病去世。"其父大恸,狂笑病立止。后赵又遣人至李家云:"你子死后不久,又被赵太医救活了。"李父止悲,狂笑病也从此愈。

在日常生活中,当我们发生过喜时,亦不妨自己,或者在别人帮助下,去想一点令人恐怖的事情,看一部恐怖电影,或者经历一下能让人恐怖的活动等。

（五）色彩怡情法

黑色是一种明度最低,但具有庄严、稳重的色彩。它给人有后退、收缩的感觉,能够烘托悲伤、哀愁的气氛,很容易使人联想到黑暗、寂寞、灾难、死亡等场景。因此,中国的葬礼装饰,一般都是以黑色为主色调。

黑色在五行中属水,水能克火,过喜往往与水不济火或心火太盛有关。因此,对于过喜者,可以让他们穿上黑色的服装,卧室里要拉上遮光的窗帘,室内灯光不要太亮,以营造安静的氛围,助其克服过喜。

（六）饮食养情法

苦味食品可以泄去心中烦热,具有清心除烦作用,可使人的头脑清醒,有助于大脑更好地发挥功能。苦味食品又以苦瓜、苦丁茶、莲子心为最佳调摄情志之品。

1. 苦瓜　性味苦寒，具有清热解毒、明目等功效，临床常用于中暑发热、牙痛、泄泻、痢疾、便血等病证。苦瓜多在七八月份成熟，是备受人们喜爱的夏季时令蔬菜之一，因含有罗汉果苷和苦瓜素等成分，而具有特殊的苦涩口感，也是很多人最喜欢常吃的苦味。苦瓜尤以凉拌食用为最佳。

2. 苦丁茶　性味甘苦寒，具有疏风清热、明目生津等功效，主治风热头痛、齿痛、目赤、聤耳、口疮、热病烦渴、泄泻、痢疾等病证。既可单泡，也可与其他茶叶同泡，如乌龙茶、绿茶、龙井、毛尖、花茶等，与其他茶叶混合冲泡时，则既有这些茶的香味，又有苦丁茶回甘和润喉的优点。

3. 莲子心　性味苦寒，《本草再新》云其可清心火、平肝火、泻脾火、降肺火、消暑除烦、生津止渴，主治目赤红肿。《温病条辨》则云："莲心，由心走肾，能使心火下通于肾，又回环上升，能使肾水上潮于心。"莲子心以直接开水冲泡饮用为主。

（七）音乐怡情法

肾主水，水能克火，因此，对于过喜者，可以通过多听羽调式乐曲，来缓和、制约急躁、过喜的情绪。如《梅花三弄》《塞上曲》《汉宫秋月》等。沏上一杯清茶，静下心来，闭上双眼，焚上一炷香，听上一段羽调乐曲，让内心安定而从容下来。

> **知识拓展**
>
> **喜不及的危害与调摄**
>
> 俗话说："笑一笑，十年少。愁一愁，白了头。"保持愉快乐观的情绪，知足常乐，笑口常开，有益健康。相反整天殚心竭虑、贪得无厌地追求物质或精神需求的满足，则对健康不利。生活中有些人"不苟言笑"，有些人自视清高，以"高冷"自居，经常拉沉着脸，快乐不起来，这些情况称为"喜不及"。喜不及不但能让周围的人"高兴不起来"，同样也会影响自己的身心健康。
>
> 因此，对喜不及者，也要进行调摄。具体方法如下：
>
> 1. 知足常乐　老子在《道德经》中告诫说："祸莫大于不知足，咎莫大于欲得。""比上不足，比下有余"，就是人们在种种需要得不到满足时最好的自我排遣方法。古人云："衣食随缘，自然快乐。"也是要求人们甘守清贫，淡泊名利，与周围环境保持协调一致，不要追求过高。将自己的需要与现实的社会生活相结合，不能脱离现实去追求难以达到的事情，否则只能是自寻烦恼。经过对长寿老人的调查发现，良好的情绪是他们共同的长寿经验：知足常乐、自甘淡薄、不图名利地位、胸襟开阔、心情舒畅、遇事看得开想得通，自得其乐。
>
> 孔子是知足常乐的典范，在医学极不发达的春秋战国时期，即享年73岁。他的长寿之道就是豁达大度，保持常乐。孔子在周游列国过程中遭到不少冷遇，但他"在邦无怨，在家无怨""不怨天，不忧人"；在食住方面，坚持"食无求饱，居无求安"，非常乐观。他注意调节生活，始终保持良好的思想情绪，对人生充满信心。
>
> 2. 学会微笑　微笑是世界上最美的行为语言，虽然无声，但最能打动人。微笑也是人际关系的"润滑剂"，能很好地拉近人与人之间的心理距离。你对别人笑

得越多,你收获的微笑也就越多。因此,当我们每天清晨醒来的时候,就要学会振奋精神,给家人、给同事一个快乐的样子。

3. 顺情从欲　孔子曰:"食色,性也。"目欲视物,耳欲闻声,饥而欲食,渴而欲饮,寒欲被衣,劳而欲息,病而欲医,男大当婚,女大当嫁等等,都是人类最为基本的生理需求,应该设法满足,而不能强行抑制。因此要多做自己喜欢做的事,多培养一些能让自己"快乐"的兴趣。《老老恒言》作者曹庭栋兴趣爱好广泛,75岁高龄之后,不但学而不厌,经史子集无所不读,而且吟诗作赋抒发情怀,写字画画保聪明,奏乐鼓琴悦心志,栽花植木劳身形,著书立说缓脑衰。他在院内垒土为山,广植花木,以奉其母,取名为慈山,也正是其慈山居士的由来。

4. 助人为乐　助人为乐是中华民族的传统美德,在历史上称为"修行""行善"。助人为乐者在帮助了别人的同时,也愉悦了自己的心情,经常助人为乐对健康有益。

5. 多近乐者　俗话说:"近墨者黑,近朱者赤。"孟子小时候非常聪明,因住在墓地附近,经常模仿送葬人吹喇叭,孟母担心他荒废学业就把家搬到城里。不巧的是刚好旁边是一个屠宰场,孟子很快就学会了杀猪宰羊,孟母只好搬家到一个学校附近,从此孟子就开始学习孔子的思想而成为一代思想家。这就是孟母三迁,择邻而居的典故。为了快乐,我们也要学会多交正能量的朋友,少跟负性能量的人接触;也不要让自己成为别人忧郁的来源,把不愉快的事情发泄到别人身上。

小贴士

咬筷子训练微笑法

微笑并不是天生的,生活中有的人笑得动人、笑得恰到好处,但有的人笑显得是尴尬、搞怪、阴险、扭曲、皮笑肉不笑、僵硬等等。因此,我们要学会笑,尤其是要学会微笑。研究表明,只有对称性的、嘴角上翘的、发自肺腑的微笑才是最真诚的微笑。可以用"咬筷子训练法"学会微笑。

(1)用上下两颗门牙轻轻咬住筷子,看看自己的嘴角是否已经高于筷子了。

(2)继续咬着筷子,嘴角最大限度地上扬。也可以用双手手指按住嘴角向上推,上扬到最大限度。

(3)保持上一步的状态,拿下筷子。这时的嘴角就是你微笑的基本脸型。能够看到上排8颗牙齿就可以了。

(4)再次轻轻咬住筷子,发出"yi"的声音,同时嘴角向上向下反复运动,持续30秒。

(5)拿掉筷子,察看自己微笑时的基本表情。双手托住两颊从下向上推,并要发出声音反复数次。

(6)放下双手,同上一个步骤一样数"1、2、3、4",也要发出声音。重复30秒结束。

你还知道哪些助人为乐的故事？

第二节　怒失调的调摄

《素问·生气通天论》说："大怒则形气绝，而血菀于上，使人薄厥。"《素问·举痛论》说："怒则气逆，甚则呕血及飧泄。"怒总体属于一种不良的情绪反应，过怒对身体的危害甚大，怒失调的调摄主要调摄的是怒过度。

（一）劝说开导法

生气是用别人的错误惩罚自己，是一种不明智的行为。事情既已发生，何必再生气，生气又有何益？生气只会进一步加重自己的痛苦，伤害自己的健康。清代民族英雄林则徐深知发怒对人的危害，因此书写"制怒"二字，悬挂于书房之内，以时刻告诫自己不要因过怒而损害了健康。有人把发怒视为"英雄气概"，与面子、强大画等号，若不发怒则自认为是软弱、无能。其实，发怒往往会使事态变得更糟糕，让事情的解决走上绝路，没有了回旋余地，反而不利于事情的解决。因此，要转变这种观念，要深刻认识到发怒是无计可施、无能的表现，同时也是缺乏修养、不成熟的表现，这样才能为理智地解决问题创造条件。

武则天在封建社会政治舞台上活跃了 60 余年，享年 82 岁，是封建王朝中屈指可数的长寿君主之一。她的长寿之道与她胸襟宽阔、冷静沉着有着密切关系。当骆宾王随徐敬业在扬州起兵，在《为徐敬业讨武曌檄》中列举她"秽乱春宫""狐媚惑主"等 20 条罪状时，她不但没生气，反而赞叹檄文作者的才华："人有如此之才，而使其流落不遇乎？乃宰相之过也！"

清代中期，当朝宰相张英与一位姓叶的侍郎都是安徽桐城人。两家毗邻而居，都要起房造屋，为争地皮，发生了争执。张老夫人便修书至北京，要张英出面干预。但这位宰相并没有仗势欺人，看罢来信，立即作诗劝导老夫人："千里家书只为墙，让他三尺又何妨？万里长城今犹在，不见当年秦始皇。"张母见书明理，立即把墙主动退后三尺。叶家见此情景，深感惭愧，也马上把墙让后三尺。这样，张叶两家的院墙之间，就形成了六尺宽的巷道，成了有名的"六尺巷"。"六尺巷"也告诉我们忍耐谦让的养生道理。不少人常因小事而发生纠纷，如果双方都不理智，都不谦让，事情只会发展得越来越糟，矛盾激化，甚则不可开交，正所谓"退一步天高海阔，忍一时息事宁人"。

（二）自我暗示法

发怒时，先行意识控制，以自己的道德修养与意志修养使消极的愤怒不发生或减低情绪反应。意识控制常以内部语言或文字作媒介，例如在发怒时，心中可默念"息怒！息怒！犯不着这样！"这样可使心理活动的动力系统产生抑制作用，从而收到制怒的效果。

春秋战国时期，有个蓝田侯叫王述，脾气本十分暴烈。后为克服这个弱点，与人相处时,决心采取克制让步的方法,从而不轻易被人激怒。有一回,谢无奕上门大吵大闹。王述强压性子,默然面壁而立。直到谢无奕离去很久,他才长吁一口气,转过身来继续办自己的事情。

(三)意念放松法

放松自己有利于克制愤怒。可以采取"意念放松法":闭上眼睛,暗示自己要冷静,放松肢体,想象自己正在宇宙中遨游,漂浮在蓝天白云之上,缓慢呼吸,默默计数患者自己的呼吸,从1慢慢数到100,循环进行,直到心情放松为止。

(四)转移情景法

当"怒火"上来的时候,对那些看不惯的人或事情,往往是越看越生气,越想越来火,此时不妨来个"三十六计,走为上策"。想方法离开使你发怒的场合,选择一个你喜欢的地方,换一个环境,换一种心情,或听一段美妙的音乐,品一杯绿茶,就会使你心情慢慢平静下来。

(五)色彩怡情法

蓝色和绿色,让人联想到蔚蓝的天空和平静的大海,能给人以宁静、深邃之感,产生和谐的感觉,令人感到稳重、舒适,对神经系统具有镇静、镇痛的双重作用,有"心理镇静剂"之美称。

因此,在办公室和家里要多摆放一些绿色植物,既能净化空气,又能愉悦心情,减少愤怒。空闲时多到绿色的草地上漫步,多去森林茂密的地方去呼吸新鲜空气。经常去海滨游玩,聆听大海的涛声,远眺蓝色的大海,就能让我们的胸怀变得开阔起来。

(六)音乐怡情法

角调式音乐属木,其性条达,具有柔和舒畅的特点,可调节肝胆的疏泄功能,促进人体气机的升发、调畅,预防生怒。如《胡笳十八拍》《蓝色多瑙河》等。

肝肾同源,水能生木,对于性情暴躁、好胜争强之人,应多听羽调式音乐,以缓和、制约、克制其急躁情绪。如小提琴协奏曲《梁祝》《二泉映月》《江河水》《汉宫秋月》等。其中的《江河水》演绎的是孟姜女哭长城的民间故事:新婚刚过,孟姜女的丈夫就被抓去做劳役,一去几年不归。可怜的孟姜女决定去千里寻夫,可在路上遇到回来的人,得知丈夫早已死去,她悲痛欲绝,在与丈夫分别的河边失声痛哭……乐曲听来令人心碎;《汉宫秋月》细致地刻画了宫女面对秋夜明月,内心无限惆怅的情感,描写的是对受压迫宫女不幸遭遇的同情,具有很深的艺术感染力。

(七)移情悦志法

怒失调时,可以让其主动将情志转移到一些可以引起忧、悲的情志上去,也可以观看悲情影视等,调整自己的情绪。

(八)食药养情法

苦味食品可以泄去心中烦热,具有清心除烦作用,可使人的头脑清醒,有助于大脑更好地发挥功能,如苦瓜、苦丁茶、莲子心等。

合欢花,性味甘、平,可以"蠲忿",具有舒郁、理气、安神、活络、养血、滋阴肾、清心明目等作用。故《神农本草经》中言:"合欢,安五脏,和心志,令人欢乐无忧。"经常发怒的人可以取其泡水代茶。

白芍,味苦酸,性微寒,具有养血敛阴、柔肝止痛、平抑肝阳、敛阴止汗功效。可取白芍 6g、生甘草 3g,开水冲泡后代茶。

（九）经穴养情法

（1）按压太冲穴法：太冲是肝经的原穴,通过对太冲的按压等,可以起到泻肝气、降肝火的目的,有利于郁怒情绪的疏解。

（2）拍打胆经法：肝胆相表里,通过拍打腿外侧的足少阳胆经（图 4-1）,可以起到疏利肝胆的作用,从而解除愤怒。足少阳胆经在人体表的循行起于眼外角,向上达额角部,下行至耳后（风池穴）,由颈侧,经肩,进入锁骨上窝。直行脉再走到腋下,沿胸腹侧面,在髋关节与眼外角支脉会合,然后沿下肢外侧中线下行。经外踝前,沿足背到足第 4 趾外侧端（足窍阴）。

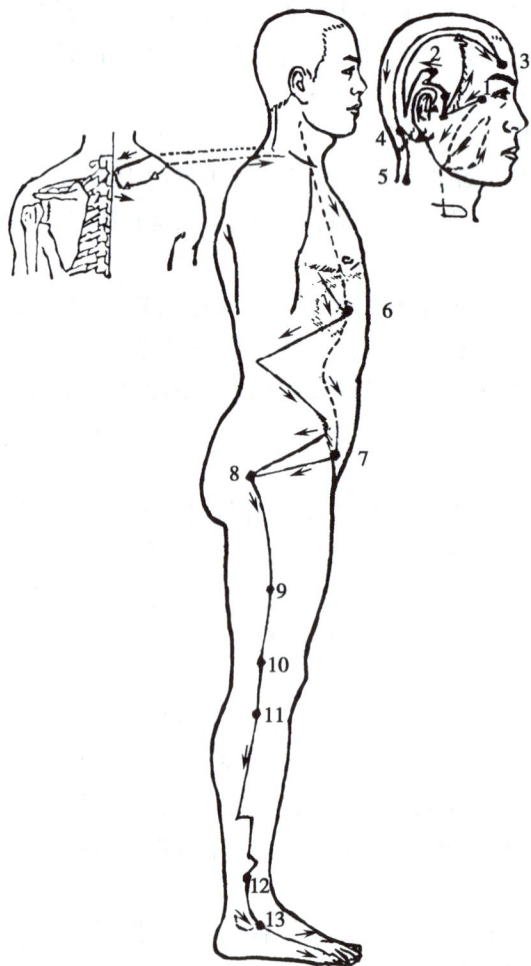

图 4-1 足少阳胆经循行及部分穴位示意图

1. 瞳子髎 2. 率谷 3. 阳白 4. 风池 5. 肩井 6. 日月 7. 居髎
8. 环跳 9. 风市 10. 膝阳关 11. 阳陵泉 12. 悬钟 13. 丘墟

为方便操作,可只拍打臀部以下胆经穴位,可沿双腿裤缝位置由上至下拍打,力度适中,以微微酸痛为度,每次约 5~6 分钟。拍打时间一般选择在白天较好。

（十）疏泄畅情法

当愤怒难当的时候,可以通过"心理宣泄室",将心中的不满、怒火发泄出去。

（十一）以悲胜怒法

本法适用于因情志抑郁而致气机郁结或因怒而致情绪亢奋不宁者,尤其适用于自觉以痛哭为快者。金克木,怒为肝志,暴怒则气血逆乱,神迷惑而不治;悲忧为肺志,肺欲收,悲则气消,血气得以消散下行,故悲可胜怒。

清代有一少妇,因丈夫出轨而愤怒导致卧床不起。丈夫自知理亏,替其求医于名医傅青主。傅青主开了一张处方,并给她丈夫一块石头,叮嘱煎煮至烂后取汤作药引。其夫信以为真,昼夜不停地煎煮石头,熬红了双眼,少妇人见到丈夫如此关心体贴自己,内心感动,就下床和丈夫一起熬煮石头,连续煮了三天三夜仍未煮烂。夫妻俩就一起去问傅青主,傅青主哈哈大笑,反问这对夫妻:病既已愈,何需再煮? 夫妻俩顿时明白过来,感激不尽。"傅青主的石头煮不烂"也成为一段佳话,越传越广。

第三节 忧（悲）失调的调摄

《素问·气交变大论》指出:"有喜有怒,有忧有丧,有泽有燥,此象之常也。"忧愁和悲伤都是人体的正常情绪,但若忧愁过度则对身体会造成危害,因此忧（悲）失调的调摄主要调摄的是忧（悲）过度。

（一）祝由开导

"月有阴晴圆缺,人有旦夕祸福。"要正确面对那些令人担心、忧郁、愁闷的事情。既然痛苦忧愁在人的生命旅途中,谁都不可避免,无法逃避,一味沉沦其中,不但于解除问题无益,反而会进一步造成机体的损害。因此应该早日从痛苦忧愁中尽快走出来,设法做些积极的事情。

有人说,痛苦就向伏在生活门前的一只看家犬,你越是怕它,它就越张牙舞爪。生活的强者,不畏痛苦,不沉迷于忧愁,而是痛定思痛,积极向上;生活的弱者,面对痛苦,一筹莫展,伤心不已,久则诸病缠身,痛苦忧愁越积越多。要多想积极的、容易使人产生愉快感受的和令人高兴、鼓舞人心的事情。培养自己乐观、开朗、豁达和坚强的性格。即使碰到不愉快的事,也要尽量回避,分散注意力。相信没有不可克服的困难,再大的困难都会挺过去的。

（二）对症解忧

俗话说:"心病还需心药医""解铃还需系铃人"。对于忧愁之人,尽量要帮他们找到忧郁的原因,对症解忧,效果更佳。

《晋书·乐广传》记载的"杯弓蛇影"的故事告诉我们,心主神明,人是一个受"神明"主宰的整体,疑神疑鬼的心情会令人焦灼不安,心病郁结一解,极易导致品质性的疾病,即所谓"忧思成疾"。对于这类情志疾病,用一般药物往往无效,而用"对症解忧"的方法往往能豁然而解。

（三）多沐阳光

万物生长离不开太阳,阳光犹如一种天然的"兴奋剂"。阳光照射到人体后,会使人体产生一系列生理变化,如毛细血管扩张、全身血液循环加快等。另外,阳光还通过对视神经及其他一些神经纤维的刺激,进而促进机体肾上腺素、甲状腺素及性激素等生物活性物质的分泌,从而兴奋机体。

因此,对于容易忧愁善感的人,应该经常晒太阳,最好去海滩上进行日光浴。

笔记

（四）行善积德

《易经》中说："积善之家，必有余庆；积不善之家，必有余殃。"生命就像是一种回声，你送出什么它就送回什么，你播种什么就收获什么，你给予什么就得到什么。只要你付出了，就会有收获。"赠人玫瑰，手有余香。"在这个社会上有许许多多的好心人，他们乐于帮忙他人，从而使别人快乐，自己也会因帮助了别人而快乐。当我们帮忙他人的时候，我们付出的是自己对别人的生命的爱，就仿佛给别人的生命之树捧一掬清泉。爱的感情是不竭的源泉，我们付出得越多，内心就越充盈，幸福感就越强。所以，助人不仅仅是付出，也是收获。

（五）磨砺意志

《孟子·告子下》曰："舜发于畎亩之中，傅说举于版筑之间，胶鬲举于鱼盐之中，管夷吾举于士，孙叔敖举于海，百里奚举于市。故天将降大任于斯人也，必先苦其心志，劳其筋骨，饿其体肤，空乏其身，行拂乱其所为，所以动心忍性，曾益其所不能。"其意是说，舜从田野之中被任用，傅说从筑墙工作中被举用，胶鬲从贩卖鱼盐的工作中被举用，管夷吾从狱官手里释放后被举用为相，孙叔敖从海边被举用进了朝廷，百里奚从市井中被举用登上了相位。所以上天将要降落重大责任在这样的人身上，一定要先使他的内心痛苦，使他的筋骨劳累，使他经受饥饿，以致肌肤消瘦，使他受贫困之苦，使他做的事颠倒错乱，总不如意，通过这些来使他的内心警觉，使他的性格坚定，增加他的才干和能力。

因此，当人生面对困境时，我们要将其当作对自己的一种考验、一种磨砺，如此便能化忧愁为力量，甚至成就一番大事业。周文王被拘禁在羑里时推演出了《周易》，孔子在困穷的境遇中编撰出了《春秋》，屈原被流放后创作了《离骚》，左丘明失明后写出了《国语》，孙膑被砍去了膝盖骨后编著了《孙子兵法》，均是逆境成才，逆境创业的范例。

宋代著名女词人李清照在《一剪梅》中写道："花自飘零水自流，一种相思，两处闲愁。此情无计可消除，才下眉头，却上心头。"的确，世上没有不凋谢的花朵，人间也没有不曲折的道路。人生也正是由于有了痛苦忧愁的磨砺，才能逐渐走向成熟与辉煌。没有经历过痛苦的人生，才是人生最大的痛苦。因此，我们每个人都要坦然面对各种烦恼、困境，以忧愁痛苦作为人生磨砺的契机，不必"过忧"，不必多愁。

课堂互动

说说古今中外逆境成才的人物和故事。

（六）移情山水

当忧愁痛苦中无法自我摆脱时，不妨走出家门，投身于大自然的怀抱，移情于山水之中。古代的许多名人哲士，往往以此法来求得精神的解脱和保持精神的愉悦。宋代词人苏轼在《前赤壁赋》中写道："惟江上之清风，与山间之明月，耳得之而为声，目遇之而成色，取之无禁，用之不竭。是造物者之无尽藏也，而吾与子之所共适。"因此，当他被贬后，仍不为境遇所困，于山水间自得其乐，仍然能吟出"大江东去，浪淘

笔记

尽,千古风流人物"的豪迈诗篇。

天高任鸟飞,海阔凭鱼跃。自然界的各种鬼斧神工、变化莫测现象,往往给人以启迪,明人以哲理。投情山水,对遭受挫折、情绪低沉的人来说,是良好的排忧解烦渠道。

（七）知足常乐

许多忧伤,是因对于名誉、地位及物质利益等私利看得太重引起的,所以《道德经》中说"祸莫大于不知足,咎莫大于欲得"。因此,人们凡事应循其自然,不要过分追求,一尘不染,不贪,不妄,以理收心,凡事知足,抑目静耳,如是则诸多忧愁便会与你无缘了。

《黄帝内经》有一句重要养生格言:"高下不相慕。"高下,在旧社会往往是指人所处的社会地位高低而言。高,指贵族,统治者;下,为黎民百姓。意思是人们社会地位有高低,但都不要相互倾慕而应各安于本位。自古以来,不少人为了高官厚禄互相残杀,兄弟阋墙,结果连性命都丢了,还谈什么养生呢!还有一些人,不但嫉妒比自己地位高的人,甚至连别人的才华、品德、名声、成就、相貌等高于自己时,都觉得不服气、愤愤不平。这种人心中常常产生一种"无名火",使心境抑郁,情绪烦躁。

（八）色彩怡情

对于过度忧愁、悲伤的人,适宜的色彩是白色。白色具有洁净和神圣感,所以西式婚礼总是以白色为基调,象征纯洁。医生和护士的工作服也是以白色为主,除了考虑到清洁卫生外,也是为了解除患者的忧郁心理,起到鼓舞患者心理的作用。

当你忧愁时,不妨去花店买上一束"百合花",沁人心脾的花香和优雅宜人的白色,将有助于人们走出忧愁,脱离悲伤。

当你忧愁时,不妨去祖国的北方走一走,欣赏一下"北国风光,千里冰封,万里雪飘"的壮丽白色,跟着伟人毛泽东一起"望长城内外,惟余莽莽;大河上下,顿失滔滔。山舞银蛇,原驰蜡象,欲与天公试比高。须晴日,看红装素裹,分外妖娆"。不知不觉中你就会将烦恼抛却脑后,雄姿英发,豪情万丈,气壮山河,更能体味那"江山如此多娇,引无数英雄竞折腰。惜秦皇汉武,略输文采;唐宗宋祖,稍逊风骚。一代天骄,成吉思汗,只识弯弓射大雕。俱往矣,数风流人物,还看今朝"的雄伟气魄。

（九）音乐怡情

商为肺之音,轻而劲也,哀者也,过忧伤肺,可用商音之欢快使之高兴,以治过忧。如《第三交响曲》《山丹丹花开红艳艳》《嘎达梅林》等。

火能克金,微调式音乐,在五行属火,通心,五志属喜。因此忧愁的人,经常欣赏正微调式音乐,能振奋精神,促进全身气机的提升,调节心脏功能,兼有助脾胃、利肺气的作用。如《步步高》《狂欢》《春节序曲》《喜洋洋》《喜相逢》《金色狂舞曲》等。

（十）食药调养

萱草、薄荷等食物和药物,有助于解除忧愁,可以选择服之:

1. 萱草　《诗经·卫风·伯兮》中:"焉得谖草,言树之背？"这里的谖草即萱草,也就是经常食用的"黄花菜"。相传古代有位妇人因丈夫远征,遂在家居北堂栽种萱草,借以解愁忘忧,从此世人称之为"忘忧草"。嵇康《养生论》亦云:"萱草忘忧。"白居易也作诗云:"杜康能散闷,萱草解忘忧。"为他晚年的知己刘禹锡屡遭贬谪的身世予以劝慰。萱草性平，味甘、微苦，具有清热利尿、解毒消肿、止血除烦、宽胸平肝、利水通乳等多种功效，可以经常食用。《古今注》载："欲忘人之忧，则赠以丹棘。"丹棘，即萱草。

2. 薄荷　味辛，性凉，具有疏散风热、清利头目、利咽透疹、疏肝行气功效，是一味非常好的疏肝解郁的药物。薄荷的清凉味道让人神清气爽，是一种能够让人觉得很幸福的感觉，可取新鲜薄荷叶 5~6 片，开水冲泡代茶饮。

3. 小麦　性味甘、凉，具有养心除烦功效。《金匮要略》中用小麦治疗"脏躁"："妇人脏躁，喜悲伤欲哭，象如神灵所作，数欠伸，甘麦大枣汤主之。"一般可以用炒熟的小麦 30~60g，煎水当茶饮，也可以加入大枣 3 枚、甘草 3g 共煎，疗效更好。

4. 百合　性味甘、微寒，具有滋阴润肺、清心安神的作用，对于改善热病之后的虚烦失眠、多梦、惊悸等症状效佳，如《金匮要略》中的百合知母汤、百合地黄汤均为调治情志病疗效较好的处方。一般可用百合 20~30g，与芹菜同炒，或者加入红枣，煮水代茶饮等。

课堂互动

想一想，还有哪些常用的食物或药物有助于解除忧愁？

（十一）畅哭宣泄

哭是人类的一种本能，是人的不愉快情绪的直接外在流露。现实生活中除了过度激动外，哭总是由不愉快引起的。因此从医学角度讲，短时间内的痛哭是释放不良情绪的最好方法，是心理保健的有效措施。

通常人们哭泣后，在情绪强度上会减低 40%；反之，若不能利用眼泪把情绪压力消除掉，则会影响身体健康。因此，有人认为，强忍着眼泪就等于"自杀"。中国自古有"男儿有泪不轻弹"之说，而女性往往想哭就哭，人们甚至还用"梨花带雨"等来赞美女性的哭，且现实生活中女性确实要比男性爱哭、多哭，这也可能是女性平均较男性长寿的原因之一。

因此，当一个人忧愁难解时，不妨创造环境、选择适当的时间，让其痛痛快快地大哭一场。

课堂互动

哭的成语知多少。

（十二）以喜胜忧（悲）

本法适用于因神伤而表现为情绪抑郁低沉者。悲为肺志，过悲则肺气不敷、治节失职；火克金，喜为心志，喜令气机和缓散达，肺气得以恢复正常宣降，故喜可胜悲。

清代有一位巡按大人，患有忧郁症，终日愁眉不展，闷闷不乐，几经治疗，终不见效，病情一天天严重起来。经人举荐，一位老中医前往诊治。老中医望闻问切后，对巡按大人说:"你得的是月经不调症,调养调养就好了。"巡按听了捧腹大笑,感到这是个糊涂医生,怎么连男女都分不清。此后,每想起此事,仍不禁暗自发笑,久而久之,抑郁症竟好了。一年之后,老中医又与巡按大人相遇,这才对他说:"君昔日所患之病是'郁则气结',并无良药,但如果心情愉快,笑口常开,气则疏结通达,便能不治而愈。你的病就是在一次次开怀欢笑中不药而治的。"巡按这才恍然大悟,连忙道谢。

《吴县志》中记载了一则叶天士妙用喜法治一老妪贫病交加的案例:叶天士宅后,一老妪两代皆寡,食指浩繁,贫病交加。叶天士视之,知其病由贫而来,非药石所能医治,令其种植西湖柳数十株。谓妇曰:'汝病今不服药,来春即有无数病者来求购西湖柳,可令汝家一年温饱无忧。'至明春,柳丝苗长时,适值县中痧疹盛行,天士嘱每一病者向老妪购西湖柳三五钱。门庭若市,日进纷纷,老妪大喜,诸病若失。至秋间,喉病复炽,天士又嘱病家向老妪购买,自此家成小康。

第四节　思失调的调摄

社会的发展、科学的进步、人类素质的提高等都离不开思维活动,但思虑过度又会成为一种致病因素,正如《素问·举痛论》所说"思则心有所存,神有所归,正气留而不行,故气结矣"。因此,思失调的调摄主要是调节思过度。

(一)劝说开导

人的一生是不断追求目标和实现目标的过程,但许多人内心期望值过高,不能正确评估自己的能力,为了一个难以取得的目标而绞尽脑汁,思虑过度,结果往往落得"出师未捷身先死"的遗憾。俗话说,一口吃不成胖子,时势造英雄,因此我们鼓励每个人胸怀大志,但也不能好高骛远,不切实际。否则不但目标不能实现,思想也得不到休息放松,生病染疾也就再所难免了。提高对过思危害的认识,实事求是地降低人生的自我期望值,不失为智者所为。

"失恋"是引起年轻人思失调最常见的原因,不少人失恋后不能正确对待,冥思苦想自己的过错或对方的过错。爱情本是两情相悦的事,有些人却陷入"单相思"的泥潭而无法自拔。其实,天涯何处无芳草,要相信婚姻是缘分,强扭的瓜不甜,自然真心爱对方,就要尊重对方,给对方自由选择的权利才是"真爱"。

(二)移情悦志

经常参加一些有益于身心健康的社交活动和文化活动,广交朋友,促膝谈心,交流感情。根据个人的兴趣爱好,进行各种活动,诸如读书、唱歌、绘画、弈棋、集邮、养花、垂钓等,促进身心健康,放松思想,劳逸结合,有张有弛。亦可利用周末、节假日,做短时旅游,将自己置于山清水秀、鸟语花香、蓝天白云、碧波荡漾的大自然怀抱之中,体验大自然的美景。

(三)广闻博览

孔子说:"三人行,必有我师焉。"有时对于自己苦思冥想不得其解的问题,也许请教别人往往能豁然而解,亦可通过其他学科的知识,触类旁通,使其迎刃而解,而有效地避免自己陷入"过思"之中。受委屈后,通过向家人或朋友倾诉,往往也可在他们的劝慰后,心里的不平感能减轻,而避免自己"一直想不通"。牛顿被树上偶然掉下来的苹果砸中头部而发现了"万有引力定律",阿基米德在泡浴时发现了"浮力定律",

如果没有这些"巧合",人类还要推迟多少年才会知道万有引力、浮力定律,不得而知。

"田忌赛马"的故事,也告诉我们不能过思,不能"钻牛角尖"。孙膑只是调换了赛马的顺序,就帮田忌取得了胜利。孙膑的智慧于此可见一斑。确实,当我们一筹莫展的时候,换个思路有时能让你豁然开朗,迎刃而解。"不识庐山真面貌"的原因,往往就是"只缘身在此山中"的缘故。

小贴士

田忌赛马的故事

齐使者如梁,孙膑以刑徒阴见,说齐使。齐使以为奇,窃载与之齐。齐将田忌善而客待之。忌数与齐诸公子驰逐重射。孙子见其马足不甚相远,马有上、中、下辈。于是孙子谓田忌曰:"君弟重射,臣能令君胜。"田忌信然之,与王及诸公子逐射千金。及临质,孙子曰:"今以君之下驷与彼上驷,取君上驷与彼中驷,取君中驷与彼下驷。"既驰三辈毕,而田忌一不胜而再胜,卒得王千金。于是忌进孙子于威王。威王问兵法,遂以为师。

(四)色彩怡情

有利于改善过思影响的色彩主要是黄色和绿色。

黄色给人轻快、透明、充满希望的心理暗示。黄色五行属土,而思为脾志,过思伤脾,因此过思之人应该多看黄色、多处黄色环境之中。在色彩心理学角度讲,黄色是最能改善心情的颜色之一。淡黄色、芥末黄和暗黄色,都会让你的房间亮起来、醒过来!

蓝色是能给人带来精神慰藉的颜色,时时刻刻散发着恬静舒适的气息,可以改善心情、提高睡眠质量。纵观自然界,无论是湛蓝的天空,还是蔚蓝的海洋,都蕴含着无限包容之深意。若你整日焦虑相随、压力相伴,不妨尝试在家中多增添几抹蓝色,让你能在俗世喧嚣中,尽享沉静之美。

与蓝色相近的还有绿色、青色。绿色、青色五行属木,主东方春气,寓意无限生机。因此,家中尽可能地多摆放点绿色植物,如绿萝、吊兰、垂盆草等,赏心悦目,确有改善心情之效。

(五)音乐怡情

久思伤脾,可以通过多听宫调式乐曲,促进脾胃消化,改善运化功能。如《十面埋伏》《春江花月夜》《月儿高》《月光奏鸣曲》等。在进餐期间,或餐后1小时内,欣赏这类音乐为宜。

思而心情郁闷者,可以多听"角调式乐曲"排遣郁闷,疏肝理气。如《胡笳十八拍》《江南好》《春风得意》等。晚饭后或入睡前欣赏为宜,如同时能沏上一杯"菊花茶",或"玫瑰茶""茉莉花茶",边品茶消食,边品赏曲调,效果更佳。

(六)食物怡情

过思者,适宜选择一些具有健脾助运和疏肝解郁理气的食物或药物进行调摄。

1. 炒大麦芽　性味甘、平,归脾、胃经。具有行气消食,健脾开胃,回乳消胀之功。每次10~15g,开水冲泡代茶。

2. 茉莉花　茉莉花性味辛甘、温,具有理气、开郁、辟秽、和中作用。《食物本草》云茉莉花"主温脾胃,利胸隔"。《饮片新参》亦说茉莉花"平肝解郁,理气止痛"。因此,苦思不解时,沏上一杯茉莉花茶,如果再能听上一曲江苏民歌——《好一朵茉莉花》,则不但可舒畅心情,还能暖胃理中,消食助运。

3. 百合　性味辛甘、温,具有理气、开郁、辟秽、和中功效。百合可以调理情志不遂所致的虚烦惊悸、失眠多梦、精神恍惚等症。医圣张仲景就曾创百合地黄汤治疗"狐惑"病。百合既可生食,亦可炒食、煮食,如西芹炒百合、百合粥、百合银耳汤等均是家常美食。

（七）运动畅情

跑步、散步、游泳、练八段锦、打太极拳、打太极剑等运动疗法,都有助于调畅气机、宣畅气血,保持心情舒畅,避免过思、压抑、郁闷、烦躁等不良情志的出现。

（八）沐浴怡情

沐浴不仅可使皮肤清洁,气血调畅,神志安适,还能防病养生,延年益寿。如《千金翼方·退居·养性》说:"身数淋浴,务令洁净,则神安道胜也。"《老老恒言·盥洗》云:"浴后阳气上腾,必洗面以宣畅其气。"屈原在《九歌》中的"浴兰汤兮沐芳"即是对当时盛行香汤浴的描述。所谓香汤,特指用中药佩兰煎的药液。其气味芬芳馥郁,有芳香辟秽、祛湿醒神之功效。

沐浴时,机体整个浸泡在温水之中,湿润的空气弥漫在头面,全身血液循环加速,微微一身汗出,不但能舒筋活血、消除疲劳,而且能放松心情,让苦思的大脑放松下来。如果,能在水中加入佩兰、茉莉花、玫瑰花等,抑或到天然温泉中沐浴,一边沐浴,一边呼吸着淡淡的花香或硫黄香味,则更令人心旷神怡,通体透畅。

（九）催眠调养

失眠是思过度者的常见困惑,而催眠疗法则一举两得,不但可帮助入眠,而且还可以解除心理上的紧张、忧郁。

（十）香熏怡情

我国的香熏疗法历史悠久,源远流长。不同于西方国家的精油,我国古代主要以熏香为主。早在殷商甲骨文中就有关于熏疗、艾蒸和酿制香酒的记载,至周代就有佩戴香囊、沐浴兰汤等习俗。古人很早就已知晓,香熏能够养生、祛病杀虫、护肤美容、消除疲劳、排解抑郁。焚香大约是在春秋时代开始出现的。《拾遗记》记载燕昭王二年,波弋国贡"荃芜之香"。不过,在秦汉以前,中国还没有沉香之类的香料传入。当时焚烧的,是兰蕙一类的香草。直至汉武帝时代,岭南逐渐与中原交通。由于武帝好道,南方诸郡纷纷贡献珍奇,香料自此传入中原。

香熏疗法可以增加人体免疫力、激发人体活力,对于诸多症状都有良好的缓解和治疗作用;可以使神经体液进行相应调节,促进人体相应器官分泌出有益健康的激素及具有生理活性的物质,改善人体神经系统、内分泌系统等功能,从而达到增进身心健康的作用。如佛手柑精油能够减轻应激导致的焦虑,缓解轻度的心境障碍;檀香具有安抚神经,辅助冥思、提神静心之功效。

（十一）以怒胜思法

怒可胜思。怒为肝志,令肝气升发,郁结之气可得宣散,忧思之情感得到缓解。本法适用于长期思虑不解,气结成疾,情绪异常低沉者。思为脾志,过度思虑则脾气郁结,运化失常。

《续名医类案》中载:一富家妇人,因为思虑过度,不寐两年余。张从正诊察后说"两手脉俱缓,此脾受之也,脾主思故也",并暗中与其丈夫约定,用刺激其发怒的方法来治疗疾病。于是每次上门诊治的时候只是饮酒,不开一方,还多收诊金。几次三番之后,患者果然大怒,汗出,当夜就困倦思睡。在这种刺激下,又过了八九天,慢慢地食欲渐开,脉象转而平和,疾病痊愈。

齐闵王得了忧虑病,诸医束手,遂派人前往宋国请来名医文挚诊治。文挚详细询问和诊断了齐王的病情后,私下跟太子说:"齐王的病我是能治好的。但是,齐王的病治好后,必然要杀死我文挚的。"太子吃惊地问:"这是什么缘故?"文挚说:"齐王的病必须用激怒的方法治疗,否则是无法治好的,但如果我激怒了齐王,我的性命也必难保全了。"太子恳求文挚说:"如果先生能治好父王的病,我和母亲拼死也要保住你。"在再三恳求下,文挚与齐王约好看病时间,但第一次文挚未去,第二次又失约,第三次仍失约,齐王非常恼怒,痛骂不止。有一天文挚终于来了,连礼也不行就走到病床前,不脱鞋就上床,还踩着齐王的衣服问病,气得齐王咬牙切齿,不答理文挚,文挚更是得寸进尺地用粗话怒骂齐王,齐王再也按捺不住,从病床上翻身起来大骂不休。这一怒一骂,郁闷一泻,齐王的忧虑症竟痊愈了。

《医方考》中记载了一例以恐吓方法治思的案例:"某州监军病悲思,其子迎郝允治之。允告其子曰:法当甚悸即愈。时通守李宋卿御史严甚,监军内皆畏甚也。允与其子请宋卿一造,问责其过失。监军惶怖汗出,疾乃愈。"

第五节　恐(惊)失调的调摄

恐(惊)是人体受外界某种恶性刺激后产生的特殊反应。一般而言,恰当、适情的恐惧有利于人们回避危险,但若恐惧、惊吓太过则会成为危害身心健康的不利因素。正如《灵枢·本神》所说:"恐惧而不解则伤精,精伤则骨酸痿厥,精时自下。"《素问·举痛论》则说:"惊则心无所倚,神无所归,虑无所定,故气乱矣。"因此,恐(惊)失调主要是调恐(惊)的太过。

(一)劝说开导

灾祸威胁是一种客观存在,而恐惧是人的一种本能反应。产生恐惧反应的目的是提醒机体尽快对所遭遇的威胁采取有效的措施,迅速摆脱、逃避这种伤害。所以恐惧本身无助于问题的解决,惊慌失措则会延误脱离危险的时机,于事无益。

(二)历练胆识

同遇一样的威胁,有的人吓得惊慌失措,有的人却能镇静自如,临危不惧,这便与各人的"胆量"大小有关。

儿童处世短,见识少,更易受惊致病。因此,平素应注意培养其果敢精神,树立唯物主义思想,破除迷信,避免各种人为的紧张和恐惧。要学会运用自信战胜恐惧,特别是在危急关头,更需要"急中生智"。当然急中生智是有前提的,这个前提就是自信。当我们与歹徒遭遇时,虽然处于危急关头,但只要我们有坚强的自信心,就会很快镇定下来,就能够把平时掌握的知识、积累的经验,经大脑的快速处理,想出好办法,并用来对付自己所面临的险境,从而化险为夷,扭转眼前的局面,制服歹徒,转危为安。

（三）无欲则刚

无欲则刚出自《论语》，指不被自己想要得到的某种利益所诱惑，就是达到了真正的刚义。刚，指公道原则，是顺其自然的一种坚持。

《论语·公冶长》记载：有一天，孔子在和学生们讲道理时，忍不住感叹道："我还没有见过真正刚强不屈的人啊！"那些年轻的弟子都觉得很奇怪，他们认为像子路、申枨等，都应该是很刚强的人。尤其是申枨，虽然年纪很轻，可是每次在和别人辩论时，却总是不肯轻易让步。即使在面对长辈或师兄时，申枨也毫不隐藏，总是摆出一副强硬的姿态，大家都对他退让三分。所以，当学生们听到孔子感叹说还没有见过刚强的人时，他们不约而同地说："如果要论刚强，申枨应该是当之无愧的呀！"孔子说："申枨这个人欲望多，怎么可以称得上是刚强的呢？"一个学生问："申枨并不像是个贪爱钱财的人，老师怎么会说他欲望多呢？"孔子回答说："其实所谓的欲望，并不见得就是指贪爱钱财。简单地说，凡是没有明辨是非就一味和别人争、想胜过别人的私心就算是'欲'。申枨虽然性格正直，但他却逞强争胜，往往流于感情用事，这就是一种'欲'啊！像他这样的人，怎么可以称得上是刚强不屈呢？"孔子又说："所谓的'刚'，并不是指逞强好胜，而是一种克制自己的功夫。能够克制住自己的欲望，无论在任何环境中都不违背天理，而且始终如一，不轻易改变，这才算是真正的'刚'啊！"

林则徐任两广总督，查禁鸦片时期，曾在自己的府衙写了一副对联："海纳百川有容乃大，壁立千仞无欲则刚。"这副对联形象生动，寓意深刻。上联谆谆告诫自己，要广泛听取各种不同意见，才能把事情办好，立于不败之地；下联砥砺自己，当官必须坚决杜绝私欲，才能像大山那样刚正不阿，挺立世间。

林则徐提倡的这种精神，令人钦敬，为后人之鉴。一些人之所以整天诚惶诚恐，患得患失，紧张烦恼，只因名利心太重的缘故。心底无私天地宽，无私就无畏，无畏则无精神紧张恐惧。古语"透得名利关，便是小歇处"，民谚"为人不做亏心事，半夜不怕鬼敲门"，说的都是这个道理。

（四）远恐避惊

对于患有高血压、冠心病、失眠、焦虑症、恐高症等疾患的人，应注意避免各种恐怖因素。如不要观看带有阴惨恐怖镜头的电影、电视剧，不看关于鬼怪描写的书籍，不要乘坐游乐场里的过山车、疯狂老鼠、海盗船等惊险项目，不要玩蹦极等惊险运动，夜晚不要一个人独行和独处，不要攀爬高山峻岭等。

（五）暗示疗法

《古今医案按·诸虫》记载一个人因酒醉后误饮了生有小红虫的水而恐惧不安，怀疑自己生了病。医生吴球将红线剪断如蛆状，用巴豆两粒，同饭捣烂，加入红线做成丸，令患者于暗室内服下。药后患者大便于盛有水的便盆里，见到红线在水中荡漾如蛆，患者以为虫已驱下，诸病也豁然治愈。这便是医生运用了暗示疗法，巧妙地解除了引起患者恐惧的因素，而使疾病得愈。

（六）色彩疗法

肾属水，脾属土，土能克水，因此可以用黄色来调摄过恐的情绪。除了可以穿着黄色的衣服之外，还可以到寺庙去走一走、静静心，目观寺庙里黄色的庄严、威武，有助于安抚恐惧、惊慌的心理。

（七）音乐怡情

羽为冬音,属水主藏。心虚胆怯、善惊易恐之人,可以通过听闻羽调式音乐,来达到镇定安神,帮助睡眠的良好作用。柔婉的琴音传达出如水般的清凉,带来通体的舒畅自在。常听羽调式音乐亦可调和肾脏、膀胱功能,并抑制心火。如《伏阳朗照》《草原上升起不落的太阳》《送我一枝玫瑰花》等。

土克水,因此对于大便稀溏、言低语弱的易恐善惊者,亦可通过多听、欣赏宫调式音乐,达到调神、稳定心理的良好作用。如《我的祖国》《珊瑚颂》《望星空》等。

（八）食药怡情

心虚则易胆怯。心气虚和心血虚的人更容易发生恐惧和受到惊吓,因此可以通过多食人参、山药、黄芪、黄精、红枣、当归、枸杞等补气养血,达到调养的目的。

肝气虚则恐,对于肝气虚者,可以给予西洋参、石斛、鳖甲、乌龟等,补气滋阴,以壮肝防恐。

（九）以思胜恐

本法适用于因惊恐而致坐卧不宁,多疑易惊者。恐则气下,惊则气乱,神气惮散不能敛藏;思胜恐,思为脾志,思可凝心静气,收敛涣散之神气,有助于排除惊恐不良的情绪,达到康复之目的。

古代医家吴崑说:"思深虑远则见事源,故胜恐也。" 即是说,对于惊恐所致疾病,可使其安静下来,用心思考,深思熟虑,领悟事物的真实状况,以解除恐惧的心理。《续名医类案·惊悸》中记载了一个名叫沈君鱼的患者,整日害怕死亡,常感死期将临,后来找到了当时的名医卢不远诊治。卢不远先耐心地与患者交谈了一次,患者心中恐惧顿时减轻许多。但翌日一早便又来求治,声称其占了卜,签上说其10天内就要死去,因此十分紧张,遂一早又来。卢不远便留他住在自己家里,患者觉得医生在身旁,便放心了许多,过了10天亦未死亡。后来卢不远又介绍他去找和尚练习坐禅,经过100余日的闭目沉思之后,患者的恐死心理终于消除。

🔖 知识拓展

恐不及的调摄

过恐有害健康,但如果一个人毫无恐惧、威惧之心,有恃无恐,狂妄自大,即恐不及,也不利于身心健康。因此,要注意对恐不及的调摄。

1. 适怀恐慌之心　俗话说:"天欲其亡,必令其狂。"其意是说上天欲使其人灭亡,必先使其疯狂。因此,适怀恐慌之心,也是一种养生方法。人是社会的人,受着各种伦理道德、思想观念、法律法规、规章制度的约束,不可能也允许天马行空,独来独往,更不能有恃无恐,恣意妄为,无法无天。人无惶恐,不仅影响人际关系及工作事业,甚至违法违纪,撞得头破血流,狼狈不堪。因此,有人说,惶恐也是人生的一种境界,人生在世应常怀怕恐之心,惶恐一无所长,惶恐为官不廉,惶恐从政不勤,惶恐危害国家,惶恐危害社会,惶恐触犯法纪,惶恐生活穷困,惶恐事业不顺,如此惶恐是为前进踢开羁绊,是为抗御邪恶构筑堤坝。曾子说:"吾日三省吾身:为人谋而不忠乎? 与朋友交而不信乎? 传不习乎? "这里的"三省"就是要提醒自己有所惶恐。

2. 常怀敬畏之心　敬畏的词意是既恭敬又畏惧。孔子指出："君子有三畏：畏天命，畏大人，畏圣人之言。"（《论语·季氏》）孟子说："仰不愧于天，俯不怍于人。"（《孟子·尽心上》）荀子对敬畏的内容作进一步提炼："天地者，生之本也；先祖者，类之本也；君师者，治之本也。"（《荀子·礼论》）后来儒家以此又概括出"天、地、君、亲、师"五者为敬畏的对象。

敬畏不同于恐惧。恐惧是一种本能，它是靠直觉瞬间产生的，所恐惧的对象也有很大的不确定性，而敬畏的形成是人们始终处在"清醒"而又"戒惧"的状态，运用理性思索产生的一种心理，是对恐惧的哲学升华。

无数事实证明，敬畏是应该崇尚的一种美德，无所畏惧常常是破坏的根源，是社会发展和进步的灾难。为人要有敬畏意识，要有对生命、法律、道德等的敬畏之心。俗话说得好，"善有善报，恶有恶报，不是不报，时候不到"，"离地三尺有神灵"，也就告诉我们人的一生总要怕点什么，只有心存敬畏，才能防止心灵和道德的滑坡，才能生生不息。作为一名医生，更要对自己的职业存有敬畏之心，患者将生命相托给自己是无尚的荣光，更是一份重大的责任，因此一切要以患者的利益为重，千万不能以医谋私。

3. 多学习防无畏　民间有句俗话叫"无知无畏"，其意是说因为不知道前方困难的存在，所以就不知道畏惧和困难，能够勇往超前，所谓的"初生牛犊不怕虎"可能也是这个道理。但这种因为无知、不知而产生的无畏，有时是很危险的、盲目的，从养生角度而言并不值得提倡。唐代孙思邈在《大医精诚》中说："世有愚者，读方三年，便谓天下无病可治；及治病三年，方知天下无方可用。"可见，医学亦是如此，当你一知半解的时候，正是容易发生差错的时候。因此，我们要养成终生学习的习惯，活到老，学到老，在学习中发现不足，在学习中学会敬畏。

（陈四清）

学习小结

喜失调者，要清静养神，以安定平静心情对待自己所取得的成绩、所获得的名誉等，顺其自然，不能得意忘形；可以让其主动将情志转移到一些可以引起忧伤、悲哀的情志上去，以制约过于激动、喜悦的心志；在思想认识上纠正对"喜"的片面理解，要结合自己的身体状态、年龄因素等，克制过度兴奋，喜要有度，以防乐极生悲；对于神情兴奋、狂躁者，可采用恐胜喜法，去想一点令人恐怖的事情，看一部恐怖电影，或者经历一下能让人恐怖的活动等；宜穿黑色的服装，卧室要拉上遮光的窗帘，室内灯光不要太亮，以营造安静的氛围；多吃苦瓜、苦丁茶、莲子心等苦味食品；多听《梅花三弄》《塞上曲》《汉宫秋月》等羽调式乐曲。

怒失调者，要记住生气是用别人的错误惩罚自己，是一种不明智行为，要学会制怒；发怒时，心中可默念"息怒！息怒！"或采取"意念放松法"，以自我暗示控制过怒；"三十六计，走为上策"，想方法离开发怒的场合转换场景；在办公室和家里要多摆放一些绿色植物，空闲时多到绿色的草地上漫步，经常远眺蓝色的大海；多听《胡笳十八拍》《蓝色多瑙河》等角调式音乐以预防生怒，多听《梁祝》《二泉映月》《江河水》

笔记

《汉宫秋月》等羽调式音乐,以缓和、制约、克制其急躁情绪;可以让其主动将情志转移到一些可以引起忧、悲的情志上去,也可以观看悲情影视,如《妈妈再爱我一次》等;多食苦瓜、苦丁茶、莲子心等苦味食品,经常发怒的人可以取合欢花、白芍泡水代茶;按压太冲穴、拍打胆经均有助于排解郁怒;当愤怒难当的时候,可以通过"心理宣泄室",将心中的不满、怒火发泄出来;因情志抑郁而致气机郁结或因怒而致情绪亢奋不宁者,可采取"悲胜怒"情志相胜法,如"傅青主的石头煮不烂"。

忧失调者,要早日从痛苦忧愁中尽快走出来,设法做些积极的事情;"心病还需心药医""解铃还需系铃人",对于忧愁之人,尽量要帮他们找到忧郁的原因,对症解忧;万物生长离不开太阳,要多沐阳光;积善之家必有余庆,积不善之家必有余殃,要多帮助他人,付出得越多,内心就越充盈,幸福感就越强;要将困境当作对自己的一种考验、一种磨砺,化忧愁为力量,逆境成才;忧愁痛苦中无法自我摆脱时,不妨走出家门,投身于大自然的怀抱,移情于山水之中;许多忧伤,是因人对于名誉、地位及物质利益等私利看得太重引起的,所以要"高下不相慕",知足常乐;百合花、雪等白色有助于解除患者的忧郁心理,起到鼓舞患者心理的作用;过忧可以用商调式音乐或徵调式音乐进行调摄;萱草、薄荷、小麦、百合等不少食物和药物可以有助于解除忧愁;哭是人类的一种本能,短时间内的痛哭是释放不良情绪的好方法;情绪抑郁低沉者,可采取"喜胜悲"情志相胜疗法。

思失调者,要提高对过思危害的认识,实事求是地降低人生的自我期望值,天涯何处无芳草,要相信婚姻是缘分,强扭的瓜不甜,给对方自由选择的权利才是"真爱";经常参加一些有益于身心健康的社交活动和文化活动,广交朋友,促膝谈心,交流感情,亦可利用周末、节假日,做短时旅游;对于自己苦思冥想不得其解的问题,请教别人,亦可通过其他学科的知识,触类旁通,使其迎刃而解,而有效地避免自己陷入"过思"之中;有利于改善过思影响的色彩主要是黄色和绿色;多听《十面埋伏》《春江花月夜》《月儿高》《月光奏鸣曲》等宫调式乐曲,有助于促进脾胃消化,改善运化功能;多听《胡笳十八拍》《江南好》《春风得意》等"角调式乐曲"排遣郁闷,疏肝理气;适宜选择一些具有健脾助运和疏肝解郁理气的食物或药物进行调摄,如炒大麦芽、茉莉花、百合等;跑步、散步、游泳、练八段锦、打太极拳、打太极剑等运动疗法,都有助于调畅气机、宣畅气血,保持心情舒畅,避免过思、压抑、郁闷、烦躁等不良情志的出现;沐浴可使气血调畅,神志安适,天然温泉中沐浴效果更佳;催眠疗法则一举两得,不但可帮助入眠,而且还可以解除心理上的紧张、忧郁;香熏疗法可以增加人体免疫力、激发人体活力,从而达到增进身心健康的作用;长期思虑不解,气结成疾,情绪异常低沉者,可运用"以怒胜思法"调养。

恐(惊)失调者,主要是调恐(惊)的太过。要明白恐惧本身无助于问题的解决,惊慌失措则会延误脱离危险的时机,于事无益;要经常注意历练胆识,注意培养儿童的果敢精神,树立唯物主义思想,破除迷信,避免各种人为的紧张和恐惧;无欲则刚,心底无私天地宽,无私就无畏,无畏则无精神紧张恐惧;对于患有高血压、冠心病、失眠、焦虑等疾患的人,应注意避免各种恐怖因素;医生要学会运用暗示疗法,巧妙解除引起患者恐惧的因素;黄色有助于调摄过恐的情绪;常听《伏阳朗照——羽调阳》《草原上升起不落的太阳》《送我一枝玫瑰花》等羽调式音乐,可调和肾脏、膀胱功能,并抑制心火。常欣赏《我的祖国》《珊瑚颂》《望星空》等宫调式音乐,可有稳定心理的良好作用；多食人参、山药、黄芪、黄精、红枣、当归、西洋参、石斛、鳖甲、乌龟、枸杞等补气养血之品，达到调养的目的；因惊恐而致坐卧不宁，多疑易惊者，可采取"以思胜恐"的情志相胜疗法。

复习思考题

1. 喜失调有哪些危害？如何通过情志调养方法进行调摄？
2. 怒失调有哪些危害？如何通过情志调养方法进行调摄？
3. 忧（悲）失调有哪些危害？如何通过情志调养方法进行调摄？
4. 思失调有哪些危害？如何通过情志调养方法进行调摄？
5. 恐（惊）失调有哪些危害？如何通过情志调养方法进行调摄？

笔记

第五章

不同年龄期人群的情志养生

学习目的

通过对胎儿期、新生儿期、婴儿期、幼儿期、学龄前期、学龄期、青春期、青年期、中年期、老年期的情志特征和情志失调特点的系统分析和学习,深入了解中医情志养生的重要性和不同年龄阶段的具体情志养生方法。

学习要点

掌握情志养生胎教的基本方法;掌握"中年危机"的七情致病特点;掌握老年期的情志特征;熟悉胎惊、胎痫、夜啼、癫痫的发生原因和青春期的情志失调特征。

人的一生按年龄可分为胎儿期、新生儿期、婴儿期、幼儿期、学龄前期、学龄期、青春期、青年期、中年期、老年期。不同年龄阶段,人的脏腑精气与功能状况不同,生长盛衰显著,情志特征有一定差异,情志失调表现不同,故而情志养生方法也有一定不同。故孔子告诫说:"少之时,血气未定,戒之在色;及其壮也,血气方刚,戒之在斗;及其老也,血气既衰,戒之在得。"(《论语·季氏》)

第一节　胎儿期及新生儿期

从男女生殖之精相合而受孕,直至分娩断脐,属于胎儿期。自出生后脐带结扎时起至生后满 28 天为新生儿期。

一、情志特征

胎儿在母体中情志已经形成,生后即有情志变化,并呈现出独有的特征。《灵枢·天年》载:"黄帝曰:何者为神?岐伯曰:血气已和,荣卫已通,五脏已成,神气舍心,魂魄毕具,乃成为人。"意思是指在母体中随着胎儿的逐渐发育,气血调和,营卫通畅,五脏成形时,便产生了神气。神气产生后,藏于心中,魂魄由此生成,这才构成一个健全的人。明确指出当形与神统一后,形成了人的生命,而情志活动属神的范围,所以说胎儿期即已有情志活动。陈文中《陈氏小儿病源方论·小儿变蒸候》载:"小儿有十变五蒸者,乃生精神意智也,变蒸期候:至五百七十六日变蒸既毕……儿乃成人也,其血脉方充。骨节始荣,生精神,长情性,有异于前。"用变蒸理论解释了小儿情

笔记

志由弱到强的规律。

由于胎儿出生后生理和周围环境发生显著变化，营养和温暖不能再从母体获得，这种变化使胎儿出生后较多地产生消极情绪，往往以频繁啼哭的形式表现出来。如用啼哭表达饥饿、寒冷、疼痛、排便，也表达对强烈噪声、强光照射等刺激以及身体活动受束缚等的诸多不适。但新生儿啼哭表达的不愉快情绪状态笼统，模糊不清。

二、情志失调特点

（一）惊恐为主

小儿出生时，形神已俱，由于存在脏腑娇嫩、形气未充的生理特点，年龄越小神气怯弱表现越突出。因此，惊恐导致的小儿疾病最为常见，如胎惊、胎痫、夜啼、癫痫等。

胎惊，是指在胎孕期间，母亲因情志、饮食等因素的影响而损伤胎元，胎儿出生后屡发惊风的病证。《小儿卫生总微论方》云："儿在母腹，未生之前，因有所惊，胎内感之。至生下百日以来，儿心神不宁，睡卧不醒，壮热躁烦，啼哭无时，上视发搐，面青腰直，撮口缩腮，粪青黄水者，此名胎惊。"

胎痫，是在胎孕期间致病，生后不久便发病的病证。《活幼新书·痫症》说："胎痫者，因未产前腹中被惊，或母食酸咸过多，或为七情所汩，致伤胎气，儿生百日内有者是也。发时心不宁，面微黄，气逆痰作，目上视，身反张，啼声不哭。"描述的均为胎痫之疾。

夜啼，是指小儿入夜啼哭，时哭时止，甚则通宵达旦，但白天能安静入睡者。多由孕母情志失调或小儿暴受惊恐所致。

癫痫，是小儿常见发作性神志异常的疾病。万全《育婴家秘》提到："小儿神气怯弱，心藏神，惊则伤神，肾藏志，恐则失志，大人皆然，小儿为甚也。"并强调："初生小儿未与物接，卒有见闻，必惊其神，为父者，必慎之可也。若失防闲，致成惊痫，为终生之痼疾。"

（二）孕母影响

孕妇情志失调是导致胎病的重要原因。情志过极可生胎病。《素问·奇病论》云："帝曰：人生而有病颠疾者，病名曰何？安所得之？岐伯曰：病名为胎病，此得之在母腹中时，其母有所大惊，气上而不下，精气并居，故令子发为颠疾也。"指出孕母情志失调可引起子病。在胎儿期，母体的生理、心理和社会负性因素与出生后小儿的生长发育和疾病密切相关。清代陈飞霞《幼幼集成》云："故胎婴在腹，与母同呼吸，共安危，而母之饥饱劳逸，喜怒忧惊，食饮寒温，起居慎肆，莫不相为休戚。"《博集方论》云："儿在腹中，必借母气血所养，故母热子热，母寒子寒，母惊子惊，母弱子弱，所以有胎热、胎寒、胎惊、胎弱之症。"

综上，胎儿在腹中，母子相连，孕母的饮食起居、寒热冷暖、情志改变对胎儿及出生后有着直接的影响。

三、情志调养方法

（一）孕母情志调养

中国古代已经注意到环境对胎儿成长的影响，要求孕母注意心理卫生，以求胎儿的健康。如徐之才《逐月养胎法》说："一月之时，血行痞涩，不为力事，寝必安静，

无令恐畏。二月之时,儿精成于胞里,当慎护勿惊动也。妊娠三月,毋悲哀思虑惊动。四月之时,儿六腑顺成,当静形体,和心志,节饮食。七月之时,儿皮毛已成,无大言,无号哭,无薄衣,无洗浴,无寒饮。妊娠十月,五脏俱备,六腑齐通,纳天地气于丹田,故使关节人神皆备,但俟时而生。"较为详细论述了妊娠早期的情志调养方法,强调调养心神是养胎的重要手段,且应贯穿于孕、胎、产全过程。

万全《广嗣纪要·寡欲篇》说:"求子之道,男子贵清心寡欲养其精,女子贵平心定气以养血。"指出男女在相合生子之前,男女双方均要调养情志。孕母情志调养的具体方法如下:

1. 宁心安神法　让自己的心绪放松,接受受孕、产后自身生理、心理及生活环境的变化。《黄帝内经》常强调"精神内守""恬惔虚无",指的就是这个意思。我们可以通过静坐、静卧或静立以及自我控制调解等,达到"内无思想之患""外不劳形于事",扫除思想杂念,抛弃恩怨慕恋,使真气自然从之;同时做到清心寡欲,戒愤怒,消忧愁,避惊恐,使情志和。

2. 造境养情法　产妇,尤其剖宫产及胎儿过大需要侧切后生产的产妇,产后除情志改变外,还有身体伤口的疼痛,应限制看望人员,保持产妇情绪平和,为情志调养创造一个安静舒适的休养环境,以静养心,使心境平和,情志舒达,早日康复。

3. 怡悦开怀法　是指通过取悦的方式使自己放宽胸怀,能容纳他人,心中达到无所拘束、十分畅快的境界。中国自古以来就有"人逢喜事精神爽,雨后青山分外明"的说法。《景岳全书》指出:"若思郁不解致病者,非得情舒愿遂,多难取效。"即情志致病者,只有调情才能取效。因此无论孕前、孕中,还是产后都需要通过一定的方式怡悦自己,使得情志舒畅。

4. 移精变气法　应根据孕产妇不同心理环境和条件,采取不同的措施,进行灵活运用。如让孕产妇做适量的家务劳动和体育锻炼,或通过学习一些自己感兴趣的生活艺术来改变不良情绪,以脱离不良情绪的环境,畅悦情志。

(二)胎婴情志调养

胎儿出生后就具备一定的视觉、听觉、触觉等感知能力,且触觉在胎儿期已经开始发育,在新生儿期已经较为敏感。因此,可以给予适当的听觉及触觉刺激,让良好的刺激通过皮肤、耳等感受器传导至中枢神经系统,完善新生儿神经系统功能,给新生儿带来爱与被爱的满足感,缓解胎儿出生后因不能适应外部环境而产生的不良情绪,减少不良情志的影响。

1. 胎教法　胎教学说的最早记载见于《史记》:"太伍有娠,目不视恶色,耳不听淫声,口不出傲言。"《列女传》亦指出:"古者妇人妊子,寝不侧,坐不边,立不跸,不食邪味,割不正不食,席不正不坐……此则生子形容端正,才过人矣。"胎儿在宫内已有早期脑功能发育,也有听力、触觉的发育,因此在胎儿期,外界的不同内容、不同强度及不同持续时间的声音可引起不同程度的胎儿活动,这就是孕母所能感知的胎动。孕母的精神状态直接影响胎儿状态,如母亲入睡后,胎儿不活动。母亲情绪激动时,胎儿活动增加。若母亲情绪长期不宁,胎儿的活动较平时增加明显。万全在《育婴家秘》中指出:"欲子贤良,宜看诗书,务和雅""多听美言",由此生子则"伶俐多语笑"。因此,孕妇应多接触美好事物,保持心情愉快,情志顺畅。

2. 抚触法　新生儿触觉很敏感,早期通过抚触给脑细胞和神经系统适宜的刺激,会促进小儿神经系统发育,促进生长及智力发育。抚触可以刺激大脑产生后叶催产素,帮助新生儿产生平和安静及愉悦的感觉。哭闹时,用手放在他的腹部或握着他的手缓解新生儿紧张不安的情绪,能使他平静下来,这都是利用触觉使新生儿得到安慰的情志调养方法。

3. 母语法　胎儿出生3天便能区别母亲与陌生人的声音。哺乳时应柔声说话,轻抚小儿手部,揉搓小儿手心,在新生儿旁轻声地呼叫或说话,也是增加产妇与小儿接触,从而建立良好的依恋关系,有利于小儿情志发育,为以后建立安全感及自信心打下良好基础。

4. 母婴同室　早在《备急千金要方》中就提到:"儿若卧,乳母当以臂枕之,令乳与儿头平乃乳之,令儿不噎。母欲寐则夺其乳,恐填口鼻,又不知饥饱也。"《全婴心法》也说:"小儿初生,如草木之萌芽,全在栽培调护有法,若不留意,必遗患终身。保婴根源,在端于此。"这说明自古以来,就提倡母婴同室,母亲与婴儿长时间在一起,辅翼化育,悉心护理,可以促进婴儿心理和社会适应性的发育,有助于缓解母婴双方的焦虑情绪。

5. 规避不良情绪　小儿许多疾病由惊恐所伤引起,所以规避不良情绪,避免惊恐所伤非常重要。《备急千金要方》说:"故养小儿,常慎惊,勿令闻大声,抱持之间,当安徐勿令怖也。又天雷时,当塞儿耳,并作余细声以乱之也。"《女学篇》也说:"凡小儿甫有知识,脑筋心血,尚未充足,最须留意。盖耳目最初次之闻见,皆易感入脑筋,致生恐吓。常见为母者,欲止小儿暗哭,故作猫声、虎声,使之畏怖。或演神鬼及荒诞不经之说,使之迷信,遂至暮夜不敢独行,索居不能成寝,畏首畏尾,养成一种葸懦之性质,其害良非浅也。"凡此均提示不要让小儿看惊恐之物、听惊恐之声。

第二节　婴幼儿期

婴儿期是指出生后28天到1周岁。幼儿期是指1周岁至3周岁。

一、情志特征

随着婴儿生长发育,活动范围扩大,接触的环境和事物有所变化,情志变化有所不同。2个月后婴儿已经适应宫外环境,积极情绪反应占主导地位,能较明确感受他人情绪,如对母亲欢声和笑脸学会报以微笑和四肢舞动等快乐反应,对母亲悲哀面容亦表现悲伤表情。6~8个月龄的婴儿开始对母亲离去表现不安与伤感,对陌生人表现出紧张和焦虑;1岁以后能找到自己或者他人不良情绪的来源。如会说"我害怕,有狗狗""他哭了,他想找妈妈"。能够站立行走后,可主动采取爬或行走的方式趋近母亲,克服焦虑与害怕。

2岁以后婴儿情绪进一步分化,认知能力进一步提高,开始处于伙伴发展阶段。2岁后幼儿能够忍受与母亲短暂分离而产生的焦虑情绪,2~3岁幼儿入托与母亲分离,产生的焦虑情绪可通过学习和适应托儿所生活、发展与同伴及老师的相互关系从而逐渐缓解,在与同伴交往过程中产生共情情绪,幼儿能把自己置于他人的位置去发现不安的来源,如会说"他哭了,他想要糖",表达幼儿对他人需求的猜测。3岁幼儿情绪进一步发展,不仅可以感受他人情绪变化,还知道表现出哪些情绪可以得到成人

相应的反应,此时不良情绪多用身体动作来表达。

二、情志失调特点

惊、喜、怒为此年龄阶段最易发生的情志失调。

(一)惊

小儿神气怯弱,若偶闻异声,乍睹异物,容易引起惊搐。《小儿药证直诀·急惊》言:"因闻大声或大惊而发搐。"《育婴家秘》言:"凡小儿嬉戏,不可妄指他物,作虫作蛇。小儿啼哭,不可令人装扮欺诈,以止其啼,使神志昏乱,心小胆怯成客忤也。"小儿突然受惊,惊吓气乱而伤神,恐则伤志,引起神志不宁,轻则惊惕,夜卧不宁;重则面色骤变,手足抽搐。所以,小儿突然或持续惊吓可以影响小儿的健康,甚者导致疾病。

小儿痫证也可因惊而发。如《诸病源候论》云:"惊痫者,起于惊怖大啼,精神伤动,气脉不定,因惊而发作成痫也。"小儿神气怯弱,元气未充,平素痰浊内伏,若乍见异物,猝闻异声,或不慎跌仆,暴受惊恐,导致气机逆乱,痰随气逆,蒙蔽清窍,阻滞经络,发为痫病。由惊而泻的,如《证治准绳·幼科》所云"惊泄,粪青如苔,稠若胶粘"。此多由小儿脾胃虚弱,外受惊恐所致。另外,还有因惊吓而引起呕吐和发热的惊吐、惊热,古代均有记载。

(二)喜

喜为心志,笑为其声,过度惊喜可使心气涣散,神不守舍而表现为心悸多梦、注意力不集中、乏力,甚至神志异常等。钱乙《小儿药证直诀·杂病证》云:"大喜后食乳食,多成惊痫。"说的是在孩子进食期间不要喜笑,易诱发惊痫。

(三)怒

朱震亨说:"小儿易怒,肝病最多。"万密斋也说:"盖儿初生,性多执拗……易使怒伤肝气生病也。"说明"怒伤肝"为小儿常见情志失调的因素。

总之,婴幼儿期社会因素及情志因素影响增多,情志反应不再是生理需要是否得到满足,而是各种需求增多,若所愿不遂,肝气郁结,或环境改变,或父母工作繁忙,分离时间较长,关爱不足,情志焦虑紧张,甚至烦躁、抑郁,长久以往则可导致小儿多动症、抽动症、屏气发作、癔症、厌食症、嗜异症、习惯性擦腿、拗哭、婴儿反胃、言语及语言障碍(口吃)等行为发育异常疾病。

三、情志调养方法

(一)避免情志过极

日常生活逗乐嬉戏要适度,避免小儿恼怒或笑不休,不过度挑逗、恐吓小儿。万全《育婴家秘》指出小儿"喜爱之物,勿怫其意;亲近之人,不可骤然离去",否则"有所不得,则怫其意,但见神昏不食,即其病也";"小儿啼哭,不可令人装扮欺诈,以止其啼,使神志昏乱"。又言小儿尤不可"有所喜者,乃戏而夺之,则怒而哭矣;有所畏者,乃戏而吓之,则恐而惊矣"。小儿虽形骸具备,但气质未实,对外界环境的各种刺激均较敏感,极需家长保护神气,防止恐吓惊骇。

在《幼科发挥》中载有一医案:一子痘疮后患伤食疳,经补血后虽有效,但小儿却出现夜间做梦喊怕的表现,后经诊察乃此儿不愿服药,喂药前每被人用针火恐吓以迫其服药,久则神伤而生病,后予安神方药调理半年方愈。

现代社会科技发达,小儿通过多媒体获取大量信息,动画游戏产品较多,良莠不齐,部分产品含有大量暴力色彩,应尽量避免小儿接触,以免仿效盲从而产生暴力及焦虑情绪。如万全《育婴家秘》说:"小儿玩弄嬉戏,常在目前之物不可去之,但勿使之弄刀剑,衔铜铁,近水火,见鬼神耳。"

（二）移情变志法

小儿注意力容易分散,并且带有情绪色彩,因此对于未得到满足而出现拗哭的小儿,可通过其平时喜爱的玩具或动画片转移其注意力,规避不良刺激,使孩子从不良情绪中释放出来,转移到另外的人或物上。

（三）宣泄疏畅法

当小儿出现心情不适、委屈、被误解时,婴幼儿往往以啼哭的形式表达不满和愤怒,此时家长可以拥抱孩子给予安慰,不用急于劝阻小儿停止哭泣,因小儿此时可通过啼哭的方式将不良情绪宣达、发泄出去,以尽快恢复正常状态。

（四）顺情从欲法

小儿情绪多有反常,对此应先顺其情、从其意,才有助于身心的康复。顺其意应是合理的欲望,客观条件又能允许时,尽力满足所求或所恶,如创造条件以改变其所处环境,或对其想法表示同情、理解、支持和保证等,皆属顺情从欲的内容。

《广嗣纪要》中载:一小儿大哭不止,经仔细察之"非病也","无病而患,必心中有所欲而不能言,是拗哭",后予其所玩弄之物——马鞭子而哭止。而在一儿半岁,忽日惨然不乐,昏睡不乳。查其病因,父母悟云:"有一小厮相伴者,吾使他往,今三日矣……父急命呼之归,儿见其童嬉笑。"

第三节　学龄前期及学龄期

3周岁后到7周岁为学龄前期,也称幼童期。7周岁后至青春期来临前(一般女12岁,男13岁)为学龄期。

一、情志特征

学龄前期儿童的神经系统进一步发展,神经冲动的传导更加迅速和精确。大脑细胞的数量不再增加,细胞却在继续增大和分化,分支也不断加长加深,使各神经细胞之间的联系更加广泛,所以此期的小儿对外界刺激反应迅速、灵活、准确。7岁以后大脑的抑制能力大大加强,对情绪的控制能力也逐渐增强。

学龄前期儿童的情绪、情感虽有了进一步的发展,但由于皮质下中枢的活动仍占优势,故此期儿童的情绪易激动、不稳定,情感也具有易变性和富有冲动性,情感和情绪的受调节性较差。到学龄前晚期,情绪的冲动性逐渐减少,自我调节情绪的能力逐渐增强,并能逐步有意识地控制自己情感的外部表现,甚至控制情感本身。

二、情志失调特点

此期已经逐步进入集体生活,外界环境因素对情志的影响逐渐增加,开始学习知识,用脑思考。时有所愿之事未遂,所探之理未得,加之父母责骂、周边同学取笑等而造成思虑、忧悲、自卑等不良情绪。

（一）思

脾在志为思，过思则伤脾。如小儿突然失去玩伴，思虑过度使脾胃气机失常，气机郁结不行，纳运失常，出现不思饮食之症。

因情志不遂，肝气郁结，疏泄失职，津液失布，凝而成痰；肝郁化火，郁火灼津，炼液成痰；或长期愁忧思虑，精神紧张，"思伤脾"则脾气受损；或肝气郁滞，横克脾土，二者皆可导致脾失健运，酿液为痰。此皆因气郁而生之痰，可谓之"郁痰"。"肺为贮痰之器"，郁痰上贮于肺，壅滞肺气，不得宣降，遂发为哮喘。清代名医顾锡在《银海指南》中即明确提出忧思郁虑可伤脾致咳作喘："思有未遂而成郁，结于心者必伤于脾，及其既甚，上连肺胃，为咳喘失血。"

（二）悲

悲则气消，久则可伤及于脾。患儿啼哭时，一定要待其情志平复后喂养，否则悲痛过度，气机逆乱，饮食误入肺部，出现呛咳，甚至窒息。经常如此，可损伤脾胃，致使吐泄、腹痛、痞满、疳痨之病从此而起矣。家长过分溺爱孩子，久而久之会使孩子情志过分执拗，稍有情欲不遂，大哭大悲，引起屏气、失语、抽搐等癔症发作，均为悲伤过度所致。

除外之外，由于此期儿童面临的主要环境因素就是学校和家庭，因学习压力过大，父母期望值过高，或父母长期在外地工作，孩子缺乏关爱等等，都可造成儿童情绪紧张、抑郁，出现一些行为心理障碍，如多动症、抽动症、儿童癔症、焦虑症等儿童心理行为疾病。

三、情志调养方法

（一）游戏悦情

学龄期儿童的注意力逐渐发展，更能控制自己的注意力，具有更高的选择性和目的性，能保持更长的注意时间。可以通过长期学习喜欢的某一项或多项运动及乐器以转移注意力，从而脱离不良情绪影响。选择运动场地以户外为主，如公园、广场、海边、森林等，并注意预先对运动场所的意外伤害进行评估。

宜多采用群体性运动项目，加强孩子之间的接触与交流，如打球、跳绳、捉迷藏、翻花绳、拣石子或拣沙包等。王阳明《训蒙大意》言："大抵童子之情，乐嬉游而惮拘检，如草木之始萌芽，舒畅之则条达，摧挠之则衰萎。今教童子，必使其趋向鼓舞，中心喜悦，则其进自不能已。"是说一般小孩的性情，喜欢嬉闹游戏而害怕拘束、责罚，所以适宜的游戏会使孩子内心喜悦，培养良好的情绪。

（二）琴棋书画移情

《北史·崔光传》说："取乐琴书，颐养神性。"故应在烦闷不安、情绪不佳时，让孩子听听儿歌，结合现代生活模式，读读笑话，看一些漫画及脑筋急转弯，观赏一场幽默的动画大片，这样可以振奋精神，缓解孩子紧张和苦闷的情绪。儿童求知欲较强，应根据不同兴趣和爱好，选择喜欢的活动，如画画、弹琴、下棋等，用这些方法排解不良情绪、舒畅气机，有益于儿童身心健康。

（三）说理开导法

儿童对图片及色彩鲜艳明亮且直观的东西较易接受，因此在对儿童进行说理开导的时候尽量用形象直观的方法，避免大量文字阅读，让孩子从中体会道理，从而使儿童理解并放松心情,远离不良情绪影响。

（四）暗示法

该年龄段孩子的意志自觉性水平较低,想象能力又开始迅速发育,基本属于自由联想,喜欢幻想或者假想,有时甚至混淆假想与真实的区别,把自己当成动画或游戏中的角色。当学龄前期儿童出现情绪异常,可通过他人或小儿扮演其喜欢的动画人物或模仿动画人物语言、行为,不断输入积极向上的信息,产生心理暗示,使小儿接受正确的思想理念,树立良好信念,改变或缓解其不良情绪。

（五）榜样法

明代万全《育婴家秘·鞠养以防其疾》言:"小儿能言,必教之以正言,如鄙俚之言勿语也……言语问答,教以诚实,勿使欺妄也;宾客往来,教以拜揖、迎送,勿使退避也……如此则不但无疾,而知识亦早矣。"此时儿童乐于参加集体活动,更加善于模仿,有一定分辨好坏的能力,具有向好性,喜欢得到他人关注及赞美。父母此时应做到言传身教,给儿童树立良好的榜样,多接触正能量事物,同时避免对儿童行为过多限制与批评,理解和支持儿童参与日常生活活动的要求,给予充分鼓励和表扬,帮助孩子获得满足感和认同感,从而使孩子心情愉悦。

此外,学龄期儿童多少已经开始控制自己的情感,能够用语言、动作等方式控制情绪,如电视剧内容情节紧张时蒙住眼睛,但仍容易发生冲动和发脾气。在情志养生中,可以适当教儿童慢慢掌控自己的情感,如遇见情绪波动,可以反复多次地深呼吸,使身心得以放松,或者找一个安静的环境使情绪逐渐平静下来。

第四节　青　春　期

女孩自 11~12 岁到 17~18 岁,男孩自 13~14 岁到 18~20 岁,为青春期。

一、情志特征

青春期是儿童逐渐发育成为成人的过渡时期,情志特征既不同于儿童,又不同于成人,呈现出复杂性、多变性、难以控制等特点。这与青春期孩子身体急剧发育,生活环境、人际关系的重大变化密切相关。青春期孩子大脑和神经系统高度发达,基本接近成人,有强烈的独立意识,由于缺乏社会经验,缺少自控能力,心理耐受力差,自我感觉已经能像成人一样生活,但还无法完全依靠自己的力量来处理学习与生活中的一系列复杂问题,身心发展呈现不平衡性,导致青春期孩子在学习和生活中一旦不满或受挫,会产生各种复杂的情志变化,消极情绪较多,最终产生强烈的情绪冲突,难以控制。

二、情志失调特点

进入青春期后,人体进入第二生长高峰期,身体发育逐渐成熟接近成人,大脑发育开始进入优质化阶段,对人体的调节功能也大大加强,但缺乏社会经验,对困难估计不足,不能正确处理某些事情,容易出现冲动、失望或绝望,陷入不良情绪中,以致情志失常影响健康或导致疾病。

父母文化水平、个性、健康状态影响着孩子的情志变化,如果父母情绪不稳,或父母双方身体异常,经常服用药物,家庭氛围紧张,孩子易出现各种各样的不良情志。

学校环境,教师如父母般关爱学生,同学如兄妹般友好相处,互帮互助,没有校园暴力,没有攀比成风,学校风气和谐,则孩子情志平和。

家庭的经济状况也是重要影响因素之一。家庭经济收入稳定或较高的孩子所处的教育环境相对较优,更容易得到物质及心理满足,事随所愿,心情愉悦,脏腑调和,气血顺畅。

青春期生理上发生巨大变化,男生可能出现青春痘、包皮过长、包茎、遗精等生理问题,女生可出现最常见的痛经或经期不稳定,这些都可以引起孩子的紧张焦虑情绪。

面对父母望子成龙、望女成凤的迫切愿望,考试升学压力较大,心怀恐惧,可使其情绪抑郁焦虑,气机阻遏,形成神经性厌食、头痛、腹痛、气厥、心悸等疾病,继而出现抽动障碍、焦虑症、癔症、失眠等疾病。

三、情志调养方法

(一)抑目静耳法

万全《养生四要》说:"养生之法有四,曰寡欲,曰慎动,曰法时,曰却疾……慎动者,谓保定其气也……"主张"静神",即清静以调节情志。生理学研究证实,人在入静后,生命活动中枢的大脑又会呈现儿童时代的脑电波状态。眼耳为人体五官之一,是"神"接受外界刺激的主要器官,目清耳静则神气内守而心不劳,若目驰耳躁,则神气烦劳而心忧不宁。青春期学习繁忙,考试压力较大,遇事容易暴躁冲动,这时可以选择一个安静舒适的环境,听一些冥想乐和轻音乐,放空思绪,使自己耳清目明,宁神静志。

(二)凝神敛思法

清代翁藻《医钞类编》说:"养心则神凝,神凝则气聚,气聚则形全。"从养生学角度而言,神贵凝而恶乱,思贵敛而恶散。《黄帝内经》说:"阴气者,静则神藏,躁则消亡。"凝神敛思是保持思想清静的良方。如遇环境改变,升学考试时,精神状态极度紧张,或遇到郁闷烦心、嫉妒猜疑的情绪时,可以闭目养神,不仅可以缓解紧张烦闷情绪,还可振奋精神,解除疑虑和猜忌。

(三)调理气息法

调理气息可达到促进神气入静的作用。故《黄帝内经》说:"呼吸精气,独立守神。"万全在《养生四要·慎动》中说:"调息要调真息。真息者,胎息也。儿在胎中,无吸无呼,气自转运。养生者,呼吸绵绵,如儿在胎之时,故曰胎息。"如遇情志失控,悲痛欲绝,泣不成声时,可以尝试缓慢呼吸,像胎儿一样绵绵呼吸,在感受一吸一呼之间安抚情绪,宁心静志。

(四)移情变气法

可以采取运动移情和琴棋书画移情的方式,也可以增加户外活动,经常外出旅游,游览自然风光、名胜古迹、博物馆等,或参加适宜的夏令营、冬令营等,了解各地历史人文,拓宽视野,开阔胸怀。如果参与室内运动,运动强度要适当加大。也可进行一些对抗性的运动,如足球、拳击、击剑、篮球等,以转移不良情志对青少年的持续刺激,避免不良情绪心境化。

（五）宣泄疏通法

当面临较大的情感压力时，及时适当地发泄情绪，可以缓解紧张、维护机体内环境的稳定。疏泄可采取直接疏泄法，如哭泣法，大哭一场，悲伤、痛苦的情绪往往也会随之得到缓解。此外，还有间接疏泄法，如通过倾诉、朗读、唱歌等，也可将心中的不良情绪宣泄出去。在情绪不好的时候，也可向自己的好朋友诉说心中的不满和委屈。通过别人的分析和安慰，缓解心中的不良情绪，从朋友那里学习一些解决问题的经验。另外，还可通过记日记、写信的方式发泄情绪，使情志舒畅。

（六）自我节制法

节制法就是节制、调和情感，防止情志过极，达到调和情志的目的。《吕氏春秋》说："欲有情，情有节，圣人修节以止欲，故不过行其情也。"说明一定要节制自己的感情，才能维护情志平和。

情感问题在青春期尤其突出，对异性欲望强烈，盲目追求爱情，在与对方相处之时表现的特别兴奋和冲动，过早偷食禁果，将自己完全置于激情的支配下。而这种情感往往具有不稳定性，当面对拒绝和失恋问题时，愤怒、自卑、伤心多种不良情绪充斥着内心，此时一定要保持内心的冷静和清醒的头脑，做一下深呼吸，提醒自己不要冲动，也可以反复暗示自己，告诉自己君子有可为有可不为。在适当时机可以远离对方，实施一次短期旅行，释放情感，舒缓心情。

（七）励志升华法

青春期学生的心智发展还不成熟，对于挫折的抵抗力也不如成年人，所以作为家长和学校应给予适当的挫折教育，培养学生心理抗挫的能力。学会把不满和愤怒的情绪转化成激励自己努力的动力，做一些提高自己而又有意义的事情。比如把精力投入到学习中，多看一些心理方面的书籍，既能消除怒气，也能学到知识。

（八）自我开导法

由于青少年与社会的接触日益增多，各种社会行为规范使得他们逐渐具备了自我调节和控制情绪的能力，心情不好时，特别是发现自己有一些不良的负面想法时，要安抚自己的情绪，尽可能多往正面和积极的方向考虑。

（九）他人开导法

开导最常用的方法有解释、鼓励、安慰、保证。解释是开导的基本方法，是使对方明白事理，以理制情，这样自然可保持正确的心态；鼓励、安慰和保证是运用消除疑虑、建立信任的具体方法。当自己遇到无法解决的事情和问题时，可以寻求父母、老师或朋友的帮助，以此解疑释惑，平复心绪。开导者一定要具有同理心，站在对方的角度替对方多想想，切忌以长辈的口气训斥、命令，多以倾听为主，不要强烈干预，而是适当建议，分享正面情绪，更不能胁迫、辱骂和殴打。

（十）超脱法

超脱法，是指在思想上把事情看淡，在行动上主动脱离导致不良情绪的环境。如高考后落榜，考生灰心丧气，有的甚至不能接受现实，从此一蹶不振，消极堕落，更有甚者会轻生。这时应该冷静思考考试的意义，结合自身性格特点，告诉自己天生我材必有用，上大学并不是人生的唯一出路，只要不放弃，前途总是光明的。以此来疏解自己的郁闷情绪，调整心态，保持情志舒畅。

第五节 青 年 期

18~44岁为青年时期。

一、情志特征

进入青年期,人的生理发展趋于平缓并走向成熟,思维逐渐达到成熟水平,独立自主性日益增强,个性趋于定型,具有了适应社会的能力,价值观和道德观形成并逐渐成熟。此时期情志有以下4个特点:

(一)两极性

易出现高强度的兴奋、激动、热情,或极端的发怒、泄气、绝望。青年早期,思维处于二元论阶段,认为问题和事物要么正确,要么错误,非彼即此,非白即黑,所以既有活泼、愉快、奋发向上的积极倾向,也有易出现低沉、思虑、悲观、颓废、沉沦、敌对、抑郁、偏执、恐惧等消极倾向。

(二)延续性

青年中期,思维进入相对性阶段,即通过对知识和外部信息进行比较,审视不同观点并找出有效解释现实问题的理论,不再极端。

(三)稳定性

青年后期,思维进入约定性阶段,既能坚持用约定俗成的立场和观点来认识问题,又能具体问题具体分析,进入辩证逻辑思维阶段。情志稳定,不易受外界影响。

(四)内隐性

青年人从家庭走进学校、走向社会,各种社会行为规范及规则使他们把自己的真实情感隐蔽起来,而表露出一种与内心体验并非一致,甚至截然相反的情志,形成了情志上的内隐性。

二、情志失调特点

青年时期身体处于盛壮时期,思维趋向成熟,由家庭、学校步入社会,由单身到组建家庭、为人父(母);由自由自在到承担一定的家庭、社会责任,社会和他人对其要求也在转变、增加,自我要求也在转变、增加,所以此时期虽然是身体状况最好的时期,但面临新环境、新角色、新要求,依然不可避免地会有过极情绪,以喜、怒、忧、思多见。

(一)喜

青年早期人群,思想相对单纯,思维意识相对简单,且多数在此期间经历升学、入职、成家、得子等"喜事",容易"过喜"。青年的中后期,生活能力和工作能力都提升很快,骄傲自满情绪也会多些。

(二)怒

青年期,特别是青年初期,血气方刚,唯我独尊意识较为明显,加上生理上强壮而精力旺盛,所以,这个时期极易因情不遂愿而动怒。随怒而发生的往往是各种敌对与攻击行为。敌对表现出来的是不友好、谩骂、羞辱。攻击则是以攻击方式做出行为反应,攻击对象可以是人或物,可以针对别人也可以针对自己。

笔记

（三）忧

面临升学、入职、成家、家庭成员变化等转变,面对未来的不确定性,则易发忧愁。此期,步入社会,经济独立,成立家庭,开支增加但收入因为年龄、技术、学识、经验等限制不及支出,故发忧愁;青年时期,尤其是青年中后期,职场迷茫、家庭不睦亦易引发忧愁。

（四）思

学习任务较重,考试频繁;或初次入职,无所适从;或为升学日夜学习;或为工作殚精竭虑;或为人事关系忧思苦恼;或爱慕意中人而不得,陷入单相思中,以致思虑太过。

三、情志调养方法

（一）言语开导法

《理虚元鉴》指出,对于诸多患者来说,"其性情多有偏重之处,每不能撙节其精神,故须各就性情所失以为治。其在荡而不收者,宜节嗜欲以养精;在滞而不化者,宜节烦恼以养神;在激而不平者,宜节忿怒以养肝;在躁而不静者,宜节辛勤以养力;在琐屑而不坦夷者,宜节思虑以养心;在慈悲而不解脱者,宜节悲哀以养肺"。医者应充分施展其对患者的影响,尽量发挥言语开导的治疗作用,或"正之以道义",或"引之以洒脱",竭力"解缚开胶",解脱患者的身心之苦。运用此方法时需注意:"只有病与医相得,则情能相浃,才能胜任。"如果医患之情不相得,也难以奏效。

（二）和情御神法

和情御神法是指以理性的思维驾驭并控制情志的变化,借以消除各种不良刺激引起的情绪波动,以保持良好心理状态的一种自我情志调摄方法。作为自然人,喜怒、哀乐、好恶是认知客观事物过程中必然会产生的正常情态反应;作为社会人,这些情态反应的方式、强度等或多或少地受其主观意志的支配与控制,以尽可能与周围环境相协调,并避免由于其不恰当或过分强烈的反应而造成对主体的不利影响。

1. 适嗜欲以和情　《素问·上古天真论》言:"适嗜欲于世俗之间。"所谓"适嗜欲",是指人的欲望应该按照社会的道德观念和行为规范加以调适。每个人都必须根据社会现实、道德标准、个人能力与条件来确定其人生坐标,理智地调节自己的欲望、情感和行为方式,使之与周围环境一致。如果偏离或有悖于这一基本准则,就可能造成心理上的不平衡、情绪上的不稳定乃至行为方式的乖僻。

2. 和意志以御神　张介宾《类经》所言"意已决而卓有所立者曰志",显示了意志在目标确定及其实施过程中的主导作用。意志对行为方式的调节有发动和抑制两方面,前者表现为推动人去从事达到预定目的所必需的行动;后者表现为制止与实现预定目的相矛盾的欲望、行为等。由于先天禀质、修养水平、社会地位、教育程度的差异,每个人的意志及其控制行为、情感的方式均有所不同,这就需要根据个体的形神气质类型,在日常生活中注意"和喜怒而安居处,节阴阳而调刚柔"(《灵枢·本神》),积极调摄,克服不良的个性心理特征,增强自我意志的控制能力。日常生活中,令人烦恼、忧愁、失望、愤怒的事情经常发生;人生旅途中,意外灾变、遭受挫折、无端受辱、病痛伤残等事故也难绝对避免。须以理性思维的方式,借助于意志的调控来和情御神。

(三)移精变气法

应根据患者的不同病情、不同心理环境和条件等,采取不同的措施,进行灵活运用。如借助音乐歌吟、琴棋书画、浏览观光等方式来移情易性。

1. 音乐怡情法　音乐具有极强的感染力,不同旋律、节奏、调性和力度的乐曲对人的精神状态有着不同的影响,并可产生相应的移情易性作用。治疗时除了考虑乐曲调性与情志变动的"生克"关系外,还要充分接受治疗者平素的音乐喜好,根据其喜爱的曲调选择合适的曲目,只要能令其沉浸于该乐曲的意境之中,使身心获得最大的松弛和恬愉,均可当做移情易性的曲目来应用。

2. 歌吟移情法　主要以歌唱或吟诵的方式来产生移情易性的效应。一般情况下,哼唱一些轻快活泼、优美动听的歌曲,可以使人心情舒畅,消除烦恼及紧张情绪,有利于改善身心状态,宣泄不良情绪。某些较繁杂的曲目,吟唱过程中可以锻炼并增强记忆力,增强呼吸功能,产生一定的养生康复功效。

3. 读书明理法　读书明理,是古代儒家修身养性的主要方法之一。这种方法不仅具有很强的潜移默化作用,也能通过用神专一、调神治形而产生积极的辅助治疗作用。移情于书,专心致志研讨学术,修养心身,改易性情,也是"不药中医"的方法之一。

此外,赋诗以寄志,书画以寓意,垂钓以养性,游览以怡神,皆同样能起到转移精神、陶冶性情的作用,从而有益于身心疾病的康复。

第六节　中　年　期

44~60岁为中年期。

一、情志特征

中年时期是人体由盛而衰的转折时期。《灵枢·天年》云:"四十岁,五脏六腑、十二经脉皆大盛以平定,腠理始疏,荣华颓落,发颜斑白,平盛不摇,故好坐。五十岁,肝气始衰,肝叶始薄,胆汁始灭,目始不明。"《素问·阴阳应象大论》云:"年四十,而阴气自半也,起居衰矣。年五十,体重,耳目不聪明矣。年六十,阴痿,气大衰,九窍不利,下虚上实,涕泣俱出矣。"中年期生命活力开始由盛转衰,有以下3个情志特征:

(一)不稳定性

《论语·为政》言:"四十而不惑。"中年早中期,大多数生活安逸,事业有成,相处之人稳定,对新鲜事物的兴趣逐渐减弱,情志相对稳定;中年后期,身体和精神逐渐衰老,生理和心理发生明显变化,一般会遭受工作岗位、工作地点变更,中年后期女性还将遭遇"天癸绝"的生理变化历程,情志极易出现不稳定性。

(二)不平衡性

中年时期,虽然在社会经济方面较为充实,但不论在社会生活还是家庭中,均处在一个承上启下的中坚地位,遭受各种生活负性事件的刺激较多,情志处于不平衡性。

（三）闭锁性

人至中年,生活阅历丰富,对世事各态均有所见识,最难敞开心扉,情志具有闭锁性。

二、情志失调特点

在中年期,虽说在经济方面较为充实,但承受着来自上述诸多方面的压力,即进入"中年危机"期,是身心疾病的多发期,七情致病中尤以思、忧、悲为多。

（一）思

中年时期之"思"多为"思考、思虑"。这个时期在社会和家庭生活中均处于承上启下的中坚地位,社会生活中,多数为中坚力量,须为发展谋虑;家庭生活中,父母已老,子女尚未成家立业,须为家庭生计思虑。故此时期,多发思虑过度的情志失调现象,甚至"过思"导致疾病。

（二）忧

中年时期,处于"内忧外患"时期,"内忧"为随着年龄的增加,生理功能开始出现不可逆的退行性变化,也就是出现衰老现象。生理上感觉体力、精力、记忆力等功能逐渐衰退,如若平素不注意养生保健,身体开始出现各种疾病。"外患"为此时期承受着社会、家庭等诸多方面的压力,受各种生活负性事件的刺激。此时期多因"过忧"而导致情志失调。

（三）悲

中年后期,身体功能开始衰退,也会悲由心生。此时期,易发"过悲"情绪。过度悲忧,损耗肺气,表现为善悲欲哭、精神萎靡等。过度悲忧使肺气消耗,治节失职,可见咳喘短气、意志消沉,还可由肺累及心脾,致神呆痴癫、脘腹痞块疼痛等。"过悲"者常容貌早衰,忧愁沮丧,或无端泪涌,或长嘘短叹,或垂头丧气,或悲观厌世,久之则可导致毛发枯萎,形体憔悴。

三、情志调养方法

（一）厚德养性法

老子《道德经》曰:"修之于身,其德乃真;修之于家,其德乃余;修之于乡,其德乃长;修之于邦,其德乃丰;修之于天下,其德乃普。"提倡以德养性,用性养身。

对道德品质培养,根本上提升了人们追求的品位,特别是面对种种物质的诱惑,人能否克制贪婪、虚荣的求慕心而造成的烦恼邪念,能否把持住内心信念,不忘初心,坚持正道,避免利欲熏心,特别是在道义与利益发生矛盾时,如何解决内心的矛盾苦恼,这些精神的负累严重损害着人们的精神健康,不利于心情的畅顺,是情志养生的大忌,正需要不断在培养德性中,解除这些烦恼,心灵自然地导向对善、仁、诚等品质的追求,并以此恪守不变。

对德的培养,根本上是对"仁爱"之心的培养扩充。爱的结果便是获得一种精神的快乐。尊重他人,关心他人,爱护他人,他人从你身上获得温暖和快乐,你自己就能同样得到快乐。因为他人同样报之以德,自己也受到尊重,人之间的温情给予精神莫大的安慰和自足,从而在自己的同类中寻找到精神情感的寄托,这是由己及人带来的精神愉悦。

（二）凝神专注法

用神专注是以积极思维的方式,将注意力集中在某一点或某一件事情上,以去除烦恼和杂念,并产生凝神定志的"养神"效应。用神之道,贵在专一。集中思想,专心致志于学习或工作时,才能进入物我两忘的境界;勤于用脑者,大多至古稀之年仍能神清气朗,老而不衰,正是因为其长期用神精专,心无旁骛。《呻吟语》言:"心要常操""心愈操愈精明"。适度用神,精神专一,从某种角度而言,是中年期摆脱忧愁烦恼,获得自我解脱和精神慰藉的有效方式之一。

（三）闭目养神法

在精神紧张、情绪激动、思虑烦劳、心神疲乏之际,微闭双眼,松弛形体,放松思想意识,摒除一切杂念,养憩片刻,使精神活动逐渐趋于松静,直至进入"虚静"状态。《类经》引张紫阳语:"心能役神,神亦役心。眼者神游之宅,神游于眼而役于心。心欲求静必先制眼,抑之于眼,使之归心,则心静而神亦静矣。"

（四）静默坐忘法

以静坐的方式收摄心神,澄心涤虑,消除一切思想杂念,使精神虚静空松,进入"无思无虑"状态。静坐相对于闭目养神在修行方法上要严格一些,其对形神的调摄作用相对也更显著一些。对于工作繁忙,精神一直处于高度紧张状态者来说,忙中偷闲,略事静坐或闭目养神片刻,颇能消除疲劳,重新振作精神;对于心胸偏狭隘,善猜疑嫉妒或思想烦闷,抑郁寡欢者来讲,能够让其经常反思内省,加强恬惔虚无的思想修养,守神静养,日久也有清心涤虑、舒畅胸怀的作用。

静坐类功法一般有入坐、静坐行功、下坐收功等方式,有不同的操作要领和方法。

1. 入坐　姿势一般采用盘坐式（上身放松,含胸拔背,左右腿膝自然相交盘起,足心朝上）为主,也可采用端坐式（坐在椅子上,两腿自然分开,两足着地,相互平行,膝间距离约与肩宽相同,两手轻置大腿上;端坐时臀部的 1/3 或 1/2 坐在凳椅上）。取盘坐式时,一般左手在上,轻握右手拇指;右手在下,轻握左手背,两手置于小腹前,犹如老僧打坐般闭目入定。入坐时要求身形放松端正,以舒适安稳,久坐无疲劳感为宜。

2. 静坐行功　坐定后即可收心凝神,将意念集中贯注于脐下小腹间,勿令心绪散乱。同时,调匀呼吸,使出入呼吸均匀细长。

3. 下坐收功　下坐前,先开口吐气 10 余次,令身中热气得以宣泄;然后慢慢摇动上身,依次为肩胛、头颈、四肢;将拇指对搓致热,分摩双目耳鼻,手掌搓热后分摩头面、胸腹、手臂、足肢等处,直至足心为止,方可逐渐离坐,起身活动。

（五）意示法

1. 存想　是在意念的导引下进入某种想象的情景或意境中,由心理而影响或改变其生理、病理状态。譬如想象某种自身脏腑器官的形态,想象置身于某一特定的场景之中等。

2. 默念　口唇或作念字状而不出声,心中则将欲默念字句首尾相贯、逐字逐句地反复念诵,以摄神入静。

（六）情志相胜法

可以根据具体情况,采取"怒胜思""喜胜悲"等情志相胜法,调养失调的情志。

笔记

第七节　老　年　期

60 岁之后为老年期。

一、情志特征

《灵枢·天年》言："六十岁,心气始衰,苦忧悲,血气懈惰,故好卧。七十岁,脾气虚,皮肤枯。八十岁,肺气衰,魄离,故言善误。"《素问病机气宜保命集》认为老年人"精耗血衰,血气凝泣""形体伤惫""百骸疏漏,风邪易乘"。人至老年,"阴阳气血俱衰",生理功能和形态学方面均出现退行性变化,机体调控阴阳平和的能力降低,适应环境和自我调控能力低下。此期的情志特征有:

(一)性情变异

朱震亨在《养老论》中说:"人生至六十、七十以后,精血俱耗……百不如意,怒火易炽。"形乃神之基,老年人心神功能衰退,身体不适,各种疾病缠身,常性情不定,情绪变化复杂,而引起性情的变异。以往那种慈祥、温和的性格慢慢变得或性急易怒,或苦忧叹息,或谩骂仇恨,甚至哭泣厌世等等。

(二)固执防备

由于生活环境和身心的变化,老年人感到无力和孤独,引起不安和恐怖,并本能地采取防卫态度。经常顽固地坚持自己的观点和习惯,不赞成别人的所见和看法。对许多事情,包括对子女都采取怀疑态度,并固执地想保护自己而采取利己的态度和办法。甚者由怀疑而发展到妄想,总觉得周围环境对自己过不去,怀疑别人要谋害自己,而致心神不安。

二、情志失调特点

《寿亲养老新书》言:"眉寿之人……多咨煎背执,等闲喜怒,性气不定。止如小儿,全在承奉颜色,随其所欲……不令违背……老人孤僻,易于感伤,才觉孤寂,便生郁闷。"

老年时期七情致病以恐、悲、思多发。

(一)恐

老年时期,身体功能衰退,生活环境变化,自身"无力感"增强,若由于身边缺乏子女照顾,生病后心生恐惧,惧怕死亡,害怕孤独。"是故怵惕思虑",易发恐惧。《灵枢·本神》言:"恐惧不解则伤精,精伤则骨酸痿厥,精时自下。"盖肾主藏精,职司二便,恐惧伤肾则肾气下陷,肾气下陷则失于固摄,可出现二便失禁、遗精、滑精及阳痿,甚至出现腰膝酸软无力、颤抖等症。《素问·举痛论》说:"恐则精却,却则上焦闭,闭则气还,还则下焦胀,故气不行矣。"说明肾气宜升,若惊恐太过则精气下陷而无升。

(二)悲

老年时期,社会角色、社会地位发生变化,身体功能下降,生理形态学退化,常觉孤独垂暮,悲从心来。过悲易伤肺气,加之年老免疫力下降,所以老年人易患肺系疾病,且变生危候,如老年肺炎喘嗽,极易引起心阳虚衰。

（三）思

老年人好怀旧，易感伤往事，沉浸过往而发"过思"，"过思"则伤脾气，脾气伤则胃气损，故老年人"过思"，易导致胃肠功能失常，从而出现消化不良、食欲不振、大便秘结等病证。

三、情志调养方法

（一）忘却年龄

老年时期，再精彩的剧目也有谢幕之际，再辉煌的人生也有退场之时，而坦然接受角色的巨变，于身心有益无害。调整好自己的生活角色，做现在自己身体和心理状况允许做的"角色"。忘却年龄，以积极的心态面对晚年的生活是这个年龄段保持身心健康的最重要情志因素，做到年老而心不老，引导他（她）们做个"老顽童"，是积极有效的情志调养方法。

（二）顺情从欲

顺从老年人的意念，满足其心身要求，以解脱其致病心因。《素问·移精变气论》提出："系之病者，数问其情，以从其意，得神者昌，失神者亡。"吴崑认为七情之病，有非砭药石可愈者，故当问其实情，以顺其意，则病者情志舒畅而得愈。《寿亲养老新书·性气好嗜》言："眉寿之人，形气虽衰，心亦自壮。但不能随时人事，遂其所欲。虽居温给，亦常不足。故多咨煎背执，等闲喜怒，性气不定。止如小儿，全在承奉颜色，随其所欲……不令违背……缘老人孤僻，易于伤感，才觉孤寂，便生郁闷。养老之法，凡人平生为性，各有好嗜之事，见即喜之。有好书画者，有好琴棋者，有好赌扑者，有好珍奇者，有好药饵者，有好禽鸟者，有好古物者，有好佛事者，有好丹灶者。人之僻好，不能备举。但以其平生偏嗜之物，时为寻求，择其精绝者，布于左右，使其喜爱玩悦不已。老人衰倦，无所用心，若只令守家孤坐，自成滞闷。今见所好之物，自然用心于物上，日自看承戏玩，自以为乐。虽有劳倦咨煎，性气自然减可。"详述了老年人往往任性、急躁、固执等，颇似顽童，对其只宜顺遂，不宜违逆，顺意老人的兴趣、爱好，像对待小儿一样将其喜爱之物放置在其周围，使其喜爱玩悦。

（三）雅趣怡神法

退休之后，空闲时间多了，可自学或去老年大学学习和培养一些业余爱好，如读书、书法、画画等等，与良友交谈，看山水花木，浇花种竹，听琴玩鸟，登山观城等，以使形动神静，均有助于修养心身。

（四）四气调神法

春温、夏热、秋燥、冬寒，是一年四季气候更迭的基本特征，而春生、夏长、秋收、冬藏则是自然界万物变化的物候现象，古人将此称为"四气"。《素问·四气调神大论》指出："故阴阳四时者，万物之终始也，死生之本也。逆之则灾害生，从之则苛疾不起，是谓得道。道者，圣人行之，愚者佩之。"揭示了阴阳二气的消长，是寒暑更迭和自然界万物变化的根本；生活在大自然环境中的人类，特别是老年人，机体免疫力下降，更要顺应其变化才能维持其体内外环境的协调统一，防患于未然。

（五）情志相胜法

心志为喜，肺志为悲，心属火，肺属金，火能克金，故曰喜胜悲（忧）。在运用喜胜悲（忧）疗法时，老年人的心态很多时候像小孩子一样，遇到高兴事就忘掉不高兴的事,所以,在他们悲伤之时,情志失调时,多种形式的高兴事是缓解这种悲伤心情的重要方法,如给他们买件喜欢的新衣服,请他们吃一顿美食,陪他们去一次舒适的旅游等,均会起到以喜制悲的效果。

（侯江红）

学习小结

胎儿期及新生儿期的情志调养,一是要注意孕母的情志调养,一是要注意胎婴的情志调养。做好胎教,调怡心神是养胎的重要手段,应贯穿于孕、胎、产全过程。不要让小儿看惊恐之物、听惊恐之声。

婴幼儿期情志调养,要注意避免情志过极,日常生活逗乐嬉戏要适度,避免小儿恼怒或笑不休,不过极挑逗、恐吓小儿;通过其平时喜爱的玩具或动画片转移其注意力,规避不良刺激,使孩子从不良情绪中释放出来,转移到另外的人或物上;不要随意阻止孩子的哭泣,细心体察小儿思想情感状态,分析症结所在,尽量满足小儿的要求。

学龄前期、学龄期儿童,可以通过长期学习喜欢的某一项或多项运动及乐器以转移注意力,从而脱离不良情绪影响。宜多采用群体性运动项目,加强孩子之间的接触与交流;让孩子多听儿歌,选择喜欢的活动,如画画、弹琴、下棋等;尽量用形象直观的方法劝教,避免大量文字阅读,让孩子从中体会道理,从而使儿童理解并放松心情,远离不良情绪影响;可通过他人或小儿扮演其喜欢的动画人物或模仿动画人物语言、行为,不断输入积极向上的信息,产生心理暗示;父母应言传身教,给儿童树立良好的榜样,多接触正能量事物,同时避免对儿童行为过多限制与批评,理解和支持儿童参与日常生活活动的要求,给予充分的鼓励和表扬,帮助孩子获得满足感和认同感,从而使孩子心情愉悦。

青春期生理上发生巨大变化,男生可能出现青春痘、包皮过长、包茎、遗精等生理问题,女生可能出现最常见的痛经或经期不稳定,这些都可以引起孩子的紧张焦虑情绪;面对父母望子成龙、望女成凤的迫切愿望,考试升学压力较大,心怀恐惧,可使其情绪抑郁焦虑,气机阻遏,形成神经性厌食、反复头痛、反复腹痛、气厥、心悸等疾病,继而出现抽动障碍、焦虑症、癔症、失眠等行为异常性疾病。

青春期要注意抑目静耳法,可以选择一个安静舒适的环境,听一些冥想乐和轻音乐,放空思绪;经常闭目养神,调理气息,缓解紧张烦闷情绪;可以采取运动移情和琴棋书画移情的方式,转移不良情志对青少年的持续刺激;当面临较大的情感压力时,及时适当地发泄情绪,可以缓解紧张、维护机体内环境的稳定;与异性相处时要控制欲望,反复暗示自己;学会把不满和愤怒的情绪转化成激励自己努力的动力,父母在教育孩子的时候一定要具有同理心,站在孩子的角度替孩子多想想,切忌以长辈的口气训斥、命令;冷静思考考试的意义,合理看待考试落榜等问题。

青年时期,要注意和情御神,以理性的思维驾驭并控制情志的变化,适嗜欲以和情,和意志以御神;借助音乐歌吟、琴棋书画、浏览观光等方式来移情易性。

中年期进入“中年危机”期,是身心疾病的多发期,七情致病中尤以思、忧、悲为多。要以德养性,用性养身;集中思想,专心致志于学习或工作,摆脱忧愁烦恼,获得自我解脱和精神慰藉;在精神紧张、情绪激动、思虑烦劳、心神疲乏之际,微闭双眼,松弛形体,放松思想意识,摒除一切杂念,养憩片刻;以静坐的方式收摄心神,澄心涤虑,

笔记

消除一切思想杂念,进入"无思无虑"状态;采用存想、默念等方法进行心理暗示,可以根据具体情况,采取"怒胜思""喜胜悲"等情志相胜法。

老年期,调整好自己的生活角色,忘却年龄,以积极的心态面对晚年的生活;顺从老年人的意念,满足其心身要求,以解脱其致病心因;可自学或去老年大学学习和培养读书、书法、画画等业余爱好,与良友交谈,或看山水花木,浇花种竹,听琴玩鸟,登山观城等,以使形动神静;顺应四季变化,维持体内外环境的协调统一;多让老人高兴,是喜胜悲(忧)法。

复习思考题

1. 孕母如何进行情志调养?
2. 青春期的情志失调特征及调摄方法有哪些? 何为抑目静耳法?
3. "中年危机期"的情志失调特征及调摄方法有哪些?
4. 老年期的情志失调特征及调摄方法有哪些?

第六章

不同职业人群的情志养生

📝 **学习目的**

　　通过本章内容的学习,理解不同职业的情志失调特点,进一步掌握和运用中医情志养生方法。

学习要点

　　掌握脑力劳动者情志养生原则和饮食养情法;熟悉脑力劳动者自我疏导法、药饵养情法、运动养情法、经穴养情法、雅趣养情、旅游养情法等。掌握体力劳动者的清静养神法;熟悉体力劳动不能代替体育运动的原因。了解脑力劳动者和体力劳动者的情志失调差别。

第一节　脑力劳动者的情志养生

　　脑力劳动者是指需要经常使用大脑进行思考、分析或记忆工作,运用智力、科学文化知识和生产技能进行劳动工作的一类人群,与体力劳动者相对而言。一般认为,教育工作者、医务工作者、财务工作者、科研人员、管理人员、作家、律师等属于脑力劳动者范畴。

　　脑力劳动作为一种生产活动,很早就已经存在。只是由于社会生产条件的影响,在古代脑力劳动和体力劳动分界不是很清晰。清代李渔《闲情偶寄·颐养部》"行乐第一"中,将人群分为贵人、富人、贫贱3类,并指出不同人群有不同的行乐之法,可以说是较早关于不同职业人群的情志养生论述。

　　随着社会科技和生产力的发展,脑力劳动逐渐成为当今作业方式的主流。脑力劳动者思维较为敏捷,对情绪的反应更为敏感,在工作、学习、遇到问题的时候,往往思虑较多,精神负担重,易出现情志不调,从而导致诸多疾病的发生。长期从事脑力劳动的人群普遍存在心理疲劳,职业紧张感明显。如果脑力劳动者能够注意情志养生,保持积极乐观的情绪变化,也能够提高脑力劳动的效率与耐久力。

一、情志特征

(一)思虑太过

　　脑力劳动者平素工作多思虑、思考。正常的思考对机体的生理、心理活动并无影

笔记

117

响；但若所思不遂或思虑太过，则会影响气的运行，导致气滞、气结，所谓"思则气结"也，而出现精神不振、抑郁、烦闷等精神情志方面的问题。

（二）抑郁烦躁

脑力劳动者多久坐，属静态工作方式，久而久之，气血运行不畅，肝木失调，疏泄失度，则会导致气机不畅，心情易于抑郁；郁久化火，也会出现急躁易怒等情绪变化。

（三）耗神损形

相对于体力劳动来说，脑力劳动需要耗损更多的"神气"。心藏神，又为"五脏六腑之大主"，故心神受伤，亦会影响到其他脏腑所主情志。如《素问·调经论》言："神不足则悲。"心神耗损，则使人易悲。七情的异常变化会影响到五脏六腑的功能，导致各类病证的发生。因此情志病证患者中，受教育程度高者、脑力劳动者所占的比例较高。

二、情志养生原则

脑力劳动者的情志特征多与心、肝、肾关系密切，故情志养生要遵循以下原则。

（一）养心安神

心主神明。明代医家张介宾在《类经》中指出："心为五脏六腑之大主，而总统魂魄，并赅志意。故忧动于心则肺应，思动于心则脾应，怒动于心则肝应，恐动于心则肾应，此所以五志惟心所使也。"又明确指出："情志之伤，虽五脏各有所属，然求其所由，则无不从心而发。"表明七情与心的关系密切，情志过极均能损伤心神。

人的精神、意识和思维活动是大脑的生理功能，而在中医藏象学中则将人的精神、意识、思维活动主要归属于心的生理功能。因此，养心安神是脑力劳动者情志养生的首要原则。

（二）疏肝解郁

情志活动与肝的疏泄功能密切相关。正常的情志活动依赖于气血的运行通畅，情志的异常也主要影响气机的调畅。肝的疏泄功能正常，则气机调畅，气血和调，心情就易于开朗。肝的疏泄功能减退，则肝气郁结，易于抑郁；肝的疏泄太过，则易急躁、发怒。

肝主藏血，开窍于目，脑力劳动者多长期接触电脑、书籍、文件等，久视伤血，导致肝血受损；肝在体合筋，脑力劳动者多为坐式办公，久坐少动，相对缺乏体力上的活动，因此容易出现腰酸腿软等病证。可见，脑力劳动者的工作方式不当会影响到肝的功能，易导致肝失疏泄、情志失调。

（三）健脾补肾

脾在志为思，主运化，主升清，位属中焦。若脾失运化，脾弱不行，则会不胜思虑，而导致气结于中，产生病证。因此，健脾养血，促进脾之运化作用，是脑力劳动者调节情志的原则之一。

脑为髓海。肾主骨生髓。肾中精气的盛衰影响脊髓、脑髓的充盈和发育。脊髓上通于脑，髓聚而成脑，肾中精气充盈，髓海得养，则脑的发育健全，功能发挥正常；反之，肾中精气不足，则髓海失养，亦会影响到脑的生理功能发挥。且惊恐属肾，若用脑过度，损伤肾中精气，则人也易产生惊恐情绪变化，导致情志病的发生。如《素问·举痛论》言："惊则心无所倚，神无所归，虑无所定。"故补养肾精、填精益髓也是脑力劳动者调节情志的原则之一。

（四）知足常乐

知足常乐是强调脑力劳动者不可欲望过多，要懂得满足的适度原则。清代李渔《闲情偶寄》在指出贵人行乐法时认为"善行乐者，必先知足"，不可过多欲望、杂事干扰自己；富人行乐法要懂得"少敛"，如此方能让自己保持乐观、愉悦的状态。实际上，这两者强调的都是知足常乐的适度原则。

脑力劳动者由于工作习惯、生活背景、教育程度等因素的影响，思考问题、日常行事等方面，往往容易思虑过于周密，反而会让自己陷入杂乱之中，影响情志变化；而有过重名利之心者，往往容易让自己疲于奔命，精神压力大，从而导致情志的异常变化。因此，脑力劳动者在工作、学习中要把握知足常乐的原则。

（五）动静相宜

脑力劳动者的工作方式以静态为主。在紧张、忙碌的工作之余，很多脑力劳动者缺乏必要的运动，影响机体气血运行，导致情志的异常变化。生命在于运动，流水不腐，户枢不蠹，脑力劳动者要根据自己的工作、生活习惯，每天保持适量的运动，使生命的过程保持动静和谐的状态。

三、情志养生方法

脑力劳动者多耗费心神、脑力，情志变化复杂，日常生活情志调养的方法也有许多，如自我疏导法、饮食养情法、药饵养情法、运动养情法、经穴养情法、雅趣养情法、旅游养情法等。

（一）自我疏导法

脑力劳动者情志的异常变化，多是由于工作压力过大、争强好胜心强等因素造成的思虑太过、耗神过度。清代李渔《闲情偶寄》言："乐不在外而在心。"良好的情志状态与个人的自我调节与疏导密切相关。

首先要培养良好的性格及心理素质，塑造开朗、乐观的性格。这样在遇到问题、处理事情时才能目光远大、心胸宽广，不要锱铢必较，不钻牛角尖，经常进行自我疏导，从而避免不良情志发生。

其次要有合理的工作、学习规划，劳逸结合。如果对自己的定位目标脱离实际情况、过于远大，或者平素工作、学习任务过重，往往容易造成脑力劳动者精神压力大，思虑过度，而致气机不畅，出现倦怠、烦躁、抑郁、忿怒等不良情志变化，甚则无法调节而导致疾病的发生。

自我疏导的方法也有很多，一是可以自我排解，在情绪低落、抑郁之时，多想想幽默的、有趣的事，自我开导，多向好的方面去想；二是可以合理宣泄释放，通过与亲朋好友交流，或通过日记等形式，将自己压抑、烦闷、紧张、焦虑、惊恐等不良情绪向外释放，以免郁结在内产生情志问题。清代文学家、戏曲家李渔在《闲情偶寄》中介绍，他之所以历经坎坷而依然能够乐观生活，就是通过"退一步"法自我调节，外加书写来宣泄自己的不良情绪。

（二）饮食养情法

《寿世青编》言："盖谷气入胃，洒陈六腑而气至，和调五脏而血生，而人资以为生

者也。"饮食是滋养脏腑精气的根本,是生命的基础,同时也是精神、情志化生的物质基础。

脑力劳动者宜食用一些行气解郁、芳香醒神的食物,如茴香、茼蒿、紫苏叶、香芹、香菇、橘子、橙子、佛手柑、玫瑰花、茉莉花、陈皮、生姜等,以调畅气机,舒缓情志。也宜食用一些健脾养血、养心安神的食物,如莲子、龙眼肉、大枣、小麦、小米、百合等,以防思虑太过,耗损心神。另外,玫瑰花茶、橘饼、佛手柑粥、莲子龙眼肉粥、百合鸡子黄汤、小麦汁等都可以作为脑力劳动者日常调和情志的食养之品。

饮茶也是脑力劳动者调节情志的好方法。一杯绿茶,阵阵清香,泡茶、品茶的过程本身就是一个放松心情、舒缓情绪的过程。古代的文人雅士多有烹茶的喜好,以茶养生,如宋代大诗人苏东坡、明代养生家高濂等都在著作中极力推荐饮茶。再者,茶有清心神、除烦的功效,尤其是绿茶,对脑力劳动者提神醒脑、舒缓烦躁情绪有益。

除此之外,脑力劳动者还应注意饮食不宜太过油腻肥厚,否则容易酿生湿热,阻遏气机,产生抑郁、烦闷、急躁等不良情绪变化。

(三)药饵养情法

脑力劳动者可选用一些可以养心、健脾、疏肝的药物,如酸枣仁、首乌藤、柏子仁、合欢花、茯苓、当归、醋柴胡、香附、木香、沉香、石菖蒲等,达到气血充盛、气机调畅、平和情绪的作用;也可以选用对症的中成药,如天王补心丹、柏子养心丸、逍遥丸等以养心安神、疏肝健脾。

1. 酸枣仁茶　取酸枣仁 15g,将酸枣仁碾碎,开水冲泡,可根据个人口味酌情加适量白糖调味。具有养肝、宁心、安神之效,适合精神不振、烦躁失眠的脑力劳动者。

2. 石菖蒲茶　取石菖蒲 5g、龙眼肉 15g,开水冲泡代茶饮。具有宁心安神、健脾养血功效,适合劳心太过,疲乏、健忘、失眠的脑力劳动者。

3. 佛手茯神茶　取佛手 15g、茯神 10g。开水冲泡代茶饮。具有疏肝健脾、安神功效,适合情绪低落、抑郁、失眠的脑力劳动者。

(四)经穴养情法

经络是人体运行气血的通道,内联脏腑,与情志的关系亦十分密切,通过刺激相应经穴也可以起到调节情志的目的。

1. 按揉膻中穴　《素问·灵兰秘典论》言:"膻中者,臣使之官,喜乐出焉。"膻中穴有宽中理气的功效,适合久坐烦闷、气郁胸闷的脑力劳动者。一般先以右手掌根置于膻中穴位置,顺时针按揉 3~5 分钟;再换左手掌根,逆时针按揉 3~5 分钟。

2. 按揉神门穴　神门穴属于手少阴心经之原穴。心主藏神。此穴为神气出入的门户,故称为神门穴,有宁心安神、清心调气的功效,适用于久思伤神,焦虑、烦躁、不易入睡的脑力劳动者。一般以拇指指腹顺时针按揉神门穴,左右手各 3~5 分钟。

3. 推太冲穴　太冲穴位于足背,当第 1 跖骨间隙的后方凹陷处,为足厥阴肝经的原穴。有平肝、理气的功效,适合工作紧张、精神压力大的脑力劳动者舒缓情绪、解郁、息怒用。操作方法是以拇指自上而下(即向脚趾方向)用力推按太冲,3~5

分钟。

此外，百会、神庭、神道、灵道、内关、心俞、肝俞、隐白等穴都有一定的宁心安神或疏肝理气等作用。每次可选用其中 3~5 个穴位，通过按、揉、推、拿等手法加以刺激，来调节情志变化。

而在人体经络中，心经、心包经、肝经、胆经也都可用于调节情志、舒缓压力，可选用推法、擦法、拍法等按摩手法。

（五）运动养情法

"生命在于运动"，运动不仅可以锻炼形体，作用于脏腑气血，更能够保持舒畅情绪、消除紧张感，不易抑郁、烦闷。特别是脑力劳动者，平时多以静态生活或工作方式为主，更应该加强运动，以达到调节情志、维护健康的目的。

运动宜选择附近绿植较多的公园、草地、山林等环境优美的地方，空气清新，令人心旷神怡。

对于久坐、体质较弱、缺乏运动的脑力劳动者，可以选择散步，或八段锦、太极拳、养生按摩操等传统导引功法。例如，八段锦中"两手托天理三焦""摇头摆尾去心火"等动作，都有助于调畅气机、宣畅气血，保持心情舒畅，避免压抑、郁闷、烦躁等不良情志的出现。

对于体质健壮、经常运动的脑力劳动者来说，还可以选择羽毛球、篮球等球类运动，以及其他运动量稍大的运动项目。一场酣畅淋漓的运动之后，阳气舒展，体内的抑郁之气也得到宣泄。

脑力劳动者的运动，一要量力而行，根据自己的身体状况选择合适的运动量，要循序渐进，切不可急于求成；二要持之以恒，不能等到出现了情志异常才运动，贵在平时坚持不懈，方能获得怡养性情的养生目的。

（六）雅趣养情法

雅趣养情法是脑力劳动者常用的调节情志的方法，在古代养生著作中，也被称为"消遣"。清代吴师机《理瀹骈文》言："七情之病也，看花解闷，听曲消愁，有胜于服药者矣。"雅趣养情法包含许多内容，琴棋书画、花鸟鱼虫等皆可以陶冶情操、怡养情志。

1. 阅读　脑力劳动者在紧张的专业工作之余，可以选择一些或轻松清雅，或简洁舒适的书籍阅读，最好是与工作中常接触的内容不同的书籍，闲暇之余，信手拈来，细细品味，可以沉淀心灵，静心养神，平和情绪。但也不要阅读时间过长，以免适得其反。

2. 欣赏音乐　脑力劳动者可以选择一些舒缓轻松的轻音乐，或曲调较为欢快的音乐，能够帮助养心安神、纾解压力、平和情绪。多项研究表明，音乐，特别是经常听自己喜爱的乐曲，可以纾解应激状态，调节负性情绪。

唱歌、演奏也同样可以起到调节情绪的作用。清代黄元御在《四圣心源》中言："脾之志忧，故其声歌，歌者中气结郁，故长歌以泄怀也。"脑力劳动者平素多思，易伤脾，情志难以舒展，中气郁结，而唱歌则能够吐出心中郁闷，调节情志。除了唱歌外，演奏古琴、古筝、琵琶、钢琴、小提琴等各种乐器，也都能起到抒发情怀的情志养生作用。

3. 舞蹈　舞蹈相当于一种体育运动。舞蹈中肢体的舒展动作,具有调畅气血、调和情绪的作用,特别是心情郁闷、精神压力大者,多做向外舒展动作的舞蹈,具有很好的调节作用。舞蹈时多配合音乐,优美的动作加以轻松愉快的音乐,能给舞者以美的享受,令人精神愉悦。

4. 书画　习练书法能够凝神静气、疏散胸中之郁,除人矜躁。对于一些性格急躁的脑力劳动者,可以习练隶书等沉重稳健字体,以使情绪稳定、心平气和;对于一些性格内向,平素消极、压抑的脑力劳动者,则可以习练行书等欢快、潇洒的字体。

绘画调节情志的原理与书法相似。绘画还会涉及颜色与人的情绪、心境的相关性。当处于情绪低落、压抑、郁闷等阴性不良情志状态时,绘画可选用红色、黄色、橙色等暖色系颜色;当处于忿怒、急躁等阳性不良情志状态时,可选用蓝色、绿色等冷色系颜色加以调节。绘画或赏画的景物不同,也可以起到调节情志的作用。例如,当情绪烦闷消沉时,可绘或观赏百花盛开、春光明媚、旭日东升等可使人精神振奋的画;当情绪愤怒狂躁时,可绘或观赏湖水微澜、静谧山村等能使人精神放松、心情平静的画。

5. 花卉　无论是种植花木,还是插花欣赏,都是脑力劳动者极好的调节情志的方法。种植花木既可以活动筋骨,又能够增添生活情趣,放松心情。特别是花香沁人心脾,能够芳香理气,令人心情舒畅;而绿色盆栽虽不开花,但郁郁葱葱,满目绿色,能够迅速缓解精神疲劳。故古代文人雅士,多喜栽花植木来陶冶性情。例如清代文人、养生家曹庭栋在《老老恒言》中即言"院中植花木数十本,不求名种异卉,四时不绝便佳",并且强调"事事不妨亲身之"。

6. 垂钓　垂钓多选在水边,绿林环绕,空气清新,可以使脑力劳动者放松心态,令人悠然。而且垂钓之时,讲究身体的极度放松,强调脑、手、眼的配合,对于脑力劳动者来说是一种很好的休息、静心、养性过程,有助于消除疲劳,消除杂念,保持平和、稳定的情绪变化。

7. 香熏　明代高濂《遵生八笺·燕闲清赏笺》中"论香"记载了很多香名,并对明代流行的香按照香气不同赋予不同品性进行分类,如"香之幽闲者""香之恬雅者""香之温润者"等,其或可"清心悦性",或可"畅怀舒情",或可"远辟睡魔"等,具有不同的调节情志作用,在不同的情境下还可以焚不同的香。这也反映出焚香一直是古代文人雅士的精神享受。很多文人、养生家都偏爱以香来静心安神,以香来养生。例如宋代大文豪苏东坡就喜焚香静坐,修身养性;清代养生家曹庭栋的养生著作《老老恒言》也有"焚香烹茶"的记载。

除此之外,茶艺、鉴赏古玩等也都是脑力劳动者调节紧张情绪、舒缓压力的娱乐消遣方法。

（七）旅游养情法

历代文人、养生家多提倡远足郊游,寄情山水,来修身养心。脑力劳动者多在室内工作,久坐,且工作环境相对封闭、空气较差,旅游一来可以增添不少新鲜感带来的乐趣,释放工作中的压力;二来可以欣赏美景、呼吸新鲜空气,这些都可以起到疏导焦虑、紧张、恐惧等不良情绪的作用。

而且旅游的过程本身也是一种体育锻炼,是一种情绪的放松。特别是到了山水优美的地方,空气负氧离子含量高,绿色植被茂密,更让人心旷神怡,抛开烦恼,有效缓解精神疲劳、紧张、焦虑的状态,从而保持平和心态,产生愉悦情绪。

(曲卫玲)

第二节　体力劳动者的情志养生

体力劳动者是指从事以消耗体力为主的劳动人员。体力劳动者的健康,与劳动条件和劳动环境有着密切的联系。他的特点是以肌肉和骨骼的活动为主。一般认为,工人、农民、农民工、环卫工、快递员、职业运动员等均属于体力劳动者。

随着现代化程度的提高,体力劳动者的作业条件得到很大改善,但由于劳动方式、工作需求和工人应对能力的不平衡,使体力劳动者的紧张程度日趋增加。同时,他们又要面临紧张的现代生活,工作压力大,工作不稳定,经济收入不高,购房困难大、子女教育资源不均等社会现象,使他们的精神、心理负荷强度也不断增加,容易发生情志失调或情志病。

一、情志特征

(一)自卑

随着社会的进步和生产力的发展,社会分工、分配方式的改变,体力劳动者因为自己的生活工作环境不如别人而容易产生自卑感,从而出现情绪低落、消极怠慢、抑郁不安、内疚、失望等不良情绪。

(二)烦躁

体力劳动者平素以肌肉和骨骼的活动为主,正常的劳作对机体的生理、心理活动并无影响。但若长期进行单一的运动,则会使人产生厌烦、情志不遂而导致肝郁气滞、烦躁易怒;或出现忧虑、悲观、乏力、焦虑、反应迟钝、记忆力减退等精神情志方面的波动。

二、情志养生原则

体力劳动者的情志特征多与肺、脾、肾关系密切,情志养生要遵循以下原则:

(一)劳逸结合

体力劳动不同于体育运动,虽然活动量大、消耗能量较多,但这些活动往往只是部分肌肉的活动,与体育运动的全身、系统地有意识锻炼并不一样。体育锻炼时人的心情是放松的,运动的强度和时间是控制的。因此,体力劳动者既要注意休息,也要参加适当的体育活动,既可增强体质,又能防治疾病。如孔子说:"若夫智士仁人,将身有节,动静以义,喜怒以时,无害其性,虽得寿焉,不亦宜乎。"认为明智的人对生活有节律,劳逸要恰当,情志要协调。故劳逸结合是体力劳动者调节情志的原则之一。

(二)宣肺解忧

虽然情志活动为心所主,但亦与肺的升降功能密切相关。正常的情志活动依赖于气血的运行通畅,情志的异常也主要影响气机的调畅。肺的升降功能正常,

则气机调畅、气血和调,心情就易于开朗,七情调和。忧为肺志,若忧虑太过,使气机消沉,伤及肺脏,则会出现忧愁不解、情绪悲哀、神疲乏力、焦虑不安等情志病证。如《素问·举痛论》说:"悲则心系急,肺布叶举,而上焦不通,荣卫不散,热气在中,故气消矣。"因此,宣肺解忧,调和营卫也是体力劳动者调节情志的原则之一。

(三)健脾补肾

脾主运化、主升清,位属中焦,合肌肉主四肢。若思虑太过,脾气虚弱,气机紊乱,则出现倦怠少食、健忘、失眠多梦等情志病证。因此,健脾养血,促进脾之运化作用,也是体力劳动者调节情志的原则之一。

肾主骨生髓,而腰为肾之府。体力劳动者因工作原因最易伤及腰脊,若肾中精气充盈,髓海得养,腰脊不受损,功能正常;反之,肾中精气不足,则髓海失养,亦会影响到脑的生理功能发挥。且惊恐属肾,若恐惧过甚,致使气机沉降,伤及肾脏,则会出现惊恐不安、心悸失眠、噩梦惊醒等情志病的发生。故补养肾精、填精益髓也是体力劳动者调节情志的原则之一。

(四)知足常乐

体力劳动者要懂得适度满足的原则。俗话说:"笑一笑,十年少,愁一愁,白了头。"人的心态能影响神经、免疫、消化、循环及内分泌等系统的生理功能。老子在《道德经》中告诫:"祸莫大于不知足,咎莫大于欲得。"说明调养神志的关键是控制意志,减少欲望,以平静的心态对待事物,达到精神安定,形体舒适,内心和谐的心境。知足则常乐,常乐则忘忧,忘忧则心不烦,心不烦则神不扰,神不扰则精保,此亦养生之要道也。

三、情志养生方法

(一)修心养情法

体力劳动者长期从事单一的体力劳动工作,要学会放松心情,笑对人生。养成良好的工作习惯,调整工作心态,建立良好的同事关系,控制不良情绪,提高自己的文化素养,树立正确的人生观。苏轼在《问养生》中提出了情志养生的核心理念:"余问养生于吴子,得二言焉:'曰和,曰安'。""心安"是身安的基础,若要身安,先要心安,内心安宁,心态稳定,才能适应环境,求得生存。只有保持内心的安宁,顺应自然,才能获得人与人,人与自然、心理、社会的和谐统一。

体力劳动者所从事的工作虽然辛苦,但职业无分贵贱,所有的工作都服务于社会这个大家庭。忠于职守,乐于奉献,尽职尽责,服务社会,是每个公民应尽的社会责任和应守的职业道德。

(二)清静养情法

体力劳动者由于从事的是高强度的体力劳动,体力消耗过多,加之工作条件、工作环境较差,容易使劳动者出现暴躁的情绪,宜清静养情。如在噪声环境中工作的劳动者,要到清静的环境中安神定志,静心除烦;在强光环境中工作的劳动者,宜适时闭目养神,养肝明目;在高热环境中工作的劳动者,宜清凉安逸,清心降火;高强度的建筑工人则以卧安神,消除疲劳,恢复精力;舟车驾驶者则以伸筋活络,放松心情为主。

（三）调控情绪法

体力劳动者由于长期处于单调的劳动环境,易产生偏激等不良情绪。经常沉湎在苦闷忧虑的负面情绪中,不仅会意志消沉,精神沮丧,更会引发多种疾病。中医学提出"郁则发之"就是为排解不良情绪而提供的简便易行的方法,只要合理宣泄,便可缓解情绪,减轻身心痛苦。《养生类纂·总叙养生》一文也有相关记载:"知喜怒之损性,故豁情以宽心;知思虑之销神,故损情而内守;知语烦之侵气,故闭口而忘言;知哀乐之损寿,故抑之而不有;知情欲之窃命,故忍之而不为。"故体力劳动者要注意情绪的调控。心胸要开阔,做到乐观、豁达,遇事不惊,安然处之。遇事不怒,沉着冷静,对任何事情都要采取分析态度,先理出头绪来,再慢慢解决。

（四）饮食养情法

体力劳动者热量消耗大,如果不能保证足够的营养供给,容易损伤脾胃,耗伤气血,引起疲劳和烦躁。因此,首先要保证充足的营养摄入,以奶类、蛋类、鱼类、瘦肉等高蛋白饮食为主,辅以足够的蔬菜、水果等的摄入;其次,要选择有一定疏肝理气、解郁安神的食物,如百合、黄花菜、玫瑰花、芍药、莲子心、巧克力、香蕉等,以预防肝气郁结。同时,体力劳动者也要注意饮食节制,防止暴饮暴食。

（五）药饵养情法

根据体力劳动者的工作性质和体质、禀赋、性别、年龄的不同,选择一些健脾补肾的药物调补体质,如人参、白术、茯苓、桂圆肉、龟甲、鹿茸、山茱萸、山药、补骨脂、肉苁蓉等。

肝气郁结,情怀少畅,当怡情悦性以畅其情怀,可用四逆散疏其郁滞;肝郁乘脾,脘闷食少,腹胀便溏,则当疏肝悦脾,逍遥散主之。心阴不足,营虚气虚,脏躁不眠,悲伤欲哭,宜养心安神、和中缓急,可选甘麦大枣汤加味;情志不遂,心志不宁,情怀抑郁,虚幻难寐,宜畅怀益志、安神定魄,可选柏子养心丹;思虑过度,劳伤心脾,郁闷不乐,纳少寐劣,心悸怔忡,宜益气健脾、养血安神,可选归脾汤;从肾论治,肾亏水乏,水不济火,心肾不交,失眠多梦,心烦心悸,遗精早泄,当补肾宁心、交通心肾,予天王补心丸加减调摄。

（六）运动养情法

体力劳动不能代替体育运动,因为劳动时心情多是紧张的,付出的体力往往是过度的、被动的,因此并不能达到体育锻炼的目的。从事体力劳动者,特别是中年体力劳动者,经常参加轻松愉快的体育活动,既可增强体质,预防疾病,更能舒畅情志。

（七）移情悦志法

体力劳动者从事单一、机械的工作,极易产生不良情绪。因此,要注意培养爱好,采取各种娱乐方法,调节自己的情绪。

1. 阅读　体力劳动者在紧张的专业工作之余,可以选择一些有益于身心健康的读物。如诗歌是一种抒情言志的文学体裁,能调节情志,达到修心养性的目的。

2. 欣赏音乐　体力劳动者可以选择一些适合自己的音乐。音乐是通过节奏、声调、旋律的变化,对大脑产生良性刺激,以放松身心,舒缓情绪,陶冶性情。

3. 气功　气功是调身、调息、调心三调合一的心身锻炼技能。体力劳动者经过一天的劳动,选择气功作为自己清静调养、放松心情的锻炼,既能消除疲劳又能健康

快乐。

4. 弈棋 弈棋是一种既可以锻炼思维,又能够斋心涤虑的休闲方式。弈棋需要开动脑筋、全力以赴,外静而内动,正好与体力劳动者的劳动性质外动而内静相反,起到互补作用,达到忘却烦恼、紧张,使身心舒畅。但弈棋要顺其自然,勿争强好胜,以伤和气。

5. 旅游 旅游的过程本身也是一种体育锻炼,是一种情绪的放松。特别是到了山水优美的地方,让人心旷神怡,心情舒畅。到了高山大川,则能让人登高一呼,情绪为之一畅,胸怀为之开阔,烦恼若失,能有效缓解精神疲劳、紧张、焦虑的状态,从而保持平和心态,产生愉悦的情绪。体力劳动者,可以根据自己的爱好及经济能力,选择适当的地点旅游,以调畅情志。

6. 助人 帮助别人的同时,自己也能收获快乐。社会上志愿者团体日益壮大,体力劳动者各自大多有一技之长,利用自己的技术帮助别人,看到别人因为自己帮助而走出困境,这是一种美好的享受,也会得到极大的心理安慰。特别是当自己有不良情绪时,在帮助别人的时候,会忘记自己的不快。同时别人的感激也如同一剂良药,会让自己的心情得到安慰,不良情绪得以释放。

7. 品茶 体力劳动者经过一天紧张的劳动,一杯绿茶,十分爽口,既能促进消化,恢复精神,又有助于消除疲劳。

8. 养型 体力劳动者宜注重劳动安全的防护意识,避免意外伤害产生,以保护形体上的完美状态。加强营养,以保证机体气血津液的充足来源。定期进行健康体检,建立健康档案,了解健康知识,尽早发现疾病,以从根本上实现防护的目的。

（林才志）

学习小结

脑力劳动者的情志特征多与心、肝、肾关系密切,容易出现思虑太过、抑郁烦躁、耗神损形等情志失调表现。情志养生要遵循养心安神、疏肝解郁、健脾补肾、知足常乐、动静相宜原则。脑力劳动者要培养良好的性格及心理素质,制订合理的工作、学习规划,劳逸结合;通过与亲朋好友交流,或通过日记等形式,将自己压抑、烦闷、紧张、焦虑、惊恐等不良情绪向外释放;多食用行气解郁、芳香醒神的食物和健脾养血、养心安神的食物;可选用一些可以养心、健脾、疏肝的药物,达到气血充盛、气机调畅、平和情绪的作用;加强运动,培养各种业余爱好,或远足郊游,寄情山水,以陶冶情操、怡养情志。

体力劳动者的情志特征多与肺、脾、肾关系密切,容易出现自卑、烦躁等精神情志方面的波动。情志养生要遵循劳逸结合、宣肺解忧、健脾补肾、知足常乐原则。体力劳动者要学会放松心情,笑对人生;提高自己的文化素养,树立正确的人生观;在噪声环境中工作的劳动者,宜在清静的环境中安神定志,静心除烦;在强光环境中工作的劳动者,宜适时闭目养神,养肝明目;在高热环境中工作的劳动者宜清凉安逸,清心降火;高强度的建筑工人则以卧安神,消除疲劳,恢复精力;舟车驾驶者则以伸筋活络,放松心情为主。饮食首先要保证充足的营养摄入,其次要选择有一定疏肝理气、解郁安神的食物;选择一些健脾补肾的药物调补体质;体力劳动不能代替体育运动,注意培养爱好,采取各种娱乐方法,调节自己的情绪。

笔记

复习思考题

1. 脑力劳动者的情志养生原则有哪些？
2. 脑力劳动者如何自我疏导调养情志？
3. 体力劳动者的情志养生原则有哪些？
4. 为什么说体力劳动代替不了体育运动？

第七章

不同时令的情志养生

人的情志会随着四季的交替、阴阳的变化而变化。顺应四时阴阳的变化,适时调整人的情志和心理状态,保持体内的阴阳平衡,使气血充和,身体通泰,才能实现身心与自然的和谐统一,达到身心健康。正如《灵枢·本神》所言:"故智者之养生也,必顺四时而适寒暑,和喜怒而安居处,节阴阳而调刚柔。如是,则僻邪不至,长生久视。"

第一节　春季情志养生

春季,是四季中的第 1 个季节,指立春至立夏期间,包含立春、雨水、惊蛰、春分、清明、谷雨 6 个节气,是万物复苏、生机勃发的季节。《素问·四气调神大论》曰:"春三月,此谓发陈。天地俱生,万物以荣,夜卧早起,广步于庭,被发缓形,以使志生;生而勿杀,予而勿夺,赏而勿罚,此春气之应,养生之道也。"春三月,天地间万物始生,欣欣向荣,自然界的阳气于此时皆向外舒发,充满了生机,故此时特点是万物"发陈"。天地自然充满生气,万物欣欣向荣,此时的养生应顺应春天万物生发的特点,运用情志调养的各种方法,以升发情志。

一、春季对情志的影响

自然界阴阳二气的消长决定了春、夏、秋、冬,其变化规律以"冬至"和"夏至"为两个转折点。"冬至一阳生",春季气候逐渐变热,阳气渐旺。因此,春季是一个"阴消阳长"的过程。

春季属于五行中的木,肝属木,春气通于肝,五脏以肝当时令。肝主疏泄,主升发,喜条达而恶抑郁,在志主怒,与人的情志变化关系密切。春为四时之首,万象更新之始。受阴阳交替的变化和肝疏泄功能的影响,如肝之疏泄功能太过,致肝阳上亢,阳升风动,郁而化火,扰及脑神;抑或肝之阴血亏虚,藏血失司,而见精神抑郁、烦躁不安、善怒易惊、多疑善虑、不寐多梦等诸多情绪异常状态;或肝之疏泄功能不及,肝气郁滞,促发人体"低落"的情绪,易出现情绪低落、抑郁不欢、言语杂乱、胸闷气塞、忧虑不解、妄思乱想、离奇多端等异常情绪表现。

春季情志变化有以下 3 个特点:

1. 多抑郁　春季是心理疾病高发的季节,容易发生抑郁。人们经常会因为一些琐事而情绪低落或苦闷,甚至对以往的爱好都失去了兴趣,导致无精打采、自卑、自责、记忆力下降、注意力不集中、反应迟钝,甚至不愿意参加社交活动等。

2. 易躁怒　由于春季阳气升发,如肝的疏泄功能太过,则容易出现烦躁不安、善怒易惊等情志改变,或肝气郁滞,出现情绪不畅、精神倦怠、言语杂乱、胸闷气塞、忧虑不解等异常情绪表现。

3. 易发癫狂　春季是精神类疾病的高发季节,因为春季阳气来复,万木生发,对于情绪不稳定的人,极易发生肝郁化火、肝风内动、痰火扰心等变化,导致癫狂等精神类疾病的发生,故民间有"菜花黄,癫子忙"的说法。

二、春季情志养生方法

春季情志养生以舒发肝气为原则,具体方法有:

(一)生发情志

春季肝当令,肝属木喜条达,与春令升发之阳气相应。所以春季情志调养,首先要顺应阳气升发舒畅的特点,积极主动地生发情志,寄情于自然山水之间,与春季自然风光融为一体,使得人体心境顺应春时之气的变化。力戒暴怒,更忌情怀忧郁,要做到和情悦志,放松身心;其次,要学会宣泄,遇到各种应激事件或不良情志刺激时,应积极向他人倾诉,保持自己的心情舒畅,努力做到不急躁、不发怒,以保证肝的舒畅条达;第三,对于自然万物要"生而勿杀,予而勿夺,赏而勿罚",在保护生态环境的同时,培养热爱大自然的良好情怀和高尚品德,如《淮南子·时则训》中就提出了"禁伐木、毋覆巢、杀胎夭"的要求。

(二)夜卧早起

"夜卧"是指在春季睡眠时,晚上可以较冬季睡觉的时间稍晚一点,但不要超过子时;"早起"指早上应该早些起床,保持足够的睡眠时间,起居要有规律。起床后可学古人穿着宽松的衣着、披散着头发、舒展着形体,自由自在,在小区里或公园晨练,或在庭院里信步漫行等,和自然界的生发之气相应。

(三)药食调养

首先,要注意不要过多食用酸味食品,以防酸性的收敛影响肝气的升发。《素问·脏气法时论》言:"肝苦急,急食甘以缓之。"烦躁易怒时,可适当食用甘味的食物、药物以缓解之,如巧克力、香蕉、甘蔗、粳米、小米、葡萄、百合、山药、大枣、甘草等。"肝欲散,急食辛以散之。"如肝郁不舒,情志抑郁,则可通过适当食用辛味的食物、药物来帮助肝气的发散,如葱、姜、蒜、芫荽、香椿、醋柴胡、香附、佛手等。

其次,春季饮食要注意清淡,多吃绿叶蔬菜和水果,如芹菜、猕猴桃、山竹、青菜、马兰头、荠菜、菊花脑等。少食用煎炸炙煿、辛辣香燥的食物,如羊肉、狗肉、桂圆、八角、花椒等。

再次,肝藏血,五脏精血是情志活动的物质基础,因此,春季养肝,亦可适当进食一些养血生血功效的中药,如当归、熟地、红枣、黄芪、鸡血藤、茜草、党参、莲子、阿胶、石斛等。

(四)娱乐养情

琴棋书画被古人称为四大雅趣,可以陶冶性情,抒发情感,以利于情志的抒发,亦可起到宣泄郁愤,转移心思,忘却烦恼的作用。

(五)音乐养情

木音为古萧、竹笛等乐,入肝经。多听木音,可以疏肝理气,如《大胡笳》《胡笳十八拍》《春风得意》《江南好》等。

亦可欣赏一些舒缓、优美的音乐,如《蓝色多瑙河》《春之歌》《喜洋洋》等,或者弹琴、歌唱,以抒发情感,调节情志。

当愤怒生气,大动肝火时,可多听商调式乐曲,如德沃夏克的《自新大陆》、埃尔加的《威仪堂堂》等,宗金克木之旨,佐金平木,用肺金的肃降制约肝火的上亢。

(六)色彩养情

五脏配五色,不同的颜色对人体相应的组织器官及心理状态产生独特的影响。红色易使人心跳加快,血压升高,产生激动的情绪。对于春季抑郁、无精打采的人,可以穿着红色的衣服或佩戴红色的饰品以调动情绪。

(七)运动养情

"草长莺飞二月天,拂堤杨柳醉春烟。"春天万物复苏,生机勃勃,是踏青的好时节,可以舒展肢体,抒发情志,缓解紧张情绪,使气血充和、心神安宁,有助于人体肝气疏泄,阳气的生发。同时,绿色养肝,经常远眺青山绿水,有助于减轻视力疲劳,使心境平静。

(八)经穴养情

可通过按摩三阴交、太冲、大敦等穴,以滋肾养肝,平肝潜阳,泻火降气。

第二节 夏季情志养生

夏季是四季中的第2个季节,从立夏到立秋期间,包含立夏、小满、芒种、夏至、小暑、大暑6个节气。《素问·四气调神大论》曰:"夏三月,此谓蕃秀。天地气交,万物华实,夜卧早起,无厌于日,使志无怒,使华英成秀,使气得泄,若所爱在外,此夏气之应,养长之道也。"夏季的特点是"蕃秀",蕃,即茂盛;秀,即华美。在夏季这3个月中,阳气下济,地热上蒸,天地之气交会,是自然界万物生长最茂盛、最华美的季节。此时,人体阳气外发,气血运行旺盛,人们最容易产生烦躁、冲动等情绪。因此,夏季的情志调养需要顺应夏季宣发生长的状态,运用情志调养的各种方法,使心静勿怒。

一、夏季对情志的影响

人体的阳气从春分以后开始升发,到夏至之日到达一个极点,然后盛极而衰,阴气渐长,所以说"夏至一阴生"。然而阳气在初夏时段依然处于主导地位,所以自然界的万事万物还都处于长的状态。此时,阳气旺盛,宣发于外,气机宣畅,通泄自如,人体表现得精神饱满,情绪外向。

夏季在五行中属火,五脏中以心当时令,心气与夏气相通,心主血、藏神,心为阳中之太阳,以阳气为用。心的阳气推动血液在脉管中运行,维持人体生命活动,使之生机不息。

夏季情志变化有以下两种不同的表现:

1. 烦躁易冲动　心属于火,应于夏。夏季人体的阳气旺盛,人们常有"心火旺"的表现,如烦躁易怒、易冲动或焦躁不安、情绪不稳、失眠、口干多饮等。

2. 低落易抑郁　夏季火热当令,烈日酷暑,腠理洞开,汗液外泄,而"汗为心之液",汗出过多,耗伤心气、心血,致心气血不足,心神失养,故易情绪低落,神疲体倦,心境低落,胸闷不适,郁郁寡欢。

二、夏季情志养生方法

夏季情志养生以无怒为原则,具体有以下几种方法。

(一)使志无怒

首先要静心无怒,神清气和,静养勿躁,保持心情平静。暑热的气候容易使人烦躁,我们可以通过户外运动等方式把心中之抑郁燥热散发出来;其次,夏季养长是养一种生发的状态,除多做户外运动外,还应多与人交往,多想积极开朗的事,情志应充分外露而不需内藏,使身体顺应夏季宣发生长的状态,保持心情的畅达。

(二)无厌于日

夏季白天较长,切勿因厌恶日长而心情烦躁,应精神饱满,成就夏季应有的秀美。夏季应早睡早起,适当午睡,以保证充足的睡眠。适当午睡,可以调节阴阳平衡,养心安神,让人神清气爽,精力充沛,缓解焦虑、抑郁等不良情绪。此外,居室宜保持清凉,门窗经常打开通风换气。阴凉的环境,有助于心静神安。

(三)药食调养

首先,夏季饮食应时之味为苦味,应时之色为赤色,苦味可以清热,赤色可以助阳,饮食应重视苦味食物和红色食物的搭配。但苦味不要太过,如《备急千金要方》主张在夏令时分,食物应当"省苦增辛,以养肺气"。心情烦躁,心火较旺时,苦瓜、芥蓝、芦笋等苦味食物可以起到清热除烦,缓解焦虑情绪的作用。赤色助阳入心,夏季可适当多吃赤色食物,如西红柿、甜菜根、红苋菜、红枣等。

其次,多食具有解暑清热、生津止渴的食物,如西瓜、黄瓜、西红柿、草莓、乌梅等。也可早、晚餐食粥,以生津止渴、清暑益气,如绿豆粥、荷叶粥、莲子粥、百合粥、冬瓜粥、银耳粥等。

再次,饮食宜清淡,多饮水。炎夏的饮食应以清淡质软、易于消化为主,少吃高脂厚味及辛辣上火之物。清淡饮食能清热、防暑、敛汗、补液,还能增进食欲。多吃新鲜蔬菜瓜果,既可满足所需营养,又可预防中暑。

(四)娱乐养情

心静自然凉,夏季经常弈棋或书画,有助于保持心情的平淡。弈棋之时,精神专一,意守棋局,杂念皆消,烦恼皆忘。书画活动则引人入胜,使身体经常处于内意外力

笔记

的"气功状态",让人神形统一,心气内敛。

(五)音乐养情

夏季养心气最需要的是心气平和,最佳曲目为《紫竹调》等。

(六)色彩养情

夏季阳气旺盛,紫色、青色等能使人沉着、镇静,缓解焦虑和紧张,可在室内适当放置一些紫色、青色的饰品和植物。

(七)运动养情

夏季进行户外运动,有助于心中之抑郁燥热的散发,如打太极拳、慢跑、钓鱼、栽花、养鸟、旅游等。栽花、养鸟需要一定的劳作,当看到自己的劳动成果时,幸福感会油然而生。钓鱼往往需要远足,有时一站就是数小时,能够达到很好的锻炼身体的目的。"小猫钓鱼"难有收获,钓鱼时又需要足够的耐心和细心,因此钓鱼又是夏日磨炼意志,克服急躁情绪的良策。

(八)日光浴

夏季阳光灿烂,日照充足,正是一年中进行日光浴的好季节。太阳是万物生长的源泉,是一切生命活动不可缺少的一部分,它给人们带来光明和温暖的同时,也给人们带来健康。经常沐浴阳光可以促进钙质的吸收,让骨骼更强健,身心更愉悦。故要"无厌于日",多晒太阳。

(九)经穴调养

夏季可适当按摩三阴交、涌泉、内关、百会等穴,以引火归原,宁心安神。

第三节　秋季情志养生

秋季是一年四季中的第3个季节,从立秋到立冬期间,包括立秋、处暑、白露、秋分、寒露、霜降6个节气。《素问·四气调神大论》中强调秋季的养生原则:"秋三月,此谓容平,天气以急,地气以明,早卧早起,与鸡俱兴,使志安宁,以缓秋刑,收敛神气,使秋气平,无外其志,使肺气清,此秋气之应,养收之道也。"秋三月,天气转凉,秋风劲急,万木凋零,地气清肃,万物大都由秀丽而结实,到了收获的季节,此时的特点是"容平"。人们因秋天的肃杀,而易产生悲凉情绪,此季节的情志调养应积极地运用各种调养方法,使志安宁,避免悲凉情绪的产生和影响。

一、秋季对情志的影响

入秋后气候由热转寒,自然界中阳气渐收,阴气渐长,人体内同样是"阳消阴长"。秋季属于五行中的金,肺属金,肺气与秋气相应,五脏以肺当时令,肺为清虚之脏,喜湿恶燥,与秋季气候清肃、空气明润相适应,故肺气在秋季最旺盛。

相对于夏日的勃勃生机,深秋时节,万物萧条,树叶枯落,秋天的萧瑟常常会诱发人的悲凉情绪,致使心情不佳,情绪低落,多愁善感;严重者则会出现焦虑症状,食欲下降,睡眠差,精力缺乏,自我评价低,精神迟滞,萎靡不振,情感变得脆弱。

二、秋季情志养生方法

秋季情志养生以"安宁"为原则,具体有以下几种方法。

（一）使志安宁

秋风劲急，物色清明，肃杀将至。秋风、秋雨、落叶、凄凉，常给人一股肃杀之气，尤其是天气突变时，令人生愁。故秋季情志调养的重点是避免悲伤情绪，以"收"为要，收敛此前向外宣散的神气，做到心境宁静，让自己精神状态始终保持安静、宁静，以冲缓深秋的肃杀之气对人的影响，以使人体能适应秋气并达到相互平衡。

（二）起居养情

秋季自然界阴阳之气的变化是阳气日降，阴气日盛，由疏泄趋向收敛，人们的起居活动也要适应秋季阴阳的变化规律，以收敛养阴为原则。早卧早起，早卧是为了顺应阳气之收，保证睡眠的充足。早起，是为了顺应肺气的舒展之性，以抵御秋风的肃杀、秋雨的缠绵、秋刑的无情，保持心情的平安和宁静。

（三）食药养情

秋季宜多饮水，少食辛辣刺激食物，药食调养可以通过食用养阴、润燥的食物，以佐金平木，滋水济火，保持肝气的舒畅、心神的安宁。养阴食品可选用梨、柚子、猕猴桃、雪莲果、苹果、香蕉、葡萄、山楂、菠萝、甘蔗、莲藕、芦根、豆腐、豆浆、冰糖、甲鱼等。养阴药品可选用百合、石斛、生地黄、沙参、黄精、玉竹、龟甲、鳖甲、山药等。

（四）音乐养情

音乐，是生活中的一股清泉，是陶冶性情的熔炉。秋季唱歌、跳舞、听音乐等均有益于情志的调养。秋高气爽之际，引吭高歌一首，可以宣畅肺气，宣泄情感；伴随着音乐翩翩起舞，能够动形健身。欣赏音乐可使人的情感得以宣泄，情绪得以抒发，消愁解忧，安宁心绪，使胸襟开阔，乐观豁达。

适合秋季欣赏的音乐有《阳春白雪》《嘎达梅林》等。

（五）色彩养情

秋季，因为"悲秋"的影响，人容易产生悲观失望的情绪，身体易疲乏，黑色和青色让人沉闷，应当避免。在色泽上可挑选红、橙、黄等暖色，或者是素雅、清新的蓝色、绿色、紫色。艳丽的色彩，可以改善疲劳，起到提神醒脑的作用。

（六）旅游养情

秋季，天高云淡，风清气爽，丹桂飘香，枫叶似火，是旅游的最佳时候。无论是登山临水，还是游览古迹，均不失为秋季最使人惬意的活动。我国一直有重阳登高的风俗，唐代诗人王维"遥知兄弟登高处，遍插茱萸少一人"即是对此的描述。重阳秋游，登高远眺，品菊赏秋，令人赏心悦目，心旷神怡。唐代医家孙思邈强调重阳登高的重要性："重阳日，必以看酒登高远眺，为时宴之游赏，以畅秋志。"

（七）经穴调养

可按摩迎香、叩肺俞，以调养肺气，消除忧愁等不良情绪。

第四节　冬季情志养生

冬季，是一年中的第4个季节，从立冬至立春，包含立冬、小雪、大雪、冬至、小寒、大寒6个节气。《素问·四气调神大论》中指出了冬季的养生原则："冬三月，此谓闭藏。水冰地坼，无扰乎阳，早卧晚起，必待日光，使志若伏若匿，若有私意，若已有得，

笔记

去寒就温，无泄皮肤，使气亟夺。"冬天的 3 个月，是万物生机闭藏的季节。在这一季节里，水面结冰，大地冻裂，呈现一片萧条景象，此时，阳气下潜，生机闭藏。因此，冬季的情志调养，也要着眼于"藏"，要使神志内敛，意志潜藏。

一、冬季对情志的影响

冬季，自然界和人体的阴气盛极而衰，所谓"冬至一阳生"，从冬至开始，阳气渐旺，是"阴消阳长"的季节。

冬季在五行中属水，五脏以肾当时令，肾气与冬气相应。肾藏精，寓元阴元阳，元阴元阳是人体阴阳的根本，精是构成人体的基本物质，也是人体各种功能活动的物质基础。

冬季是一年中最寒冷的季节，此时阳气下潜，生机闭藏，人体的生理功能也相对减弱，新陈代谢相对较慢，自然界草木凋零，昆虫蛰伏，人们会因为触景生情而产生抑郁的情绪，身心仿佛也进入了寒冷压抑的环境，心理上往往容易产生寂寞、孤独、郁闷等低落情绪。

二、冬季情志养生方法

冬季情志养生以"藏"为原则，具体有以下几个方面。

（一）内敛神志

冬三月是万物生机潜伏闭藏的季节，人体的阴阳消长相对缓慢，成形多于化气，因此冬季人们的精神调养，也要着眼于"藏"，要使神志内敛，意志潜藏，安静自如，恬惔无求，使神气内收，不要向外显露，以养精蓄锐，为来春生机勃发做好准备。

（二）早睡晚起

冬季应当早睡晚起，避寒就温，以助阳气潜伏。早睡晚起既是为了延长睡眠时间，以利于阳气的潜藏、阴精的蓄积，也是保持情志的稳定，控制情志过于活跃的需要。早晨起来的时间最好是等待阳光升起后，当我们一睁眼就看到东方冉冉升起的太阳时，心情也会随着温暖起来。

同时，冬季多晒太阳，也有助于"冬季抑郁症"的防治。

知识拓展

冬季抑郁症

冬季抑郁症又称"季节性情绪紊乱症""季节性情绪失调症"，是指因天气变化而产生的一种忧郁症效应。本病常见于 30 岁左右的已婚女性和老年男性，尤以性格内向者居多。各种因素和应激性的创伤无论发生在任何季节都有可能导致人们陷入严重的抑郁。但是，冬季气候寒冷，阳光微弱，景物萧瑟，这样的情景与一些人受到创伤后的心理世界在某种程度上非常相似。因此，人们更容易"触景伤情"，由于不能及时排遣消极情绪而最终任其发展成真正的抑郁症。

冬季抑郁症分轻度、中度和重度 3 种状态，轻者每天心境不佳，对生活和工作丧失积极性，重者逐渐丧失社交和工作能力，甚至有自杀倾向。

（三）药食调养

冬季是进补的最佳时节。民间有"冬天进补,春天打虎"之说。通过冬天的调补,可以为来年春天的升发做好准备,因此,冬季进补可以起到事半功倍的效果。冬季可适当多吃一些牛肉、羊肉、鹅肉、鸭肉、大豆、核桃、栗子等温热补肾的食物。药物方面可予鹿角胶、阿胶、熟地、鳖甲等滋阴填精,予西洋参、麦冬、沙参、党参、太子参、黄芪等益气养阴,予当归、红枣等益气养血,方药形式以膏方为佳。

（四）沐浴养情

冬季适当进行温泉浴,不但可温通腠理,舒经活络,流气畅血,增强脏腑功能,还能平衡人体阴阳,清洁肌肤,缓解疲劳,改善睡眠,起到怡情畅志等作用。如果在水池中加入玫瑰花、茉莉花等,则更有助于心情的愉悦。

（五）音乐养情

水音为鼓、水声等乐,入肾与膀胱经。冬季,肾气需要潜藏。音乐《梅花三弄》舒缓合宜的五音搭配,运用了五行互生的原理,适宜在冬季聆听。

（六）色彩养情

冬季生机闭藏,万物萧条,人们易于消沉,在冬季可适当改变家里的家具摆设,或增加居室的色彩,多摆放一些鲜花、风景画等物件,让人有一种新鲜感。此外,红色是生命的颜色,能够引导身体和精神处于兴奋状态,如春节、中国式婚礼都以红色为喜庆吉祥的颜色。新年伊始,可以为自己准备一件红色的衣服,用红色的能量,充满信心地迎接新的一年。

（七）运动养情

冬季适当的体育锻炼,可以活动筋骨,畅通气血,使人的情绪开朗起来。冬季运动,宜选择轻松平缓的项目,如慢跑、打太极拳、跳广场舞、骑自行车、练瑜伽、练气功等。锻炼宜在阳光充足的午后进行,同时注意避免活动量过大,以防出汗过多而损伤阳气。

（八）经穴调养

经常按摩命门、肾俞、关元、足三里等穴,可调补脾肾,有助于冬日情志的安宁和潜藏。

（曹永芬）

学习小结

春季的特点是"发陈",万物复苏,生机勃发,气候逐渐变热,阳气渐旺。春季是心理疾病高发的季节,容易发生抑郁。春季由于阳气升发,容易出现烦躁不安、善怒易惊、情绪不畅、精神倦怠、言语杂乱、胸闷气塞、忧虑不解等异常情绪表现。春季也是癫狂等精神类疾病的高发季节,故春季情志调养以舒发肝气为原则,要顺应阳气升发舒畅的特点,积极主动地生发情志,寄情于自然山水之间,与春季自然风光融为一体,使得人体心境顺应春时之气的变化。

夏季的特点是"蕃秀",天地之气交会,是自然界万物生长最茂盛、最华美的季节。此时,人体阳气外发,气血运行旺盛,人们最容易产生烦躁、冲动等情绪。夏季火热当令,汗液外泄致心气血不足,心神失养,故亦易发生情绪低落。夏季的情志调养需要顺应夏季宣发生长的状态,运用情志调养的各种方法,使心静勿怒。

秋季的特点是"容平",人会因秋天的肃杀,而易产生悲凉情绪,此季节的情志调养应积极地运用各种调养方法,使志安宁,避免悲凉情绪的产生和影响。

冬季的特点是"闭藏",人会因触景生情而产生抑郁的情绪,身心仿佛也进入了寒冷压抑的环境,心理上往往容易产生寂寞、孤独、郁闷等低落情绪。冬季的情志调养以"闭藏"为原则,要使神志内敛,意志潜藏,安静自如,恬惔无求,使神气内收。

复习思考题

1.《黄帝内经》中"四气调神方法"的具体内容是什么?

2. 春季的情志变化有哪些特点? 春季如何生发情志?

3. 夏季的情志变化有哪些特点? 夏季如何使志无怒?

4. 秋季的情志变化有哪些特点? 秋季如何使志安宁?

5. 冬季的情志变化有哪些特点? 冬季如何内敛神志?

第八章

疾病易发人群的情志养生

学习目的

通过对抑郁症、焦虑症、强迫症、癔症、躁狂症、口吃、咽喉异感症、心血管神经症、失眠、乳腺增生症、经前期综合征、围绝经期综合征、性功能障碍等13种常见情志相关疾病的学习，了解这些疾病的病因病机和诊断标准，学会运用综合分析的手段预测和发现相关的易发对象，通过对中医情志养生在未病、既病、瘥后3个疾病过程中的实用技术和方法的逐条学习，掌握情志养生的精髓，养成中医情志养生的独特思维。

学习要点

掌握13种常见情志相关疾病的预测方法；掌握13种常见情志相关疾病的情志养生方法；熟悉13种常见情志相关疾病的病因病机关键；了解13种常见情志相关疾病的概念、发病概况和病因病理。

第一节 抑 郁 症

抑郁症，又称为抑郁障碍，以显著而持久的情绪低落为主要临床特征，并伴有思维迟缓、兴趣减低、主动性下降、睡眠异常，严重者可出现自杀行为以及幻觉等精神病性症状，也常常会出现头痛、背痛等躯体症状。全球抑郁症患病率大约为11%。

本病属于中医学"郁证""百合病""癫证""脏躁""梅核气""奔豚"等范畴。

一、病因病机

抑郁症的病因与发病机制还不十分明确，与遗传、生化、心理、社会等多种因素有关。抑郁症的生物学发生机制是一个极其复杂的过程，涉及多种蛋白质的表达变化及引起生化反应和信号传导的改变，且研究显示海马在抑郁症的病理机制中起着重要作用；在生化因素方面，一系列神经递质和神经源性神经营养因子被发现与抑郁症有关，如5-羟色胺（5-HT）直接或间接参与调节人的心境，其水平降低与抑郁症有关；乙酰胆碱能与肾上腺素能神经元之间的张力平衡可能与心境障碍有关，脑内乙酰胆碱能神经元活动过度可能导致抑郁。大脑是人体大部分激素的主要靶器官，脑部释放的某些激素参与了很多的神经环路,内分泌的紊乱会引起精神异常,抑郁症的发生与下丘脑 - 垂体 - 肾上腺轴、下丘脑 - 垂体 - 甲状腺轴、下丘脑 - 垂体 - 生长素轴、下丘脑 - 垂体 - 性腺轴等功能障碍都有关。

中医对抑郁症的认识较早,早在《黄帝内经》中就已提出了五运六气太过与不及可导致木郁、火郁、土郁、水郁、金郁"五郁",并指出了不同的治疗方法,其中"木郁达之"对治疗郁症有重要的治疗意义。汉代张仲景在《金匮要略》论述了梅核气和脏躁的脉证与治疗,如"妇人咽中如有炙脔,半夏厚朴汤主之""妇人脏躁,喜悲伤欲哭,象如神灵所作,数欠伸,甘麦大枣汤主之",其治疗方药一直沿用至今。金元时期朱震亨认为"气血冲和,万病不生,一有怫郁,诸病生焉。故人身诸病,多生于郁"(《丹溪心法》),提出"气、血、火、食、湿、痰"六郁之说,并创立了用于治疗的"越鞠丸"。明代虞抟《医学正传》首先采用"郁证"这一病名,并阐述了郁证产生的病因:"或七情之抑遏,或寒热之交侵,故为九气怫郁之候。或雨湿之侵凌,或酒浆之积聚,故为留饮湿郁之疾。"赵献可提出:"郁者,抑而不通之义。"明代《景岳全书》指出郁证的分类:"凡五气之郁,则诸病皆有,此因病而郁也。至若情志之郁,则总由乎心,此因郁而病也。"

抑郁症的发生,主要与七情内伤相关。

1. 郁怒不解 肝属木,喜条达而恶抑郁。经常情志郁闷不解,肝失疏泄,气机运行不畅,从而产生郁证。《医碥》曰:"郁则不舒,则皆肝木之病。"气机郁滞可以影响气血的循行,导致气血失调,气滞血瘀。故《类证治裁·郁证》指出:"七情内起之郁,始而伤气,继必及血,终乃成劳。"另外,肝应春,具有升发之性,能够鼓舞人体的阳气。肝气抑郁,升发不足,阳气不能振奋,也会导致精神萎靡不振,心情郁闷不乐。

2. 多思过虑 《类经》云:"脾忧愁而不解则伤意者,脾主中气,中气受抑则生意不伸,故郁而为忧。"由于忧愁思虑,气机不畅,肝失条达,横逆侮脾,脾气郁结,失于健运,以致食积不消,则形成食郁。脾主运化,久思伤脾,运化水湿失司,水湿停聚则容易形成痰郁。

3. 心阳不足 心藏神,主司人体的意识、思维、情志活动。心藏神的功能正常,人的精神、情志、思维能力才能正常。反之,则可能会出现精神抑郁、思维迟缓、意志活动减退等表现。《诸病源候论》明确指出:"结气病者,忧思所生也。心有所存,神有所止,气留而不行,故结于内。"心为阳中之阳脏,心气能够温煦经脉、推动血行、振奋精神。《素问·生气通天论》曰:"阳气者,精则养神,柔则养筋。"当心阳不足,不能温养精神,就会导致情绪抑郁难解。

4. 悲忧失节 肝主疏泄,调节气机。肺主气司呼吸,通过呼吸之气调节一身之气的运行。悲为肺志,悲哀太过导致肺气耗伤,气机失常。《灵枢·本神》云:"肝悲哀动中则伤魂,魂伤则狂忘不精。"又曰:"愁忧者,气闭塞而不行。"悲哀也常常是抑郁症患者的主要情绪变化,这种异常情绪导致肝失疏泄,肺失宣降,日久则气机郁滞,形成或加重抑郁症。

综上,抑郁症的病位主要在肝,与心、脾、肺有关。病变早期气郁为主,或气郁化火,常兼血瘀、痰结、食滞、水停等,多属实证;日久则脏腑功能失常、阴阳失调,可见肝郁脾虚、心脾两虚、心阳不振、心神失守、肺气虚弱等虚证或虚实夹杂证。

二、诊断标准

抑郁症的诊断主要根据病史、临床症状、病程及体格检查和实验室检查。

抑郁发作有轻度、中度、重度3种不同的形式,各种形式的典型发作中,通常具有心境低落、兴趣和愉快感丧失、思维迟缓、精力不济、意志力减弱或易疲劳等典型症状。其他常见症状有:①情绪症状,如悲哀、无助、绝望、孤单、惭愧、不幸等等,感到心情沉重,郁郁寡欢,痛苦难熬,有些患者可出现焦虑、容易激动、紧张不安等;②集中注意和注意的能力降低;③自我评价降低,自罪、自责观念和无价值感;④动机症状,如认为前途暗淡悲观,做任何事情缺乏动力,寡言少语,眉间紧锁;⑤自伤或自杀的观念或行为;⑥躯体症状,如睡眠障碍、食欲下降、全身疼痛。

病程持续至少2周。

💡 **知识拓展**

抑郁自评量表

抑郁自评量表(self-rating depression scale, SDS)由美国心理学家 W.K.Zung 编制于1965年,为美国教育卫生福利部推荐的用于精神药理学研究的量表之一。因使用简便,能相当直观地反映患者抑郁的主观感受及其在治疗中的变化,当前已广泛应用于门诊患者的粗筛、情绪状态评定及调查、科研等方面。

SDS 标准分的分界值为53分,其中53~59分为轻度抑郁,60~69分为中度抑郁,70分以上为重度抑郁。

SDS 主要适用于具有抑郁症状的成年人,对严重阻滞症状的抑郁患者,评定有困难。关于抑郁症状的分级,除参考量表分值外,主要还要根据临床症状。量表分值仅能作为一项参考指标而非绝对标准。

		很少	小部分时间	相当多的时间	绝大部分时间
1	我觉得闷闷不乐,情绪低沉	1	2	3	4
2	我觉得一天之中早晨最好	4	3	2	1
3	我一阵阵哭出来或觉得想哭	1	2	3	4
4	我晚上睡眠不好	1	2	3	4
5	我吃得跟平常一样多	4	3	2	1
6	我与异性密切接触时和以往一样感到愉快	4	3	2	1
7	我发觉我的体重在下降	1	2	3	4
8	我有便秘的苦恼	1	2	3	4
9	我心跳比平时快	1	2	3	4
10	我无缘无故感到疲乏	1	2	3	4
11	我的头脑跟平常一样清楚	4	3	2	1
12	我觉得经常做的事情并没有困难	4	3	2	1
13	我觉得不安而平静不下来	1	2	3	4

续表

	很少	小部分时间	相当多的时间	绝大部分时间
14　我对将来抱有希望	4	3	2	1
15　我比平常容易生气激动	1	2	3	4
16　我觉得作出决定是容易的	4	3	2	1
17　我觉得自己是个有用的人，有人需要我	4	3	2	1
18　我的生活过得很有意思	4	3	2	1
19　我认为如果我死了别人会生活得好些	1	2	3	4
20　平常感兴趣的事我仍然照样感兴趣	4	3	2	1

三、易发对象预测

（一）体质特征

抑郁症主要多发于气郁质人群，神情抑郁，情感脆弱，烦闷不乐，失眠，性格内向不稳定，敏感多虑，形体瘦者。另外，阳虚质人群平素畏冷，手足不温，喜热饮食，经常出现精神不振，少气懒言，不善交流，性格多沉静、内向，也容易罹患抑郁症。

（二）性格情志特征

具有这5类性格情志特征者，容易罹患抑郁症，而且复发率较高：①神情忧郁、敏感多虑、烦闷不乐、胸闷不舒、性格内向而不稳定者；②具有较为明显的焦虑、强迫、冲动等特质者；③贪欲妄想、爱钻牛角尖、孤注一掷、悲观自责者；④精神敏感，小事斤斤计较，非常容易激动者；⑤性格胆小怯懦者。

（三）年龄与性别特征

1. 青少年　青春期的个人思想还未成熟，总是自认为得不到父母、老师、朋友的理解而烦恼，经常与父母发生摩擦、争吵、冲突，这种冲突往往导致青少年的情绪不佳，心情黯淡，出现叛逆、厌学、自我孤立等而形成抑郁。

2. 中年人　中年人往往处于事业发展、赡养老人、培养下一代的年龄阶段，是社会的中坚力量，是家庭的顶梁柱，经济负担较重，心理压力较大，面对职业选择、婚姻变动、成就荣誉、子女教育等问题容易引起情绪上的变化，从而形成抑郁症。能力不足，与所处岗位不相适应，也是导致中年人抑郁的重要原因之一。

3. 老年人　人体超过60岁之后，身体各脏腑功能衰退逐渐明显，老年病和慢性病缠身是难以避免的事实。有些老年人很难从心理上接受自己衰老罹患疾病的现实，心理上产生忧郁沮丧的情绪，悲观厌世的念头，又加上退休、丧偶、子女不在身边等客观因素易感到孤独无助，面对生活、退出工作岗位诸多变化不能适应，或者对生活失去兴趣和信心，极易产生老年忧郁，少数严重者甚至会出现轻生的念头。

4. 女性　女性因情感细腻丰富，较男性生活更为艰难，遇到的应激事件更多，又缺乏有效应付对策，所以比男性更易患抑郁症。女性抑郁症的患病率几乎是男性的

2 倍。女性抑郁的一个明显峰值就是生育期间,由于孕产妇体内激素剧烈变化,加上初为人母,角色变化等心理转化,面对照顾孩子、兼顾事业和家庭问题等多方面压力,不能及时调整状态适应现状,其中有 50%~70% 的人会出现反应性抑郁。

围绝经期也是女性容易罹患抑郁症的时期。围绝经期卵巢开始萎缩,雌激素水平开始下降,内分泌系统失调,自主神经功能紊乱,因此围绝经期女性常常出现多疑忧郁、焦虑易怒、烦躁不安、悲观厌世等不良情绪,再加上平时的一些疾病在此阶段容易加重,使女性心理上的压力较大,可导致抑郁。

（四）生活方式与环境特征

1. 饮食因素　喜食肉类或油炸食物,过食辛辣、腌熏类等刺激性食物;饮食不节,饥饱无常或暴饮暴食;饮食偏嗜,不吃蔬菜;爱吃快餐、加工食品和甜食等,均可导致行动缓慢、思考迟钝、精神疲劳,从而诱发或加重本病。

2. 生活习惯　抽烟、酗酒与滥用药物会引发抑郁症,长期嗜酒无度者、使用精神活性物质如阿片类药物(如吸毒)者,其抑郁症发病率高达 50% 以上。生活压力过大,过度劳累,经常熬夜,生活作息无规律或生活方式的巨大变化;喜欢孤独,不善交友,人际关系紧张;喜欢阅读观看悲剧文学作品或影视等;过量饮茶和咖啡导致失眠,都易罹患抑郁症。

3. 环境因素　社会环境因素对抑郁症的发病影响较大。经济困难,低经济收入家庭中的成员易患抑郁症。令人感到有压力的生活事件及持续性的困境都会引起不愉快的情绪体验,也可能诱发抑郁症,且这种情感体验越强、越持久,其致病作用就越大,如婚姻破裂、亲人死亡、学习受挫、失恋、失业等。

抑郁症发病还与季节气候变化有关,具有昼重夕轻的昼夜节律,尤其是早晨更加明显,下午和晚上有所减轻。研究显示,这与神经递质的分泌量有关。抑郁症还有春秋轻、冬季重的季节性规律,可能与冬季日照时间短、日照不足和天气寒冷、人体阳气不足有关。

（五）家族遗传特征

抑郁症跟家族病史有密切的关系。父母其中 1 人得抑郁症,子女得病概率为 25%。若双亲都是抑郁症患者,子女患病率高达 50%~75%。

（六）职业与工作习惯特征

抑郁症与职业有密切关系。脑力劳动者,如科研人员、高级知识分子、IT 从业者,或者位居高官要职者,由于工作繁忙,精神压力大,生活不规律,缺乏家庭的理解和亲人的关心等,可能是其患抑郁症的原因。

（七）并发疾病特征

慢性病,尤其是重症疾病缠身者,因疾病迁延难愈,康复困难,常常会出现情绪低落、失眠、消极厌世,并发抑郁的概率较高。

1. 心脑血管疾病　冠状动脉粥样硬化性心脏病、风湿性心脏病、心律失常等患者常常会出现抑郁症状,而抑郁症也明显影响该类疾病的发生、发展、预后。脑血管疾病中,由于病变部位对情绪调节回路产生直接破坏,或对调节该系统的 5-HT 能通路及去甲肾上腺素能产生影响,也易诱发抑郁症。

2. 神经系统疾病　帕金森病主要病变部位在黑质和纹状体,多呈散发性发病。由于患者多巴胺、去甲肾上腺素、5- 羟色胺等神经递质的改变,90% 的患者都有抑郁情绪。

3. 内分泌系统疾病　甲状腺功能减退,由于甲状腺素分泌不足,使体内各种组织代谢活性减弱,代谢率降低,交感神经不敏感,患者常常出现情绪低落、孤独、冷漠、反应迟钝等抑郁症表现;糖尿病是终身性疾病,给患者以极大的心理压力,加上严格控制饮食,定时注射胰岛素,反复住院治疗,往往导致患者不同程度的焦虑和抑郁。

4. 癌症　由于大多数癌症目前尚缺乏有效的治疗方法,所以患者一旦被确诊癌症后,会出现心理应激反应,日常生活的正常秩序被打乱,情绪低落,甚至举止失常,食欲下降,睡眠障碍,体重减轻,出现抑郁情绪。

四、情志养生方法

通过上述预测,确诊为抑郁症易患人群者,应注意采取情志养生的方法,积极预防其发生;已经确诊为抑郁症的患者,在运用药物治疗的同时,配合情志养生的方法,防止疾病加重;已经缓解或治愈的患者,也要通过各种情志养生的方法,预防抑郁症的复发。

(一)修心养性法

心为君主之官。《素问·灵兰秘典论》云:"故主明则下安,以此养生则寿,殁世不殆,以为天下则大昌。主不明则十二官危,使道闭塞而不通,形乃大伤,以此养生则殃,以为天下者,其宗大危,戒之戒之。"因此,修心养性是预防疾病、保持健康的根本,也是预防发生抑郁症的关键。

要保持内心的平静,少有欲望,知足长乐,做到"在家无怨,在邦无怨""君子不忧不惧"(《论语·颜渊》),才能健康无病。老子《道德经》提倡:"致虚极,守静笃。"精气是神的物质基础,不妄耗精气也是养神的重要方面。有些人嗜欲无穷,贪得无厌,忧患不止,耗伤了精微,导致了很多疾病。所以节制欲望,清净平淡是保精养神、调和气血、预防抑郁的重要手段。《素问·上古天真论》指出:"是以志闲而少欲,心安而不惧,形劳而不倦,气从以顺,各从其欲,皆得所愿。故美其食,任其服,乐其俗,高下不相慕,其民故曰朴。"

(二)移情悦志法

排遣情思,改易心志,移情易性,愉悦自己是预防忧郁的重要方法。在生活中,可以阅读轻松欢快的书籍,学习弹奏乐器,通过欢快的乐曲愉悦心情,多参加集体活动,去老年大学参加各种课程等等,这些都是移情悦志的手段。

当然,选择娱乐调治要因人而异,根据个人不同的经历、个性特点、爱好和修养,选择合适的娱乐方式,不应做作、强硬、教条,并尽量在环境优美、视野开阔、阳光充足之处进行,力求轻松、自然,在潜移默化中实现调治效果。

(三)开导支持法

支持疗法主要采取医生与患者交谈的方式进行。患者可毫不保留地向医生倾诉心中的积怨和不满,医生对患者进行疏导、分析、启发、鼓励、说服,帮助患者提高认识水平、消除疑虑、改善心境、增强自信心、促进心身康复。

如果患者表现为不善交际,与领导和同事关系相处不好,孤僻,退缩,与社会隔离,可以采用社交技巧训练、人际关系指导,帮助其学会如何与人交谈和交往,从而提高患者的社会适应性和交往能力。如果患者因为婚姻矛盾、家庭破裂等出现抑郁、悲观或绝望,可以考虑采取夫妻指导、家庭关系咨询协调等方面的心理治疗,解决处理婚姻和家庭问题,从而缓解抑郁症状。

开导支持疗法的关键在于医生与患者一定要建立良好的医患关系,患者对医生有一定的信任度,而医生对患者的心身应做全面的了解,在患者心中有一定的权威性,才有利于与患者进行必要的沟通和交流。

(四)以情胜情法

对于善悲忧易患抑郁症的人,根据"喜胜悲"的情志相胜原理,可以采取多喜的情志调养方法,预防其发生和加重。"笑口常开"即是最简单的"喜"法,即使是为笑而笑,也有助于喜悦情绪的产生。《素问·举痛论》云:"喜则气和志达,荣卫通利,故气缓矣。"愉悦的心情有利于气血的运行,既可以提高生活质量,也可提高人体预防疾病的能力。常与至亲好友交谈,通过感兴趣的话题刺激大脑神经兴奋,是产生喜悦的源泉。多听多看相声、杂技、丑角表演、喜剧电影、喜剧小品、漫画等,以利于开心发笑;留心喜悦的事物,多参与喜悦的事情和活动,以改善不良的情绪。

《儒门事亲》中记载了一则以喜治郁(郁怒)的案例:项关令之妻患病,不想吃饭,经常叫呼怒骂,想杀左右。许多医生处以方药皆无效。后由名医张从正唤来两个娼妓,面涂丹粉,扮成戏子,妇人大笑。第二天,又叫娼妓要乐舞杂技,妇人又大笑。同时安排两个很能吃饭的妇女在其身旁狼吞虎咽。这样,没有几天,妇人怒减食增,不药而愈。

《续名医类案·郁证》中记载了一则以怒治郁的案例:"一女与母相爱,既嫁母丧,女因思母成疾,精神短少,倦怠嗜卧,胸膈烦闷,日常恹恹,药不应。予视之曰:此病自思,非药可愈。彼俗酷信女巫,巫托降神言祸福,谓之卜童,因令其夫假托贿嘱之。托母言:女与我前世有冤,汝故托生于我,一以害我,是以汝之生命克我,我死皆汝之故。今在阴司欲报汝仇。汝病恹恹,实我所为。生则为母子,死则为寇仇。大乃语其妇曰:汝病若此,我他往可请巫妇卜之,何如?妇诺之。遂请卜,一如夫所言。女闻大怒,垢曰:我因母病,母反害我,我何思之。遂不思,病果愈。此以怒胜思也。"

(五)饮食养情法

1. 绿色蔬菜 肝属木,其色青,因此平时生活中,应多吃绿色蔬菜,如空心菜、菠菜、油麦菜、芹菜等,利于肝气的条达舒畅。

2. 具有升发功能的食物 肝喜条达,其性主升主动,所谓顺其性为补,补肝就是要顺应肝之性。升发性食品与肝性一致,经常食用有助于顺其性而调肝气,预防抑郁的形成,如韭菜、香椿、竹笋、香菜等。

3. 辛香行气之品 辛能散,辛香食品有助于行气解郁,能够预防抑郁症的形成,如青萝卜、洋葱、茴香苗、大蒜、金橘、橙子、柑橘、佛手瓜等。另外,酒的辛味较强,少量适度饮用米酒、黄酒、白酒等,可以起到行气活血的作用。

4. 粗粮产品 粗粮中含有丰富的维生素 B_1,经常食用有助于促进消化,维护神经系统的正常功能,对于烦躁抑郁等症有一定的预防作用,如粟米、玉米、荞麦、高粱、燕麦、豆类等。

（六）药饵养情法

薄荷、陈皮、桑叶、香橼、玫瑰花、香附、川芎等药物,具有疏肝、理气、解郁作用,再配合养心安神的百合、莲子以及滋养肝血的当归、枸杞等制作成药膳,经常服用,有助于预防抑郁症的发生和促进抑郁症的康复。

1. 莲子香附茶　将莲子 2g、香附 3g、绿茶 10g,加入 300ml 清水中煮沸后,代茶饮。具有理气解郁,调节气血的功效。

2. 当归陈皮炖鸡　当归 5g,陈皮 3g,枸杞 5g,乌鸡 1 只。一起用小火炖煮 2 小时后食用。具有滋养肝血,解郁安神的作用。

3. 桑叶薄荷饮　桑叶 3g,薄荷 1g,开水冲服,代茶饮。具有舒理肝郁作用。

4. 甘麦红枣汤　取淮小麦 50g,红枣 10 枚,加入水中煎煮后,饮汤。具有养心安神、解郁除烦之效。

5. 玫瑰百合粥　取百合 2g、莲子 2g、玫瑰花 2g、粳米 100g,同煮成粥。具有养心安神、疏肝解郁之效。

（七）经穴养情法

《续名医类案·郁证》中记载了一则用灸法调养抑郁症的案例:"窦材治某患者,功名不遂,发为郁症,见神思不乐,饮食渐少,日夜昏默已年矣,诸治不效。此药不能治,令灸巨阙百壮,关元二百壮,病减半。令服醇酒,一日三度,一月全安。录者按曰:失志不遂之病,非排遣性情不可,以灸法操其要,醉陶其情,此法妙极。"

除了上述灸法之外,还可用以下经穴养情法调养抑郁症。

1. 按揉穴位

（1）肝俞、胆俞、内关、神门、太冲、曲泉、膻中、期门,这些穴位具有疏肝理气的功效,可以采取局部按摩的方法,也可以用皮内针贴在这些穴位上,每天按压刺激。

（2）按揉百会、四神聪、印堂、太阳等穴,使患者头部清醒,消除疲乏,缓解焦虑抑郁的情绪。

（3）点按肺俞、心俞、肝俞、胆俞、三焦俞等穴,能够调整脏腑功能,缓解不良情绪,调节气血。

2. 灸夹脊穴　用艾条灸夹脊穴能够温通经脉,振奋机体阳气。

3. 按压耳穴　取神门、皮质下、交感、心、肾、肝、胆等穴,用胶布将王不留行贴敷到穴位,不时按压刺激。

（八）环境养情法

阳光是极好的天然抗抑郁药,而早晨的阳光效果最佳,因此,抑郁症患者要养成早睡早起的习惯,而清晨迎着太阳奔跑是很好的锻炼方法。

对季节性情感障碍的抑郁症者,黑暗寒冷、缺少阳光的冬季是发病的高峰期,所以,冬天要多到室外接受阳光照射。不要熬夜,保持足够的睡眠。避免居住狭小的环境,尽量使居室宽敞明亮、视野开阔、朝阳。

建立和谐的人际关系、良好的婚姻关系、和睦的家庭环境,以减少抑郁症的产生。作为朋友、亲人和同事,要充分理解抑郁症患者的痛苦,关心、安慰、开导他们,让患者感觉到社会家庭的温暖,减轻病情,减少发病。

（九）运动养情法

适度运动有利于人体健康,日常生活中应注意动静结合,通过轻松的运动来改善自身的不良情绪,感受运动后带来的身心愉悦,与他人一起运动,更能收获快乐,让人产生欢乐、愉快、满足的感觉,还可帮助排遣压力,非常有效地改善自身抑郁状态。抑郁症患者往往缺乏运动,所以鼓励他们多参加运动,选择以动为主的体育运动项目,如登山、跳广场舞、散步、慢跑、打乒乓球等。

（王玉芳）

第二节　焦　虑　症

　　焦虑症,又称焦虑性神经症,是以持续性紧张担心、恐惧或发作性惊恐为特征的情绪障碍,伴有自主神经系统症状和运动不安等行为特征,包括广泛性焦虑（GAD）和惊恐障碍（PD）。在我国,GAD的发病率为2.0%~4.7%,PD终身患病率为1.5%~3.5%,冠心病患者、临考学生等某些特定人群的发病率高达10%以上。

　　本病属中医学"惊悸""心悸""怔忡""梅核气"等范畴。

一、病因病机

　　焦虑症的病因包括外界环境剧变或未知的充满风险的新环境,导致个人的惯常行为方式无法适应;内心的各种冲动、欲望,与自我难以调和,产生反应性的敌意、极力压抑的冲动、矛盾的意向;不正确的认知过程或思维;对自我的道德和完美主义的过高要求等。焦虑症的发病机制,一般认为是各种生物学改变等多种因素交互作用,多组织、多器官共同参与,神经、内分泌和免疫系统相互影响的结果。

　　中医对焦虑症的有关认识,最早见于《素问·举痛论》:"惊则心无所倚,神无所归,虑无所定,故气乱矣。"表明情志之"惊"可伤"心",从而引起焦虑。《素问·示从容论》云:"时惊……是肾不足也。"《素问·调经论》云:"血有余则怒,不足则恐。"说明惊恐多因虚所致。《金匮要略·奔豚气病脉证治》云:"奔豚病,从少腹起,上冲咽喉,发作欲死,复还止,皆从惊恐得之。"《诸病源候论》云:"夫奔豚气者,肾之积气,起于惊恐、忧思所生。"表明奔豚的发生源于情志失常,其中惊恐是重要病因。《素问玄机原病式》云:"惊,心卒动而不宁。火主于动,故心火热甚也……所谓恐则喜惊者,恐则伤肾而水衰,心火自甚,故喜惊也。"在此,认为恐甚于惊,惊乃心火盛,恐乃肾水衰,心、肾是惊恐发生的关键脏腑。

　　焦虑症的发生主要与情志失调、气血不足、脏腑虚弱等因素有关。

　　1. 心胆气虚　心悸多虑,善惊易恐,失眠多梦,坐卧不安,舌淡,苔薄白,脉弦细。

　　2. 阴虚火旺　易惊不安,眩晕耳鸣,怔忡健忘,腰膝酸软,五心烦热,口干少津,舌红,苔薄,脉细数。

　　3. 肝郁气滞　情绪焦虑,胸胁胀满,脘闷嗳气,不思饮食,大便不调,舌苔薄腻,脉弦。

　　4. 痰气互结　平素多虑,咽中如物梗塞,吞之不下,咳之不出,舌淡,苔白腻,脉弦滑。

　　5. 痰热内扰　心烦易虑,惊惕少寐,心悸不安,呕恶痰多,头胀胸满,口苦口黏,舌红,苔黄腻,脉滑数。

综上,焦虑症的病位主要在心、肾,涉及肝、胆、脾等脏。病因多为脏腑虚弱、气血不足。病理性质初起以虚为主,日久转为虚实夹杂,而见气滞、化火、痰热等。病机关键为气机失调,心失所安。

二、诊断标准

主要根据病史、家族史、临床症状、病程及体格检查、量表测查和实验室辅助检查,其中最主要的是临床症状和病程。

1. 惊恐发作(急性焦虑)　除了具备神经症的特征以外,还必须以惊恐发作为主要临床相。排除其他精神障碍,如恐惧症、抑郁症或躯体形式障碍等继发的惊恐发作;排除躯体疾病,如癫痫、心脏病、嗜铬细胞瘤、甲状腺功能亢进症或自发性低血糖等继发的惊恐发作。轻型症状特点符合以下 4 点,重型症状加上第 5 点:

(1)发作无明显诱因、无相关的特定情景,发作不可预测。

(2)在发作间歇期,除害怕再发作外,无明显症状。

(3)发作时表现强烈的恐惧、焦虑及明显的自主神经症状,并常有濒死恐惧、失控感等痛苦体验。

(4)发作突然开始,迅速达到高峰,发作时意识清楚,事后能回忆。

(5)患者因难以忍受又无法解脱,而感到痛苦。

病程标准在 1 个月之内至少有 3 次上述发作,或在首次发作后继发害怕再发作的焦虑持续 1 个月。

2. 广泛性焦虑(慢性焦虑)　除具备神经症的特征外,还必须以持续的广泛性焦虑为主要临床相。排除甲状腺功能亢进、高血压、冠心病等躯体疾病的继发性焦虑;排除兴奋药物过量、催眠镇静药物,或抗焦虑药的戒断反应;排除强迫症、恐惧症、抑郁症,或精神分裂症等伴发的焦虑。轻型表现符合以下 2 点,重型表现加上第 3 点。

(1)经常或持续的无明确对象和固定内容的恐惧或提心吊胆。

(2)伴自主神经症状或运动性不安。

(3)社会功能受损,患者因难以忍受又无法解脱,而感到痛苦。

病程标准符合上述症状至少 6 个月。

三、易发对象预测

(一)体质特征

焦虑症主要见于气虚质、气郁质人群。素体气虚,加之情志内伤,气机逆乱,心失所养,或阴虚火扰,心神不安。具有易惊、不安、易恼、易躁等特质。

(二)性格情志特征

焦虑症患者一般具有阴性性格特征,其灵活度、适应能力、平衡与持久力均不足。这类人群情绪稳定性差,遇事多表现做事思前想后,优柔寡断,担惊受怕,保守刻板,对新事物及新环境不能很快适应,常常将全部事情都闷在心里,不愿意与他人交流沟通。此外,自卑、自责、悲观、敏感、偏执等性格,还有分裂人格等后天形成的性格因素,都容易导致焦虑症。

(三)年龄与性别特征

儿童容易罹患焦虑,常见的类型包括:

1. 素质性焦虑　这类儿童的神经系统往往发育不健全或受到损伤,对外界环境变化过于敏感。

2. 境遇性焦虑　遇到突发性、灾难性事件,如父母突然死亡、离异、意外事故等,心理承受不住,整天担心灾害再次降临。但这类症状随着时间迁移往往会减轻或消失。

3. 期待性焦虑　家长对孩子期望过高,孩子怕达不到家长的期望要求,因而焦虑不安。

4. 分离性焦虑　当与亲属,特别是与父母分离时,会表现明显的焦虑情绪。

5. 环境性焦虑　有些常闹纠纷的家庭,家长常向孩子诉苦。在这种矛盾重重的环境中,孩子容易产生焦虑情绪。

男、女儿童焦虑症状均随年龄发生变化,但呈现不同变化趋势。随年龄增长,男生的焦虑症状减轻,女生的焦虑症状增多;成年以后,女性患焦虑的风险同样高于男性,这与男性较女性在对待事物的反应能力上相对成熟、独立、平衡能力好有关。

另外,儿童、青少年或成人都可能表现出性别焦虑,多数患者在青春期前就会表现出性别焦虑的症状,还有一小部分青少年和成年患者会有改变性别的愿望。

（四）生活方式与环境特征

1. 饮食方面　快餐、高糖食物摄入增加或喜食肥甘厚腻等,都与焦虑症的发生相关。

2. 生活习惯　不良的生活习惯,会诱发或加重罹患焦虑症的发生发展,常见的有:极度缺乏体育锻炼,长期沉迷于数字媒体,不吃早餐,长时间处在密闭的空调环境中,熬夜,压抑感情,不主动与家人交流等。

3. 环境因素　非独生子女的焦虑状况要比独生子女要高,家庭经济状况越差的大学生焦虑得分也越高。这表明家庭环境对焦虑状况有着一定的影响,且家庭条件越好、受到关注越多的大学生焦虑状况就越少。

（五）家族遗传特征

焦虑症跟家族病史有密切关系,呈现出一定的家族聚集性。

（六）职业与工作习惯特征

焦虑症与职业有密切关系。如护工或家庭护理人员、餐饮服务人员、社会工作者、艺术家、演艺人员、作家、教师、后勤保障人员、维护和地勤人员、金融顾问和财务人员、推销员等,这些职业多直接与人打交道,且部分职业容易产生职业倦怠、职业疲劳,从而诱发焦虑。

（七）并发疾病特征

多种内科疾病可伴有焦虑表现,尤以心血管疾病和内分泌疾病多见,如冠心病、甲状腺功能亢进症等。

可卡因、大麻、海洛因的服用或戒断都可引起焦虑状态及自主神经功能紊乱,甚至出现典型的类惊恐发作。激素和抗精神病药也可引起焦虑。

焦虑可见于任何精神疾病,这种焦虑情绪是原发精神疾病的症状之一。

四、情志养生方法

通过上述预测,确诊为焦虑症易患人群,应注意采取情志养生方法,积极地预防其发生;对于已经确诊为焦虑症的患者,在运用药物治疗的同时,积极采用不同的情志养生方法,防止疾病加重;已经缓解或治愈的患者,也要通过各种情志养生方法,预防焦虑症的复发。

(一)清心静神法

心藏神,为神之舍,主管机体的精神意识思维活动。心清神静,守神以安,护形以全,则形体安康。

(二)移情易性法

运用各种方法来转移患者的精神意念活动,借以调理气机紊乱、缓解神经紧张等病理状态。要充分调动主观能动性,运用注意力转移的方法,及时消除焦虑。当注意力转移到新的事物上去时,心理上产生的新的体验有可能驱逐和取代焦虑心理。

(三)暗示诱导法

主要是实现信心的自我强化。自信是治愈焦虑的必要前提,对自己没有自信心的人,对自身完成和应对事物的能力是怀疑的,夸大自己失败的可能性,从而引起忧虑、紧张和恐惧。因此,要经常暗示自己,每增加一次自信,焦虑程度就会降低一点。同时,当焦虑出现时,也要自我意识到这是焦虑心理,要正视它,不要用自认为合理的其他理由来掩饰它的存在。

(四)祝由开导法

《东医宝鉴》曰:"欲治其疾,先调其心,以正其心,乃资于道,使病者尽去心中疑虑思想、一切妄念、一切不平……能如是则药未到口,病已忘矣。"语言是化解疑虑的良药,是解除困惑的钥匙。有些焦虑是由于患者将经历过的情绪体验和欲望压抑到潜意识中去的结果。因为这些被压抑的情绪体验并未在头脑中消失,仍潜伏在无意识中导致病症。患者成天忧心忡忡,惶惶犹如大难将至,痛苦焦虑,不知其所以然。此时,应充分了解和分析患者产生焦虑的原因,把深藏于潜意识中的"病根"挖掘出来,让患者了解焦虑症产生的来龙去脉,可以达到不药而愈的目的。

(五)情志相胜法

对于焦虑症患者,"惊者平之"的情志相胜法能够降低患者的焦虑程度,提高患者自身心理抗压能力。"惊者平之"出自《素问·至真要大论》。张从正认为:"惊者平之,平者常也,平常见之,则无惊。"张从正将"惊者平之"理论延伸至情志疗法,使二者有效结合,形成了"惊者平之"的情志疗法。

"惊者平之"的情志疗法,也可称为暴露疗法,即将患者置身于引起惊吓、恐惧的事物及环境面前,使患者充分认识到这种事物或环境在现实生活中不会构成对自身的威胁,通过熟悉、习惯惊吓、恐惧的事物环境,从而使患者有意识地调整心身,解除顾虑,缓解症状,预防症状加重或复发。

有一位考试焦虑的学生,一到考场就出虚汗,手发凉,脸色苍白,无论老师和家长如何劝说均无效。后来,老师经常带他接触不同的考试环境,观看其他班级同学的考试,或中考、高考现场,最后让他想象自己参加考试会有什么样的感受。经过大量的环境模拟刺激,他开始转变了,后来渐渐也就能从容对待考试,而考试的焦虑在慢慢习惯中就解除了。

 小贴士

"碎的牛奶瓶"

　　十几岁的桑德斯经常为很多事情发愁。他常常为自己犯过的错误自怨自艾；交完考卷以后，常常会半夜里睡不着，害怕没有考及格。他总是想那些做错的事，希望当初没有那样做；总是回想那些说过的话，后悔当初没有将话说得更好。

　　一天早上，全班到了科学实验室。老师保罗·布兰德威尔博士把一瓶牛奶放在桌子边上。大家都坐了下来，望着那瓶牛奶，不知道它和这堂生理卫生课有什么关系。

　　过了一会儿，保罗·布兰德威尔博士突然站了起来，一巴掌把那牛奶瓶打碎在水槽里，同时大声叫道："不要为打翻的牛奶而哭泣。"

　　然后他叫所有的人都到水槽旁边，好好地看看那瓶打翻的牛奶。

　　"好好地看一看"，他对大家说："我希望大家能一辈子记住这一课，这瓶牛奶已经没有了，你们可以看到它都漏光了，无论你怎么着急，怎么抱怨，都没有办法再捞回一滴。只要先用一点思想，先加以预防，那瓶牛奶就可以保住。可是现在已经太迟了，我们现在所能做到的，只是把它忘掉，丢开这件事情，去注意下一件事。"

（六）色彩养情法

　　绿色结合了黄色的暖意和蓝色的宁静，平静而中性，体现着生命力，象征着希望，给人以宁静的感觉，可以减轻视觉疲劳，降低眼内压力，安定情绪、舒缓紧张，使人呼吸变缓，减轻心脏负荷，降低血压，有助于预防焦虑症的发生和促进其痊愈，因此应该让焦虑易患者多接触绿色，房间可装饰成绿色墙面，多穿绿色衣服，家中多摆放绿色植物，多到草地、森林游玩、眺望。

（七）药饵养情法

　　1. 银耳莲子汤　银耳200g，莲子30g，薏苡仁10g。用温水浸泡莲子至软，银耳洗净摘成小朵，加入薏苡仁，水煮45分钟，再加适量冰糖调味。具有滋阴清热、健脾祛湿、补血顺气之效。

　　2. 枣麦粥　酸枣仁30g，小麦30~60g，粳米100g，大枣6枚。先将枣仁、小麦、大枣洗净，加水煮沸30分钟，取汁去渣，再加入粳米同煮成粥。具有养心安神之效。

　　3. 玫瑰花烤羊心　鲜玫瑰花50g（或干品15g），羊心50g。将玫瑰花加精盐适量水煮10分钟，待冷备用。羊心洗净切块，穿烤签，边烤边蘸玫瑰花盐水，反复炙烤，烤熟即成。具有补心安神之效。

（八）经穴养情法

　　1. 耳穴压豆法　取神门、皮质下、交感、心、肾、肝、胆等穴，用短毫针刺或用王不留行贴压。

　　2. 推拿法　基本手法：第一，背腰部：患者俯卧位。医生用滚法在背腰部脊柱两侧膀胱经施术，时间约5分钟。一指禅推或以指按揉心俞、肝俞、脾俞、肾俞，每穴2分钟。第二，胁腹部：患者仰卧位。以指按揉章门、期门，每穴1分钟。指摩胁肋、掌

摩腹部,时间各 3 分钟。

辨证加减:心胆气虚者,加指按内关、胆俞、日月,每穴 1 分钟,掌揉中脘 3 分钟左右。阴虚火旺者,加指按揉太溪、三阴交,每穴 1 分钟,以拇指按压太冲,同时以中指相对用力按压涌泉,继之擦涌泉,以透热为度。肝郁气滞,加点或按太冲、行间,每穴 1 分钟,搓胁肋 2 分钟。痰气互结者,加点按天突、扶突、照海,每穴 1 分钟。痰热内扰者,加点或按丰隆、膻中、天突,每穴 1 分钟,掌揉中脘 2 分钟。

(九)环境养情法

生活要有规律,按时作息,注意劳逸结合,不要熬夜,避免过分疲劳。改变不良的生活习惯,戒烟禁毒,减少饮用咖啡等。改变生活方式,可转移精神上的压力或紧张,如饲养宠物等。避免居住环境狭小,尽量使居室宽敞明亮、视野开阔。

(十)运动养情法

养成规律性运动是最能有效缓解患者焦虑症状的方法之一。运动不仅能带来正面影响,改善精神面貌,还可有效转移注意力,缓解焦虑症状。

(十一)气功养情法

气功以意念调节为特色,可以通过存想而诱导入静,消除对自我的执着,达到恬恢虚无的境界,使思绪平静、情绪平静,排除外在的心理、生理影响,使心身回归到平衡态,从而使焦虑症易患者能得到自然的调节而趋于康复,是一种安全有效的方法。

传统的太极拳、八段锦和鹤翔桩等功法,均有较好的效果。

深呼吸虽然比较简单,亦有一定效果。焦虑不安时闭上眼睛,慢慢用鼻子吸气,口鼻呼气,反复 3~5 次。过度紧张、焦虑时,先轻闭双眼,全身放松,做几次均匀而有节奏的深呼吸,反复自我暗示"不要着急""放松,放松",几分钟后,有助于情绪的平稳。

也可以采用冥想法,即有意识地想一件开心的事情,尽量真实而具体。过度紧张、焦虑时,先轻闭双眼,全身放松,做几次均匀而有节奏的深呼吸,反复地自我暗示"不要着急""放松,放松",几分钟后,情绪就会平稳。

(十二)雅趣养情法

健康的娱乐活动能陶冶性情、抒发情感、消除精神紧张。焦虑症可通过选择一些自己喜欢的比较轻松愉快的娱乐活动,如音乐、歌咏、跳舞、游戏、书法、绘画、摄影、下棋、电影、相声、小品、游园等,消除内心的不安和紧张,增进人际情感交流,产生愉悦感。

(沈　峰)

第三节　强　迫　症

强迫症是一组以强迫思维和强迫行为为主要临床表现的神经精神疾病,又称强迫障碍。强迫症的终生患病率约为 0.8%~3%,影响着全球近 5 000 万人口,自杀风险高于普通人群,约 1/3 的患者因症状严重而无法正常工作。

本病属于中医"郁证""卑慄"等范畴。

一、病因病机

强迫症的发病可能与心理社会因素和神经生物学因素相关。研究表明,遗传、强迫型人格、尾核代谢功能亢进及脑内 5-HT 递质释放减少可能与强迫症的发病有关，精神分析学派、认知学派和行为学派等不同学派均有不同的观点。各种各样的生活事件、心理应激常是发病和症状加重的诱因。

中医对于本病的认识始于《黄帝内经》。《黄帝内经》最早记载有"五气之郁"，还有"癫""善恐""如人将捕之""欲闭户牖而处""惕然而惊"等神志症状描述。汉代张仲景也提出百合病、脏躁，症见意欲食复不能食、欲卧不能卧、欲行不能行、如神灵所作等，临床表现与强迫症表现类似。《丹溪心法·六郁》专论六郁，明代虞抟《医学正传》确立郁证病名。《景岳全书·郁证》将郁证分为怒郁、思郁、忧郁。其中的思郁"积疑困厄"与强迫症的思维模式相似。明代戴思恭《证治要诀》首次将卑慄作为病名："痞塞不饮食，心中常有所怯，爱处暗室，或倚门后，见人则惊避，似失志状，此名为卑慄。"

强迫症的发生主要与情志失调等因素有关。

1. 先天禀赋　气郁质，素体情志不畅，肝失疏泄，神情多烦闷不乐；气机不畅，胸胁胀满，或走窜疼痛，多伴善太息，或乳房胀痛；肝气横逆犯胃，胃气上逆，则见嗳气呃逆；或气郁化火，热扰神魂。多因家庭压力大而造成思虑多疑、悲伤欲哭、睡眠不好等。

2. 七情过极　喜、怒、忧、思、悲、恐、惊过度，气血失调，脏腑紊乱，心神浮越，神失守舍，致精神疾病的发生。《灵枢·本神》有："肝气虚则恐，实则怒……心气虚则悲，实则笑不休。"

强迫症的病位主要在肝、胆，与心、肾、脾、脑等有关。病理性质以正气亏虚或虚实夹杂为主。常兼化火、痰结、食滞等，多属实证；日久易由实转虚，或见虚实夹杂。病机关键是肝胆决断失司，心脑神志失调，气机失调与神魂相搏。

二、诊断标准

强迫症的诊断主要根据病史、精神检查、体格检查及必要的辅助检查，排除由于器质性疾病及其他精神疾病而引发的强迫症状。

患者必须在连续 2 周中的大多数日子里存在强迫思维或强迫行为，或两者并存。这些症状引起痛苦或妨碍活动。

强迫症状需要符合 4 条特点：①患者自己的思维或冲动，而不是外界强加的；②必须至少有 1 种思想或动作仍在被患者徒劳地加以抵制，即使患者已不再对其他症状加以抵制；③实施动作的想法本身会令患者感到不快（单纯为缓解紧张或焦虑不视为真正意义上的愉快），但如果不实施就会产生极大的焦虑；④想法或冲动总是令人不快地反复出现。

三、易发对象预测

（一）体质特征

强迫症主要见于气郁质人群。当气郁体质的人在遭遇诸如压力、惊吓等外界刺激时，由于自身的承受能力和调节能力不足，导致抑郁焦虑情绪无处释放，从而转向通过强迫行为来缓解和分散抑郁情绪，在不知不觉中，由抑郁症转变为强迫症。

（二）性格情志特征

生物学因素和个体心理因素共同作用是强迫症的致病因素，表现为神情忧郁、敏感烦闷、多虑不乐、性格内向、胆小而优柔寡断；具有较为明显的焦虑、强迫、冲动等特质；严肃、刻板、循规蹈矩、认真、十全十美性格等特质。多为因家庭压力大而造成的平素思虑多疑、悲伤欲哭、睡眠不好等。

自身心理素质引发强迫症的形成主要来自没有意识的冲动，造成的一种极端焦虑状态。患者自身扩大事件发生的危险性、严重性及责任感等完美主义者和对于不确定性难以忍受、控制欲非常强及不安全感十分强烈、因刺激反应的次数多等因素，造成患者容易出现紧张、焦虑的症状，进而出现异常行为。患者自身的安全感和认同感非常低，常常会导致患者出现心理焦虑、恐惧、紧张等，产生强迫的思维或行为。

大部分强迫症患者在患病前均存在强迫性人格，主要特征表现为注重事情的细节、洁癖、办事井然有序、做决定时优柔寡断、行事小心谨慎、胆小怕事及严肃古板等。

（三）年龄与性别特征

强迫症的首次发病年龄多见于青春期或青春期前后，且在这个年龄段，男性明显多于女性，约为 2：1。

成人发病率女性均高于男性，这可能与女性较男性应激事件更多，以及女性个性认真、追求完美者较多有关。

青年中的强迫症患病率为老人的 2 倍。18 岁以上的成年人，其平均发病年龄为 25 岁以前，只有一少部分在 35 岁左右。

（四）生活方式与环境特征

1. 家庭环境　家庭环境在强迫症发展中的作用非常重要。它直接影响着强迫症的发生、发展和预后，特别是在青少年时期。对于青年人而言，若从小被教育要对家庭幸福负责，则会慢慢发展成一种较高的道德标准，对自身要求非常高。因而，很多孩子的行为在未能达到高标准的同时会渐渐趋于失败，而不是追求成功，从而出现焦虑，且对世界知觉存在一定的威胁性。家庭教育中对孩子常常会过分批评或过度保护，在被过度保护的家庭中，孩子因未学会如何怎样应对突发危险，会导致孩子出现不安、紧张等不良情绪，渐渐发展成回避伤害行为，如强迫行为。

2. 家长心理状况　一个家庭中，母亲做事优柔寡断、谨慎小心及重视细节，而父亲控制欲非常强，做事严肃古板，他们对于强迫的担忧和强迫行为会直接弥漫在家庭生活和人际关系中。家长的动作和子女强迫症严重的程度有很大联系，并在一定程度上直接影响着孩子的强迫行为。

3. 家长的教育方法　对孩子的需求给予拒绝及缺少温暖，则会使孩子缺乏自信心；对孩子严加管教、期望较高，则会使孩子形成小心谨慎、做事拘谨且追求完美；过度宠爱、保护孩子，则会影响孩子的自主性、独立性等方面的发展，这些常常会导致孩子患上强迫症。如果成长中，孩子对于之前所设定的自我形象也发生变化，但在此种环境之下，孩子难以较好地控制自己的情绪，渐渐产生的焦虑，使其难以接受此种状态，于是会进行更为极端的自我控制，出现强迫思维及行为。

（五）家族遗传特征

早发性的强迫症患者具有十分明显的家庭聚集性，且强迫症患者家长当中，大约有 5%~7% 的家长患有相应的强迫症,与普通人群相比非常高。

在离婚和独身的人群中强迫症发病率略高,在失业者等经济状况较差的人群中及单亲家庭中,强迫症的发病率也较高。

(六)职业与工作习惯特征

白领、学生、科研人员、高级知识分子及 IT 从业者等脑力劳动者,较易发生强迫症。

(七)并发疾病特征

有焦虑、抑郁等情志病者,易发生强迫症。

四、情志养生方法

通过上述预测,确诊为强迫症易患人群,应注意采取情志养生的方法,积极地预防其发生;已经确诊为强迫症的患者,在运用药物治疗的同时,配合情志养生的方法,防止疾病加重;已经缓解或治愈的患者,也要通过各种情志养生的方法,预防强迫症复发。

(一)清静养神法

改变环境,静养心神。《素问·痿论》指出:"静则神藏,躁则消亡。"选择良好、优美、宁静的环境,是促进强迫症患者静心调养,早日康复必不可少的客观条件。

(二)移情悦志法

《医宗必读》说:"境缘不遇,营求不遂,深情牵挂,良药难医。"通过运动、旅游、下棋、唱歌等让自己的心情愉悦,在与外界或他人的交往中,增加见识,开阔眼界,往往可使人茅塞顿开,逐步逐渐纠正其性格内向、胆怯、懦弱、思虑、焦虑、紧张、压抑、易冲动等不良性格和个性,从而从强迫症中走出来。

(三)祝由开导法

首先要向患者说明强迫、痛苦等不良情绪产生的原因。强迫症患者个体中或多或少存在追求完美、对自己和他人要求过高,部分患者在明确诊断前即有强迫型人格,表现为责任感过强、做事过于追求尽善尽美,因而在对待相关生活事件时缺少弹性,适应力下降。因此,要将患者尽量重新恢复到出生时的纯洁之心。

二是告诉患者如何清除那些出生以后被污染的"有害之心"。与患者深层次沟通,讲解其如何做到"无为而治",即重视精神内守而无需讲究外在形式,代之以虚无、清静、平和、纯粹、素朴等,不要由于外物而加重内心的负担,不要由于过度的欲望和外在的环境而扰乱自己的精神。

三是告诉患者如何做到"心静",即顺其自然,心如止水,坦然面对得与失等。

(四)顺其自然法

顺其自然,也是解除强迫症的简单有效方法之一。该怎么办就怎么办,发生了以后就不要再去想它,也不要对做过的事进行评价。比如担心门没有关好,就让它没关好。衣服沾上了东西不干净,就让它不干净。字写得别扭,也由它去,与自己无任何关系。开始时可能会由此带来焦虑的情绪反应,但经过一段时间的训练和自己意志的努力,症状是可以消除的。

(五)厌恶疗法

厌恶疗法是指把可以令患者产生厌恶情绪的感觉刺激与需要消除的行为和症状

紧密结合起来,建立厌恶条件反射,使患者产生强烈的躲避倾向及明显的身体不适感觉,从而矫正其病态行为的方法。主要有3种方法:

一是刺激关联法。将求治者习惯性的不良行为反应与某种刺激关联在一起,如产生疼痛等不愉快的感觉,一旦这一行为反应在想象中出现就予以刺激,反复多次。治疗的具体方法和刺激强度应征得求治者的同意。

二是药物厌恶疗法。即在求治者出现贪恋的刺激时,让其服用呕吐药,产生呕吐反应,从而使该行为反应逐渐消失,多用于矫治与吃有关的行为障碍,如酗酒、狂食症等。

三是想象厌恶疗法。即将施治者口头描述的某些厌恶情境与求治者想象中的刺激联系在一起,从而产生厌恶反应,达到治疗目的。

(六)情志相胜法

强迫症患者把行动的自主权交给了"规矩与习惯",把自己活泼的心智锁进了牢笼。因此,要帮助他们砸开锁链,打开牢笼,让曾被囚禁的自由思想主宰自己的行为。而当头棒喝便是打开牢笼的妙法,是中医情志相胜法的巧妙运用。

所谓"当头棒喝"是借用禅宗中"德山棒,临济喝"的说法。唐代德山宣鉴禅师常以大棒惊吓学生,使执迷不悟的学生顿然开悟;而临济则以模棱两可的问题问学生,学生犹豫不能作答时,临济则大喝声以示警醒。那些弟子为何会执迷不悟呢?原因是他们过分依赖自己头脑中呆板的教条。当一个人过分执着于经典与规矩时,就不知道灵活变通,对活生生的多变的现实就常会感到无所适从。

属强迫型人格的人已经习惯于依教条办事,总是按"应该如何必须如何"的准则去做,在某种程度上像个机器人,机械呆板。要改变这种状况,就应努力寻找生活中的独特事件,让这些独特事件带来新的观念和解决问题的新思路、新方法,起到"当头棒喝"的作用,改变以往墨守成规、循规蹈矩的不好习惯。

(七)药饵养情法

1. 疏肝粥　柴胡、白芍、枳壳各3g,香附、川芎、陈皮、甘草各5g,粳米100g,同煮成粥。具有疏肝解郁之效。可预防气郁体质人群易发强迫行为者。

2. 橘皮粥　橘皮、香橼、郁金各3g,粳米100g,同煮成粥。具有疏肝理脾、解郁、养神之效。

此外,还可将具有疏肝理气解郁的各种花类或药物,如玫瑰花、茉莉花、梅花、佛手、香橼、茴香菜等选择1~2种,每种3~5g,用沸水冲泡,代茶饮用,有稳定情绪、镇静安神、预防抑郁的功效。

(八)经穴养情法

1. 刺络放血法　实证可选用神门、内关、曲泽、大椎、委中、十宣、八邪、肝俞、太冲,用三棱针放血;虚证可选如上穴位,用皮肤针叩刺,避免出血。

2. 按摩法　可根据不同的病症特点,选择相应穴位按压调养:①情绪不稳、烦躁、失眠为主者,取阳陵泉、太冲、三阴交等穴;②情绪低落、烦闷、多疑为主者,取支沟、期门、脾俞等穴;③精神不振、思虑、胆怯为主者,取内关、神门等穴;④情绪不稳、烦躁易怒惊恐为主者,取肾俞、太溪、三阴交等穴。

3. 耳穴调养　可取神门、皮质下、交感、心、肾、肝、胆等穴,用王不留行或白芥子贴压,以达疏通经络、协调阴阳、调理脏腑的作用。

（九）放松训练法

放松训练的具体方法包括理论和实践两部分。

理论部分包括教育患者了解有关强迫症状及身体上的痛苦,练习放松技巧的好处及操作程序,告知患者如何把放松的技巧融入日常活动中。

实践部分是指导患者放松训练的动作以及技巧,让患者认真体会肌肉放松后的感觉,确认肌肉放松后的感觉指标等。

患者掌握放松训练方法后,每周进行 3 次以上的放松训练,每次 20~30 分钟。

（十）音乐怡情法

强迫症可通过多听《阳关三叠》《黄河大合唱》《喜相逢》《高山流水》《阳春白雪》等传统曲目,养肺益气,振奋精神,缓解强迫症状。

（樊　旭）

第四节　癔　症

癔症,又称歇斯底里,临床主要表现为癔症性精神障碍（又称分离症状）和癔症性躯体障碍（又称转换症状）两大类。本病系由于明显的心理因素,如生活事件、内心冲突或强烈的情绪体验、暗示或自我暗示等作用于易感个体引起的一组病症;多发生于青壮年,女性居多。

本病属于中医学"郁证""脏躁""奔豚""梅核气""百合病""诈病"等范畴。

一、病因病机

癔症发作是内因（性格或人格因素、易受暗示性、内心矛盾冲突、过去的精神创伤经历、潜意识的致病情志或疾病获益心理机制等）和外因（精神刺激、外伤等）相互结合的结果。内、外因在发病作用上往往成反比,即性格或人格缺陷越明显时,其发病的刺激因素可越轻,甚至稍有不如意事即可引起发作,如夫妻争吵等。性格或人格正常,在遇到强烈精神刺激时,少数人也可引起癔症发作。在多次癔症发作后,即使并无任何精神刺激,也可由于患者的联想,触景生情,或者回忆而引起发作。

癔症的发生,是由于素体脏阴不足,复因情志所伤,致肝气郁结,逐渐引起五脏气机不和,甚则痰火内扰,痰凝气滞或气滞血瘀,出现神失所主,肢节失养失用等诸多变症所致。

1. 正气不足　素体心血不足,或肝肾阴虚,或长期郁怒忧思,阴血暗耗,脏阴不足,心神失养,神失所藏,而致心神不安。正如《灵枢》所说:"悲哀愁忧则心动,心动则五脏六腑皆摇。"表现为个性狭隘,富于幻想,多愁善感,悲伤欲哭;肝体阴而用阳,脏阴不足,易使肝郁不舒,肝失条达,气失疏泄,而致肝气郁结。表现为意气用事、喜于自炫、容易激惹的个性特征。

2. 七情内伤　七情失节,可使肝失条达,肝气郁结。若气郁化火则兼见肝火的证候;或气郁日久,血瘀不行;若肝郁及脾,或思虑不解,劳倦伤脾,均能使脾失健运,蕴湿生痰,导致气滞痰郁;若情志郁伤,化邪内舍,扰及心神时,则神失所主,神离其位,揣度失灵,运筹无度,从而出现言语零乱无序、妄见妄闻、如有鬼神、行动怪异、哭笑无常、伤人毁物等症状;如气滞血瘀或痰凝气阻,致肢节失养失用则可致偏瘫失语等诸多变症。诚如《诸病源候论》曰："夫贲豚气者,肾之积气。起于惊恐,忧思所生。若惊恐,则伤神,心藏神也。忧思则伤志,肾藏志也。神志伤动,气积于肾,而气下上游走,如豚之奔,故曰奔豚。其气乘心,若心中踊踊如事所惊,如人所恐,五脏不定,食饮辄呕,气满胸中,狂痴不定,妄言妄见,此惊恐贲豚之状。若气满支心,心下闷乱,不欲闻人声,休作有时,乍瘥乍极,吸吸短气,手足厥逆,内烦结痛,温温欲呕,此忧思贲豚之状。诊其脉来触祝触祝者,病贲豚也。肾脉微急,沉厥,贲豚,其足不收,不得前后。"

由于情志不遂,肝郁及脾,耗伤心气,营血渐耗,若久郁伤脾,饮食减少,生化无源,则气血不足,心脾两虚;郁久化火,易伤阴血,累及于肾,阴虚火旺,由此发展成为种种虚损之候。

总之,癔症的发生,因郁怒、思虑、悲哀、忧愁之所伤,加之素体脏阴不足,心神易伤,在病理上又互为因果、互相累及,情志内伤是病变的原因,神伤则为病的归宿。初病因气滞而夹湿痰、食积、瘀血者,则多属实证;久病由气及血,由实转虚,如久郁伤神、心脾俱亏、阴虚火旺等均属虚证。

二、诊断标准

癔症的临床表现复杂多样,既可有运动、感觉等障碍的类似神经系统疾病的症状,又可有短期发作的精神症状。

癔症的症状缺乏特异性,可见于多种神经精神疾病和躯体疾病。临床上如求治者病前有明显的心理诱因、找不到器质性病变的证据、有暗示性等特征时要想到癔症的可能。但是,要做出癔症的诊断需要充分证据排除能导致癔症症状的神经、精神与躯体疾病,有的患者可能需要通过反复随访观察方能确诊。

1. 症状标准

(1)有心理社会因素作为诱因,至少有下列 1 项综合征:癔症性遗忘,癔症性漫游,癔症性双重或多重人格,癔症性精神病,癔症性运动和感觉障碍,其他癔症形式。

(2)没有可以解释上述症状的躯体疾病。

2. 严重标准　因心理因素而造成的工作和人际交往等社会功能受损。

3. 病程标准　起病与应激事件之间有明确关系,病程多反复迁延。

4. 排除标准　有充分依据排除器质性病变和其他精神病、诈病。

5. 同时注意以下诊断要点

(1)发病与精神因素密切相关。

(2)症状有夸张做作、易受暗示的特点,精神症状常为发作性,发作间期无后遗症状。

(3)躯体检查不能发现相应器质性病变,躯体症状常违背解剖生理规律,患者常表现出轻松愉快、泰然漠视的态度。

(4)常有癔症性格特征。

三、易发对象预测

(一)体质特征

体质强弱不同,对情志刺激的耐受力也有一定差异。"太阴之人,多阴而无阳",

精神易抑郁;"少阴之人,多阴少阳",心胸狭窄,多忧愁悲伤,郁郁不欢;"太阳之人,多阳而少阴",感情易暴发;"少阳之人,多阳少阴",爱慕虚荣,自尊心强。癔症主要因脏阴不足,五内躁动,水火失济,以致心火浮亢,神志无主而发病,是重要的体质特征。另外,性格内向、精神敏感的特禀质者,受遗传影响,发病率也较高。

另外,《黄帝内经》认为机体脏腑气血病变,也会引起情志的异常变化。如"血有余则怒,不足则恐"(《素问·调经论》),"肝气虚则恐,实则怒……心气虚则悲,实则笑不止"(《灵枢·本神》),"精气并于心则喜,并于肺则悲,并于肝则忧,并于脾则畏,并于肾则恐,是谓五并,虚而相并者也"(《素问·宣明五气》)。这是五脏精气乘一脏之虚而相并后引起的情志变化。凡此种种,都说明内脏病变可导致情志改变,五脏虚实不同亦可引起不同的情志变化。

(二)性格情志特征

癔症易发生于具有癔症性性格缺陷或癔症性人格障碍者,如性情急躁、爱感情用事并缺乏理智、心胸狭窄、比较自我中心或任性、容易接受暗示、喜欢表现自己,或者做作夸张(如演戏样)以吸引他人注意,意志薄弱,易于受人诱惑等。

在人格方面具有暗示性、情感性、自我中心性、表演性、幻想性特征的个体,为癔症发生的重要人格基础。患者的文化程度相对较低,大多生活在封闭性的同源文化环境中。

(三)年龄与性别特征

癔症的发病年龄多数在 16~30 岁,女性远多于男性,儿童亦有发生。《外台秘要》说:"女属阴,得气多郁。"《备急千金要方》说:"女人嗜欲多于丈夫,感病倍于男子,加以慈恋爱憎,嫉妒忧恚,染着坚牢,情不自抑,所以为病根深,疗之难瘥。"这些均说明女性更易受到情志因素影响,更易发生癔症等情志疾病。

(四)生活方式与环境特征

各种精神因素,如家庭不和、人格受辱等使患者感到气愤、委屈、恐惧等,都可直接引起癔症发作。对应激性事件的经历和反应是引发本病的重要因素,如经历战争,遭遇对个体有重大意义的生活事件等。

幼年期的创伤性经历,如遭受精神、躯体或性的虐待,可能是成年后发生分离(转换)性障碍的重要原因之一。正如《淮南子·精神训》所言:"人大怒破阴,大喜坠阳,大忧内崩,大怖生狂。"

(五)家族遗传特征

癔症的遗传学研究结果颇不一致,有的研究认为癔症存在遗传因素影响,而有的研究结果又认为遗传的影响甚小,有人认为是一种多因素遗传形式。

(六)职业与工作习惯特征

癔症与职业有密切关系。脑力劳动者,如科研人员、高级知识分子、IT 从业者、白领、学生等,因为工作、学习压力大,生活不规律,缺乏与社会沟通的机会,容易发生癔症。

(七)并发疾病特征

脑部器质性病变有产生和加重癔症症状的倾向,如脑动脉硬化、脑萎缩、脑外伤、精神运动性癫痫等。

其他精神疾病,如焦虑症、抑郁症、精神分裂症和精神发育不全等,也可伴发癔症。

四、情志养生方法

通过上述预测,确诊为癔症易患人群,应注意采取情志养生方法,积极地预防其发生;已经确诊为癔症的患者,在运用药物治疗的同时,配合情志养生方法,防止疾病加重;已经缓解或治愈的患者,也要通过各种情志养生方法,预防复发。

(一)移情悦志法

《证类本草·序例上》指出:"世有童男室女,积想在心,思虑过当,多致劳损。男则神色先散,女则月水先闭。何以致然? 盖愁忧思虑则伤心,心伤则血逆竭,血逆竭故神色失散而月水先闭也……若或自能改易心志,用药扶接,如此则可得九死一生。"这是说少男少女因恋慕未遂,忧虑过度而耗伤心神,并导致脏腑气血功能障碍导致癔症发生,主要还应"改易心志",不要为一事一物一人而纠缠不清,天涯何处无芳草,要将自己的注意力尽早转移出来,通过培养琴棋书画等雅趣而愉悦自己的情志。

(二)祝由开导法

可分共情、渲泄、讨论等阶段进行。

1. 共情　详细了解患者的个人发展史、个性特点、社会环境状况、家庭关系、重大生活事件及患者对事件的具体心理感受,要求做到"感同身受",使患者对治疗者非常信任。

2. 渲泄　让患者充分表达内心的感受和痛苦、疏泄其积怨和愤懑,要求治疗者要耐心严肃地听取,可加以适当诱导,既不随声附和,也不要批评指责。

3. 讨论　与患者共同找问题、分析问题,共同选择解决问题的方法。要求治疗者不要将自己的认识、观点强加于患者,强调让患者自己选择解决问题的方法并对此选择的得失完全负责,而治疗者则始终要求患者学会按功能性、建设性的原则思考问题和解决问题。

(三)行为养情法

可采用系统脱敏疗法,使那些原能诱使癔症发作的精神因素逐渐失去诱发癔症的作用,从而达到减少癔症复发的目的。

可先让患者倾诉与发病最有关的精神因素、内心冲突,并与患者一起按刺激量的强弱分为十级。同时训练患者学会全身松弛,学会全身松弛后开始脱敏。最初一级脱敏是可以短时间播放精神刺激的录音或录像,或让患者闭目想象那种精神刺激的场面,当患者稍感紧张不安时,停止播放,或让患者抹去想象,全身放松。如此多次反复,由于交互抑制的原理,使这种刺激不再引起患者的紧张不安时进入下一级脱敏。以后逐级增加刺激量,直到最后完全沉浸在精神刺激的录音、录像或想象之中时仍无明显的情绪反应为止。然后再迁移到现实生活之中,使患者能逐步适应充满精神刺激的现实生活,正常地工作、学习。

系统脱敏疗法的近期效果与暗示疗法相似,但远期疗效优于暗示疗法。而且这种疗法的效果不受患者个性、暗示性影响。

(四)饮食养情法

良好的饮食习惯,合理膳食,能保持身心愉快,是调节身体功能的有效方法。

1. 甘麦大枣汤　淮小麦 60g,大枣 14 枚,甘草 6g。先将小麦浸软碾碎、大枣浸泡后,入甘草共煮 1 小时,去甘草,吃枣喝汤,每日 1~2 次。具有养心安神除烦恼功效。

2. 山药枣仁饮　山药 30g,芡实 30g,酸枣仁 10g,煮熟后可取汤饮,亦可加糖一起服食。具有健脾养心功效。

（五）经穴养情法

1. 耳压疗法　取双侧耳穴神门、脑干、皮质下、耳尖、枕、枕小神经、心、肝。每次治疗前选用探针探压耳区找出穴位敏感点,用胶布将冰片贴于敏感穴位上,每次选耳穴 4~6 穴,每日按压 3~5 次,每次 2~3 分钟,以感觉所压部位灼痛或酸麻但能耐受为佳。发作期按压时间和次数适当增多,两耳轮换,3 日更换 1 次,4 次为 1 个疗程。每一疗程结束后休息 3~5 天,接着进行下一疗程治疗。具有镇静安神、息风止痉作用。采用冰片作压耳药物,有通诸窍、散郁火、消肿止痛之效。

2. 按摩法　患者仰卧,用指揉两侧太阳穴处,操作 2 分钟;用推法自头维经太阳至耳门为止,反复操作;用点按法自锁骨下气户穴起,向下逐点膺窗、乳根、期门、日月、腹哀、大横、腹结、腹舍至冲门穴止,每穴约 1 分钟;用指推前臂三阴经循行处,即曲泽至大陵,尺泽至太渊,少海至神门,反复操作,并点按内关和神门,反复施术 2 分钟;按揉足底涌泉,约 2 分钟。

患者俯卧,用揉摩法于背部操作,重点是膀胱经循行部位,点按肺俞、心俞、膈俞、肝俞、脾俞、肾俞、志室、关元俞、膀胱俞等,最后拿肩井。

（六）环境养情法

安静、幽雅、协调的生活环境,令人喜悦的气味,优美动听的乐曲,可使人清爽舒畅、精神振奋、提高工作效率。喧嚣吵闹、杂乱无章、气味腥臭的环境,会让人感到心情不舒畅,压抑、沉闷,或厌倦、烦躁,工作和学习的效率会明显下降。

不仅如此,不同的色彩会使人产生不同的感觉,从而直接影响人的精神状态。因此,为癫症易患者创造良好的正向环境,也是影响其情绪变化,预防病症发病的有效手段。

（七）以诈治诈法

以诈治诈法源于张仲景的《伤寒论》。章虚谷释其义为:"向壁卧,其人安静也。不惊而起,左右盼视,身健心清也。问其病状,三言三止,吞吐支吾,无痛苦可说也。脉之咽唾,无呻吟声,而脉自和,则灼知其为诈病矣。即以危言恐之,彼畏毒药针灸,其病自愈,是以诈治诈之妙法也。"成无己在《注解伤寒论》中说:"诈病者,非善人,以言恐之,使其畏惧则愈。"假病可能就是一种癫症,当听到医生来时并不惊起,而是带怒的神色偷看。当问他的病情时,总是支支吾吾,时讲时停很不爽快,无明确的痛苦之说。切脉时又装着吞唾沫,脉象正常,从望、问、闻、切四诊互参,可作出比较正确的判断。既然是假病,心中必虚,以假治假,危言恐吓之而能治愈。

清代魏之琇主编的《续名医类案》中记载有一诈病医案:"张景岳向寓榆关客邸,一友忽黄昏叩门,张皇甚。问之则所狎之妓,忽得急症,势在垂危。倘遭其厄,祸不可解,因求救。随往视之,见其口吐白沫,僵仆于地,口鼻四肢俱冷,气息如绝,状殊骇人。及诊之,则气口和平,与症不应。沉思久之,复诊脉如故。始悟其诈也,乃以仲景法试之。遂大声言曰:'此病危矣,使非火攻,必不可活;非用如枣如栗之艾,亦不可活;又非灸人中、眉心、小腹数处,亦不能活。吾寓有艾,可速取来。然火灸尚迟,姑先与一药,倘能咽,咽后稍有声息,则生意已复,即不灸亦可。若口不咽,或咽后无声,速灸可也。'即与一药,嘱其服后,即来报我。彼闻言已惊,惟恐大艾着体,药到即咽。少顷即哼声出,则徐动徐起矣。次日问其由,乃知为吃醋而然也。曲中奸狡,有如是者。"

上案根据脉证诊断为诈病,先以危言吓之,非重火艾灸不可,重艾又必毁面容。即以丸药试之,如果吞咽后能出声,便可不用重艾。诈病者心中明白,只好吞咽药丸,并发出声音,而"病者"遂起。

《挥麈新谈·奇疾》记载了一则用惊吓方法治疗癔症的案例:"邱汝诚治一女子,欠伸臂不下。邱命其母裸女上身,以单裙着之。曰:俟吾揭帘即去下裳。母如命。邱扬声而入,女羞缩臂,即复故。"这种疗法巧妙地利用了患者害羞怕辱的本能,故意使患者处于感到羞耻、受侮辱的环境,迫使患者产生短暂、强烈的自我防卫心理与行为,来消除躯体症状。

(辛 宝)

第五节 躁 狂 症

躁狂症主要以情感活动过度高涨为特征,伴有相应的认知和行为改变,易激惹、激越,甚至发生意识障碍,严重者可表现与心境协调或不协调的幻觉、妄想等精神病性症状,属于心境障碍,又称情感性精神障碍。随着社会竞争的日趋激烈,发病率呈现逐年递增趋势。

本病属于中医"狂证"范畴。

一、病因病机

躁狂症的发病原因目前还不完全清楚,大量国内外研究资料提示遗传因素、神经生化因素和心理因素对其发生有明显影响。不良的生活事件和环境应激事件与躁狂症的发作密切相关,如失业、失恋、家庭关系不好、长时期高度紧张的生活状态等。但并非所有遭受重大事件的人都能患病。因此,本病的发生需要考虑多种综合因素的作用。

中医对躁狂症有较早的认识,早在《黄帝内经》中,"狂"即作为疾病名称和一组症状出现。如《灵枢·癫狂》云:"狂始发,少卧不饥,自高贤也,自辩智也,自尊贵也,善骂詈,日夜不休……狂言、惊、善笑、好歌乐、妄行不休……"《黄帝内经》认为其病机与体内火盛有关:"诸躁狂越,皆属于火。"(《素问·至真要大论》)。

对于"狂证"的治疗,东汉张仲景所著《伤寒杂病论》中论述了瘀血发狂的证治,即"其人如狂者,血证谛也",并据其症状轻重,分别用抵当汤、抵当丸、桃核承气汤予以治疗。晋代《肘后备急方》载有苦参丸。唐代《备急千金要方》则载有定志丸,药用人参、茯神、远志、甘草、石菖蒲,可健脾养心、安神定志。明代《景岳全书》认为,若只因火邪,而无胀闭热结者,但当清火,宜抽薪饮、黄连解毒汤、三补丸之类主之。若水不制火,而兼心肾微虚者,宜朱砂安神丸,或服蛮煎、二阴煎主之。若阳明火盛者,宜白虎汤、玉泉散之类主之。清代戴思恭《秘传证治要诀及类方》指出:"癫狂由七情所郁,遂生痰涎,迷塞心窍……当治痰宁心,宜辰砂妙香散加金箔、珍珠末,杂青州白丸子末,浓姜汤调下。"这些方剂的多样化为躁狂症的中医治疗奠定了坚实基础,其治疗方药也一直沿用至今。

躁狂症的发生主要与情志失调等因素有关。

1. 肝气郁滞 气失畅达,血行凝滞,导致气滞血瘀或痰瘀互结,而致气血不能上荣脑髓,神机失用而发病。

2. 郁火伤阴 恼怒郁愤不解,肝失疏泄,气机不畅,日久化火,形成火郁。心肝郁火或阳明腑热久羁,耗津伤液,阴虚火旺,神明不安。

3. 痰火上扰 愤懑恼怒,暴怒不止,引动肝胆木火,炼液为痰,痰热火郁上扰,冲心犯脑,神明无主而发病。

躁狂症的病位主要在心,涉及肝、胆,久而伤肾。病理因素以气、痰、火、瘀为主,四者有因果相兼的关系,且多以情志因素所引发。本病初起多属实证,久则虚实夹杂。病机多为痰火上扰,心神不安,久则火盛伤阴,心肾失调。

二、诊断标准

躁狂症的诊断主要依据以下4个方面。

1. 症状 以情绪高涨或易激惹为主,并至少有下列3项(若仅为易激惹,至少需4项):

(1)注意力不集中或随境转移。

(2)语量增多。

(3)思维奔逸(语速增快、言语迫促等)、联想加快或意念飘忽的体验。

(4)自我评价过高或夸大。

(5)精力充沛,不感疲乏,活动增多,难以安静,或不断改变计划和活动。

(6)鲁莽行为,如挥霍、不负责任或不计后果的行为等。

(7)睡眠需要减少。

(8)性欲亢进。

2. 严重程度 以情绪高涨或易激惹为主,有严重损害社会功能,或给别人造成危险或不良后果。

3. 病程 符合症状标准和严重程度标准至少已持续1周。可存在某些精神分裂性症状,但不符合精神分裂症的诊断标准。若同时符合分裂症的症状标准,在分裂症状缓解后,满足躁狂发作标准至少1周。

4. 排除 排除器质性精神障碍,或精神活性物质和非成瘾物质所致躁狂。

三、易发对象预测

(一)体质特征

火型禀质人、金型禀质人、木型禀质人宜患躁狂症。

火型禀质的人性格多开朗、心境明快、喜悦乐观。若阳气有余,阴常不足,则多见喜说好动、情绪波动、喜怒无常、躁动不安,在精神上易患躁狂症。

金型禀质的人多坚韧自重、不卑不亢、组织能力强、善交际,若七情过度,精神受损,易于患躁狂症。

木型禀质的人喜动、性急、敏捷能干、思维灵敏,若情志过极,较易患上躁狂症。

此外,体格强健要比体格纤弱的人容易罹患躁狂症。

（二）性格情志特征

精神心理因素是躁狂症的致病因素,表现多为情绪高涨、思维活跃、语言增多、性格不稳定;具有较为明显的冲动、容易被激惹、强迫、活跃好动等特质;精力旺盛、进取心强、易紧张、孤僻、贪欲妄想等,都比较容易患上躁狂症。

（三）年龄与性别特征

本病以年轻者居多,起病年龄高峰在 20~40 岁,60 岁以后首次发病少见。

躁狂症的性别差异不明显,女性因情感细腻丰富,躁狂发作临床表现多为思维奔逸和随境转移,男性则多表现为过度活跃、冒险行为和夸大。

（四）生活方式与环境特征

1. 饮食因素　食欲旺盛,平素暴饮暴食,喜食辛辣油腻之物,过量饮茶和咖啡,喜喝可乐,常饮酒或常饮使人兴奋的饮料者,易患本病。

2. 生活习惯　生活压力过大,过度劳累,经常熬夜,失眠,生活作息无规律或生活方式发生巨大变化,人际关系紧张者,易发本病。

3. 环境因素

（1）社会环境:多数患者是在精神刺激的影响下诱发起病,如父母长期的责骂、受惊、工作压力大、遭领导批评以及与亲人争吵等,都可诱发躁狂病。

（2）自然环境:季节与躁狂症之间有关联,约一半躁狂症是在春天发作。这与春季日照延长,空气电离程度高,人体内分泌激素和神经递质发生相应变化,如体内单胺类神经递质（如肾上腺素、去甲肾上腺素和血清素）增加等因素有关。

（五）家族遗传特征

许多躁狂症患者存在家族遗传史或家族聚集倾向,如果家庭成员中,特别是血缘很近的亲属中有明确诊断为躁狂症的,且表现的症状多以精神运动兴奋为主,则其他家族成员易罹患躁狂症的可能性极大。患者亲属患本病的概率为一般人群的 10~30 倍,血缘关系越近则患病率越高,单卵双生比双卵双生的患病率高。

（六）职业与工作习惯特征

躁狂症与职业和工作习惯有密切关系,脑力劳动者以及相对封闭空间工作人员等因工作压力大,生活不规律,缺乏良好休息,缺乏与社会沟通的机会,较易患躁狂症。

（七）并发疾病特征

罹患神经系统疾病,如中风、癫痫、多发性硬化;内分泌疾病,如甲状腺功能亢进症、糖尿病、多囊卵巢综合征,以及心脑血管疾病中的心律失常、高血压等,因病情恢复时间长,患者易出现焦躁、性急的表现,并发躁狂症的概率较高。

四、情志养生方法

通过上述预测,确诊为躁狂症易患人群,可以采取情志养生的方法进行预防和早期干预;如果确诊为躁狂症患者,在运用药物治疗时可配合情志养生方法,防止病情加重;已经缓解或治愈的患者,也可通过各种情志养生方法,预防疾病复发。

（一）修心养性法

养生的第一要务便是养心。《黄帝内经》提到:"恬惔虚无,真气从之,精神内守,病安从来。"心态平和则正气存内,那么抵御外邪的能力就强,就能够保证人体的身心健康。俗话说:"养生重养德,德高寿自长。"所谓德高,就是要个性善良,为人正直,人格高尚,并且具有良好的人际关系和处事能力。孙思邈指出:"德行不充,纵服玉液金丹,未能延寿。"可见养生、养心与道德品质修养的关系密切。郑观应在《中外卫生要旨》中说:"常观天下之人,凡气之温和者寿,质之慈良者寿,量之宽宏者寿,言之简默者寿,盖四者皆仁之端也。"这里指出"仁"就是要做到温和、慈良、宽宏、简默。"仁心仁德"是一个人身心健康的内在标准。

（二）清静养神法

躁狂症者多过于兴奋而不够安静,《黄帝内经》中说"静则神藏,躁则消亡",因此学会清静养神十分重要。

精神情志要注意保持淡泊宁静的状态,因神气清净而无杂念,可使真气内存,达到心神平安的目的。只有思想安静,神气内持,这样邪气才不能侵害。西汉刘安提出神气的静躁与壮老有密切关系,指出"夫精神气志者,静而日充者以壮,躁而日耗者以老"(《淮南子·原道训》)。陈继儒《养生肤语》指出:"今人作文神去,作事神去,好色神去,凡动静运用纷纭,神无不去。"神去则动,何如能静。陈师诚在《养生导引术·呼吸》中亦云:"心如猿,意如马,动而外驰,不易安定。"所以,要做到精神安静亦非易事,只有从思想高度认清了静神的意义,才能克服种种干扰,才能保持精神、情志的淡泊宁静状态,减少名利和物质的欲望。

（三）移情悦志法

易发躁狂者,要注意书画等爱好的培养,以利于心神的安静。

习字作画,既练静功,又练动功,静中有动,动中有静;既调心神,又动身形,神志畅达,气血流通,对心身健康大有裨益。经常临摹名家字画,更添无穷乐处。欣赏名画,可获得"登临之乐"。因病卧床,鉴赏佳作,还可获"卧游之乐"。习字作画,在临摹中反复欣赏出神入化的名家字画,就会感受到高雅艺术的无穷魅力,就会唤起无限的生活情趣,其乐融融,妙不可言。诚如《心术篇》所言:"书者,抒也,散也。抒胸中气,散心中郁也。"

（四）疏泄畅情法

帮助解决患者的实际困难,对于不合理的要求也要耐心解释说服,对其合理的请求则应尽力满足。如工作、学习、家庭生活、社交等方面的困难,可采用顺情疗法。《灵枢·癫狂》曰:"治癫疾者,常与之居,察其所当取之处。"说明关怀、亲近患者,解决其思想上的问题,疏泄畅情,是治疗本病的重要环节。

（五）以情胜情法

忧可胜怒。怒伤肝,愤怒情绪可令人冲动、打人毁物、烦躁、面红耳赤、头晕目眩等。金克木,悲痛、忧愁情绪可以控制克服愤怒情绪。

（六）饮食养情法

躁狂症患者多为火热旺盛之体,故饮食宜清淡,避免食用羊肉、牛肉、狗肉等助热动火之品;忌辛、辣、腌、熏类刺激食物,如辣椒、胡椒、葱、姜、大蒜、咖喱、桂皮、茴香、芥末、浓茶、咖啡等;禁止酒精类饮品的摄入。

阴虚则火旺,水不济火,则心神易于激动、浮越,因此躁狂患者宜多食性味甘寒之物,以清心泻火,养阴生津,如百合、雪莲果、绿豆、天花粉、瓜蒌根、芹菜、苦瓜、西瓜、竹笋、菠菜、冬瓜、莲藕、梨、香蕉、甘蔗、苦丁茶、莲子心等。

躁狂发作时,要减少高能量食物的摄入,所谓"夺其食则愈"也。可多食新鲜蔬菜和水果,及时补充维生素,有利于保持大便通畅,以借阳明为出路,通便而泻火。

(七)药饵养情法

《吴鞠通医案》记载了一则用极苦之药物治愈一狂症的案例:"鲍,三十二岁。大狂七年,先因功名不遂而病……余初诊时,见其蓬首垢面,下体俱赤,衣不遮身,随着随毁。门窗粉碎,随钉随拆。镣铐手足,外有铁索数根,锢锁于大石磨盘上。言语之乱,形体之羸,更不待言……诊其脉,六部弦长而劲。余曰:此实证,非虚证也。于是用极苦以泻心胆二经之火……其得病之由,因伊念头之差,因未识文章至高之境……非人力所能强为,何怒之有……以后渐减苦药,加补阴,半月以后,去刑具,着衣冠,同跪拜,神识与好人无异。服专翁大生膏一料而大壮,下科竟中矣。"

因此,躁狂症药饵调养多以苦寒泻火或甘寒清润药物为主。

1. 莲心大枣汤 莲子心 3g,百合 10g,大枣 6g。莲心研末与百合、大枣共同煎汤,具有宁心安神之效,每日 1 次。适用于躁狂症,情绪焦虑,烦躁不安,打人骂人,脾气暴躁者。

2. 蜂蜜糯米藕 鲜藕、糯米、蜂蜜、白糖适量。鲜藕、糯米冷水浸泡 4 小时,文火煮 30 分钟,放藕片武火 30 分钟,放置冷,后撒蜂蜜。具有滋阴、润肠通便的功效。用于烦躁性急、大便干燥者。

3. 猪肉苦瓜丝 苦瓜 1 条,瘦猪肉 100g。苦瓜切丝,加清水急火烧沸,弃苦味汤。瘦猪肉切片,入苦瓜丝同炒,加调味食用。有泻肝降火之功效,用于情绪高涨、烦躁性急、怕热多汗、面红目赤、大便秘结者。

4. 杞叶炒猪心 猪心 1 具,枸杞叶 100g。猪心洗净切丁,用花生油将猪心和枸杞叶炒熟佐餐。具有补气血,益心肾之功。适用于躁狂症,性情烦躁,精神不宁,多言善惊,睡眠欠佳者。

(八)环境养情法

顺应自然,注意起居。居室须安静、舒适,保持空气新鲜,避免阳光刺激,房间布置以简单、清雅为好,色彩布置美观和谐、宜用冷色调(如绿色、蓝色),避免居住环境过于狭小、阴暗潮湿等。

(九)运动养情法

运动可以达到精神宁静,神气安和,恬恢寡欲的效果,实现人体生理、心理功能的整体优化。快步行走、跑步、骑马、打球、练武术等运动,通过加速体内血液循环,加深肺部呼吸,促进排汗等方式使体内多余能量排出体外,有利于减少躁狂状态。

太极剑、太极拳等动静结合的传统健身项目,也十分有助于调节身心。

(十)音乐怡情法

少听节奏快、音调高亢的音乐,多听曲调舒缓、轻柔、抒情的音乐,如《幽兰》《梅花三弄》等,可以防治恼怒和躁狂。

(阚俊明)

第六节　口　吃

口吃,俗称结巴,是以说话发音时,音节的不随意重复、拖长或停顿,而不能及时说出自己心里想说的确切语言的一种言语节律性障碍。

本病属于中医学"口吃""语塞""謇吃"等范畴。

一、病因病机

口吃发生的相关学说很多,有认为是两侧大脑半球之间协调性不够、缺乏优势控制,即各自发送和支配它们彼此的神经信号,从而导致两侧言语发生肌群不能协调舒缩活动,产生口吃;也有认为口吃现象可能为言语运动功能异常,发声及构音等方面运动协调性障碍所致;还有人认为听觉系统障碍也是口吃的基本原因之一。

口吃一病自古有之。《史记·老子韩非列传》记载韩非"为人口吃,不能道说,而善著书"。西汉著名文学家司马相如也是工于"文"而拙于"言",患有口吃。《史记·司马相如列传》记载:"相如口吃而善著书。"成语故事"期期艾艾",也记述了两个口吃的故事:汉代周昌口吃,有一次跟汉高祖争论一件事,说:"臣口不能言,然臣期期知其不可"(《史记·张丞相列传》);又,三国时期魏国将领邓艾也患口吃,说到自己的时候连说"艾艾"(见于《世说新语·言语》)。后来用"期期艾艾"形容口吃。

口吃的发生与遗传、情志失调、肺脾气虚、跌仆损伤等因素有关。

1. 素体不足,肾气亏虚　素体不足,形体瘦小,表情呆板,发育缓慢,智力迟钝,致语言不利而口吃。

2. 肝气郁结　精神过度紧张,惩罚、嘲笑、环境突然改变、父母死亡或离异、家庭不睦等,致肝郁气滞痰凝,痰气互结于咽喉,肺气不利而口吃。

3. 心神失养　目睹异物,耳闻异声,突然受惊,或被严厉斥责,或受威胁等,惊恐伤肾,致水不济火,心神失养,心虚胆怯而口吃。

4. 肺脾气虚　平素身体无力,说话气短,记忆力差,头脑发涨,面部潮红,致清阳失养,气机隔阻而口吃。

5. 跌仆损伤　幼儿大脑外伤后,如果大脑功能受损,也可能发生口吃,时间长了会变成习惯。儿童期患有百日咳、流感、麻疹等传染性疾病后,也易发生口吃。

口吃的病位表现在舌、喉咙,与心、肝、脾、肺、肾均相关。病理性质初起以气滞为主,常兼血瘀、痰结等,多属实证;日久易由实转虚,或见虚实夹杂。病机关键为气机郁滞导致肝失疏泄,脾失健运,心失所养,脏腑阴阳气血失调。

二、诊断标准

口吃的诊断主要应根据病史、临床症状、病程、体格检查和实验室检查综合确定。

1. 心理特征　根据患者的情况及对他的初步印象,选用十六种人格因素问卷(16PF)、明尼苏达心理量表进行测试,患者多数存在不自信、焦虑、多疑、敏感症状,但精神正常。

2. 发音特征　经常反复出现语音、音节、单词重复、延长,频繁出现停顿,使言语不流畅,但言语表达的内容无障碍。

3. 病程　口吃已达 3 个月以上。

4. 排除神经系统疾病、抽动障碍和精神病性言语零乱等病证。

小贴士

口吃发音的八大特征

1. 开始讲话时有挣扎、紧张的表现。
2. 开始说话时的词语发音有延长现象。
3. 词语的多重复讲话时会充满"a,en"以及词语的第 1 个音节。
4. 发音过程中插入了其他音。
5. 唇、腭周围会出现颤抖。
6. 声音的定调及响度有升高、延长表现。
7. 说话者刻意避免使用特殊的词,以及讲话过程中暂停次数的增多表现。
8. 当患者预料发出某些词语会有困难时,脸上出现恐惧的表情等。

三、易发对象预测

（一）体质特征

口吃多见于气郁、心气虚弱体质之人。气机瘀滞,忧愁思虑,情志过及,愤懑郁怒,致肝气郁结而发病;脾失健运,生化无源,气血亏虚,心失所养,致使口吃的发生。

（二）性格情志特征

幼儿的消极情绪可诱发口吃的发生和发展。

健康状况及外界刺激的性质都会使儿童处于一定程度的情绪中,语言作为人类交流的一种主要工具,口吃会时时唤起幼儿的不良情绪体验,直接影响到幼儿的生活、学习,表现为情绪不稳定,冲动性强,易急躁,情绪波动起伏大。

自信心对口吃的发生也有影响。自信心强的幼儿一般表现得快乐、充满活力,不易发生口吃。反之,自信心弱的幼儿,情绪不太稳定,有时表现得忧心忡忡、沉闷冷淡,较易出现口吃。

口吃患儿由于时常焦虑不安、恐惧,极容易形成害羞、退缩、自卑等性格。

（三）年龄与性别特征

口吃现象大多发生 2~6 岁左右的儿童。幼儿口吃的发病率可达到 3%~5%,50%~80% 的儿童不经治疗可自愈,9 岁以后很少再发生口吃,延续到青年期或成年期的只有 1%。

男孩发病多于女孩,男孩比女孩口吃发生率多 2~4 倍。一般认为其原因可能与女性个性多温柔、安详,而男性个性多急躁、顽皮而喜模仿有关。

（四）生活方式与环境特征

1. 生活习惯　强制改正左利手的习惯可诱发口吃。幼儿左利手被迫改为使用右手时,大脑两半球对语言的控制会出现矛盾与混乱,语言中枢受到干扰而发生口吃。生活压力过大,幼年伙伴少,性格孤独,喜欢独处,不善交友,生活方式的巨大变化,也可引起口吃发生。

笔记

2. 环境因素

（1）社会环境：外界不良情绪的干扰，儿童受惊、被严厉斥责、惩罚、嘲笑、环境突然改变、说话口音不同、换学校等情况下引起恐惧、焦虑、紧张情绪、心理紧张或自卑导致幼儿不敢开口、不愿开口，久而久之成为口吃。如口吃患儿发音不畅，语速缓慢，其周围人群，尤其其他幼儿，对口吃患儿不理解、不尊重，产生哄笑、恶意模仿、捉弄，可影响口吃患儿主动交往的愿望，让口吃患儿在人际交往中趋于回避、退缩，并拒绝开口说话。

（2）家庭环境：幼儿的学习特点为易受暗示，心理适应性差，如果父母不断强化，不断纠正，会加速幼儿对错误信息的关注，从而强化、固化其口吃行为，更难以矫治；家庭出现变故，如父母死亡或离异，家庭不和睦，亦可引发儿童惊恐、孤独、胆怯，不愿与他人语言交流，使语言发育障碍。

（五）家族遗传特征

口吃患者的直系亲属患病危险性较一般人群高 3 倍。父母如果都患有口吃，孩子有 60% 可能患病。

（六）并发疾病特征

1. 呼吸道疾病　某些原因致呼吸不畅可伴见口吃，伴随这种口吃现象出现的还有其他身体不适症状，如头脑发涨、面部潮红、身体乏力、说话气短、记忆力差等；鼻下甲异常肥大、鼻息肉等问题也会造成口吃现象发生。

2. 大脑外伤　幼儿大脑外伤后，如大脑功能受损，则容易发生口吃，时间长则会形成习惯。

3. 传染病　幼年时期，发生百日咳、流感、麻疹等传染性疾病后，也容易引起口吃。

4. 语言神经功能障碍　即与发音、对语言理解甚至读书写字有密切关系的神经系统发生障碍，也可引起口吃发生。

四、情志养生方法

通过对口吃易发对象的预测，确诊为口吃易患人群，应注意采取情志养生方法，积极预防其发生；已经确诊为口吃的患者，在运用药物治疗的同时，配合情志养生方法，防止疾病加重；已经缓解或治愈的患者，也要通过各种情志养生方法，预防疾病复发。

（一）劝说疏导法

《灵枢·师传》曰："人之情，莫不恶死而乐生，告之以其败，语之以其善，导之以其所便，开之以其所苦，虽有无道之人，恶有不听者乎。"这段话十分适合用来指导口吃。

1. 告之以其败　告诉其口吃的危害，引起其思想上的重视，使其愿意积极寻求方法和帮助并改正。

2. 语之以其善　口吃不是先天性的，而是后天出现的。它不是生理上的一种病，而是后天形成的一种习惯而已。既是习惯，当然是可以纠正过来的，也要给其足够的信心。

3. 导之以其所便　诱导患儿家属创造预防和治疗口吃的条件，并劝告其如何调养。英国首相丘吉尔天生患有口吃，但他通过勤于练习和坚持不懈，克服了口吃。他曾诙谐地说:"有时,并不讨厌的小结巴会帮助你吸引听众的注意力……"

4. 开之以其所苦　告诉患者接受自己,正确面对,共同努力,口吃是可以纠正的。有口吃的人不要责怪父母,也不要埋怨自己,要认识到这只是染上了一种不好的习惯而已,只要有针对性地采取对策,这种习惯是可以慢慢矫正的。口吃者在讲话前要给自己一种良性暗示,如讲话前想着"我说话和正常人一样",使自己沉着冷静,尽量放慢语速。

(二)以情胜情法

喜可胜忧,因此对于易患口吃的患者,应经常多"喜"而预防其发生和加重。喜为心之志,喜则气和志达,心又开窍于舌,"笑口常开"即是最简单的"喜"法,即使是为笑而笑,也有助于喜悦情绪的产生。常与至亲好友交谈,是产生喜悦的源泉。多听多看相声杂技、丑角表演及幽默的电影、电视剧、喜剧小品、漫画等,以利于悦人发笑。留心喜悦的事物,多参与喜悦的事情和活动。大胆地秀出你自己,说话时不要急、不要怕。

(三)饮食养情法

《素问·脏气法时论》说:"肝苦急,急食甘以缓之。"甘味食物能缓急,青色入肝,吃甘甜或绿色食物,有一定的疏肝、缓肝、柔肝功效,有助于口吃患者言语和缓。如苦菊、莴苣、青菜、菠菜、香菜、荆芥、苋菜等绿色蔬菜。

五谷五果多禀赋秋天沉降之气,有利于肺气肃降,多食则助言语沉稳。因此预防口吃宜多食用大米、小米、燕麦、藜麦、荞麦、大麦、绿豆、黑豆、青豆、莲子等五谷杂粮,以及柚子、橙子、橘子、苹果、梨子、桃子等秋季成熟水果。

另外,饮食宜清淡,切忌多食各种辛辣、腌熏、烧烤类等刺激性食物。

(四)药饵养情法

1. 远志枣仁粥　用远志10g、炒枣仁15g、枸杞子30g、粳米50g同煮成粥。具有解郁、安神之效。

2. 首乌桑椹粥　用制何首乌15g、合欢花10g、女贞子15g、桑椹子30g,加水煎煮,去渣取药汁300ml,再与小米100g同煮成粥。具有滋补肝肾之效,适用于健忘、烦躁者。

3. 甘麦大枣饮　取淮小麦60g、红枣15g、甘草6g,适量水煎代茶饮用。适用于烦躁、忧郁易怒、面色无华者。

此外,还可将具有疏肝理气解郁的各种花类药,如合欢花、玫瑰花、茉莉花、梅花等,用沸水冲泡,代茶饮用,有稳定情绪、镇静安神功效。

(五)经穴养情法

1. 按摩　根据患者不同的证候特点,经常按摩以下穴位,可以起到醒脑安神、疏肝理气的作用,有助于缓解焦虑,改善口吃。

主穴:心俞、天突、廉泉、膻中、太冲、听宫、下关、颊车。

配穴:肝气郁结者,加肝俞、胆俞、期门;气郁化火者,加行间、侠溪、外关;痰气郁结者,加丰隆、阴陵泉;心神失养者,加内关、神门;心脾两虚者,加心俞、脾俞;肝肾亏虚者,加肝俞、肾俞。

2. 耳穴压豆法　根据患者不同的证候特点,经常用王不留行按压耳穴,有助于防治口吃。

主穴:舌、神门、交感、心。

配穴:肺气不利者,加喉咙、肺;肾不纳气者,加肾;肝气郁结者,加肝、胆。左右耳交替使用。

(六)环境养情法

1. 家庭环境　生活要有规律,不要熬夜,保持足够的睡眠,劳逸结合,避免过分疲劳;避免居住狭小的环境,尽量使居室宽敞明亮、视野开阔、朝南向阳;分析导致口吃的原因,去除引起幼儿紧张的因素,家长对患儿的口吃行为不要表现出过分关注,不责备、不惩罚,为他们创造轻松愉快的环境和同伴及成人对话、交流,缓解并消除其对口吃的焦虑、紧张和恐惧。多陪孩子游戏、游玩,也可给孩子饲养宠物,助其转移其精神压力。

2. 社会环境　不回避社交和交谈,坦率告诉他人自己有口吃,利用机会和别人交谈,持之以恒练习,使口吃在不知不觉中消失;安排口吃儿童在自然环境下和程度不同的恐惧情形下练习讲话。例如,先和熟人朋友说话,逐步与陌生人讲话。

3. 学校环境　安排患者进行课堂讨论,强调讲话出现口吃并不是失败,勇于开口说话是迈向成功的起点;老师提前和同学沟通,对于口吃患者不嘲笑也不模仿,发挥同学们互助互爱的美德;老师先在课前单独向他提问,如果他能不口吃地顺利回答,就立即表扬;进而老师在课堂上向他提问,鼓励他回答,使他相信自己能答好。

(七)运动养情法

全身心投入集体运动中会忘记语言交流的焦虑,在不自觉的交流中改善口吃。轻松的运动能提高自身的情绪,带来身心愉悦,与他人一起运动,更能收获快乐,从而改善口吃状态。如玩耍、游戏、乒乓球、羽毛球、足球、篮球、集体劳动、集体郊游等。

> **小贴士**
>
> #### 舌体运动和矫正不良动作
>
> 1. 舌体运动　锻炼发音器官的协调性。如张嘴吐舌,而后舌体回缩,反复15次;摆舌,把舌体伸出后左右来回摆动15次;搅舌,舌体围绕上下唇内在上下齿外顺时针、逆时针分别搅舌根15次。
>
> 2. 矫正不良动作　如果患儿在口吃时伴有歪脖子或低头等不良动作,就让他站在镜子面前,练习端正脖子或抬头说话。

(八)诵读养情法

根据患儿的年龄特点,选择生动有趣的律诗和生动协调、朗朗上口的诗文,由简入难,让其诵读。刚开始可选择《三字经》,慢慢过渡到五言律诗,如骆宾王的《咏鹅》、王维的《鹿柴》《送别》《杂诗》、李商隐的《登乐游原》、柳宗元的《江雪》、白居易的《问刘十九》、李渔的《笠翁对韵》等。家长既可以带读,也可以播放音像,营造语音环境和声律。

选一些有趣的文章,从容不迫地朗读,养成流畅朗读的习惯。对没有口吃的儿童,可预防口吃的发生;对已有口吃的儿童,可起到辅助治疗的目的。

讲故事也是儿童喜欢的娱乐。在讲故事过程中,可循循善诱,让儿童表达自己的观点和感受,因为沉迷于故事当中,可忘记口吃,是治疗口吃的好方法。注意在讲故事时不应做作、强硬、教条,并尽量在环境优美、视野开阔、阳光充足之处进行,力求轻松、自然,在潜移默化中实现调治效果。

(九)气功养情法

六字诀是一种吐纳法。它是通过嘘、呵、呼、呬、吹、嘻6个字的不同发音口型,使唇、齿、喉、舌产生不同的形状和位置,从而造成胸腔、腹腔不同的内在压力,影响不同的脏腑气血运行,从而达到平肝气、缓心气、补脾气、养肾气、理三焦的作用。练六字诀贵在呼吸缓慢绵长,性情从容淡定。本功法既可以调和五脏,也可以训练唇齿喉舌发音器官,有良好的预防和纠治口吃的作用。

(十)音乐养情法

肝在志为怒,在声为呼。脾在志为意,在声为歌。"呼"和"歌"可以疏肝解郁,条达肝脾气机,有助于消除精神紧张。选择娱乐调治要因人而异,根据儿童不同的经历、个性特点、爱好,选择合适的娱乐方式,如每天给小儿播放朗朗上口的儿歌、民谣或跟着儿歌跳舞,如大家熟悉的《拔萝卜》《小兔子乖乖》《排排坐,吃果果》《小燕子》等;注意选择音乐的节奏以广板、慢板、柔板、行板为主,节奏不宜快,让儿童不知不觉中唱会正确的语言。

(吕沛宛)

第七节　咽喉异感症

咽喉异感症又称咽喉神经症、咽癔症、癔球,是以自觉咽喉部如球塞、瘙痒、紧迫、黏着、烧灼、蚁行、吞咽梗阻,或颈部不适、紧迫、呼吸不畅、有物上下移动不定等,而无疼痛的多种异常感觉或幻觉为主要表现的一种病症。咽喉异感症为耳鼻咽喉科常见病,多发于青中年人,以30~40岁女性居多,男性与女性发病比例为2:5。

本病属于中医学"梅核气"范畴。

一、病因病机

咽喉部神经支配极为丰富,感觉和运动神经主要来自咽后壁的咽丛,含有迷走神经、舌咽神经、副神经和副交感神经的分支,此外尚有三叉神经第二支、舌咽神经等直接分布于咽部,因此咽部感觉极为灵敏。全身或局部疾病可通过神经的反射和传导作用,使咽部发生异常感觉,如咽喉、鼻、颈部病证或自主神经功能失调、围绝经期综合征等。精神和情绪的变化,对于本病的发生和发展有着明显影响,且由于工作压力、情绪紧张、睡眠障碍等引起咽喉部肌肉紧绷也可引起本病。

中医称本病为"梅核气"。中医对梅核气的认识源于汉代张仲景在《金匮要略·妇人杂病脉证并治》中记录的"妇人咽中如有炙脔",是有关妇人咽中有异物感症状的最早记述。《赤水玄珠》所载"生生子曰:梅核气者,喉中介介如梗状,又曰痰结块在喉间,吐之不出,咽之不下是也",首提梅核气之病名。还有《备急千金要方》所载"咽中帖帖,如有炙肉脔";《万病回春》所载"状若梅核在咽喉间,咯不出,咽不下";《医碥》所载"痰如破絮桃胶蚬肉,咯不成,咽不下""咽喉有物不能吞吐,如毛刺、如絮、如膜、如梅核";《类证治裁》所载"有梅核梗塞咽中,咯不出,咽不下";《医宗金鉴》所载"咽中如有炙脔,谓咽中有痰涎,如同炙肉"等描述。

咽喉异感症的发生主要与情志失调等因素有关。

1. 肝气郁滞,脾运失职　多因情志抑郁,肝失条达,气机不畅,横逆侮脾,运化失职,升降失常,痰湿内生,痰与气相互搏结于咽喉。

2. 饮食失调,忧思伤脾　久病体弱或劳心思虑,致脾胃受损,气机升降失司,咽喉不利而发病。

咽喉异感症的病位在咽喉,与肝、脾关系密切。病理性质虚实夹杂,脾虚肝郁为本,痰凝气滞为标。病机关键为情志不畅,肝气郁结,肝郁脾虚,聚湿生痰,痰气结于咽喉。

二、诊断标准

1. 咽异感部位在口咽和胸骨上窝之间,异物感部位不固定,咽部可感到似有异物、蚁行、灼热、紧束、闷塞、狭窄及痰黏着感等感觉。或感觉一小球随吞咽上下移动,咯吐难出。吞咽唾液时更为明显,不痛,进食无妨。

2. 症状常随患者情绪起伏波动,异常感觉也可随时改变。病程长短不一。

3. 排除咽喉部、气管、食管等部位的器质性病变。

三、易发对象预测

（一）体质特征

咽喉异感症主要见于气郁质人群。这类人群愤懑郁怒,肝气郁结、肺失宣降;忧愁思虑,饮食不节,脾失健运;气机阻滞,津液输布失调,聚湿成痰,痰气交结,致使咽喉异感症的发生。另外,性格内向、精神敏感的特禀质者,发病率也较高。

（二）性格情志特征

精神心理因素是咽喉异感症的致病因素,表现为精神紧张、忧郁多虑、敏感多疑、烦闷不乐、胸闷不舒、性格内向,喜欢独处、不合群;具有较为明显的焦虑、抑郁寡欢等特质。

（三）年龄与性别特征

青中年人,以30~40岁女性居多。女性情感细腻丰富,此年龄段正处于家庭、事业的关键期,生活中爱情的不顺、对儿女的教育陪伴、家庭关系的处理,工作中职称晋升、职位升迁等都牵扯很大精力,种种挫折或不顺,给女性带来压力,易致肝郁气滞、脾失运化,痰气互结。

（四）生活方式与环境特征

1. 饮食因素　饮食不节,多喜食肥甘厚味、煎炸肥腻之物,或饥饱无常、暴饮暴食,使脾胃受损,运化失职。

2. 生活习惯　生活压力大,过度劳累;经常熬夜,生活作息无规律或生活方式巨大变化;喜欢独处,不善交友,人际关系紧张;喜欢阅读观看悲剧文学作品或影视剧等;有饮酒、吸烟习惯。

3. 环境因素　环境因素对咽喉异感症的发病影响较大,包括社会动荡或对个体不利的社会因素,如经济困难、家庭氛围压抑、工作或人际关系紧张。令人感到有压力的生活事件及持续性困境也可能诱发本病,如失恋、离婚、丧偶、失业等。生活环境中空气干燥、质量差、雾霾严重的地方,也是本病高发地区。

（五）家族遗传特征

本病虽非遗传病,但子女受父母患梅核气暗示,成年后往往也易发本病。

笔记

（六）职业与工作习惯特征

用嗓比较多的职业，如教师、歌手、播音员、话务员等，易患咽喉异感症。长时间处于空气质量欠佳环境中的职业，如处于封闭办公楼里的白领、环卫工人、交通警察、采矿工人等。除此之外，经常吸烟或被动呼吸二手烟的人、应酬较多的人，咽喉部易受烟酒刺激而引起本病。

（七）并发疾病特征

咽喉异物感属于患者的主观感受，体检并未发现异常表现，常与自主神经功能失调的表现并存，如失眠、焦虑、情绪低落、烟酒刺激引起的呛咳等。

四、情志养生方法

通过上述预测，确诊为咽喉异感症易患的人群，应注意采取情志养生方法，积极预防其发生；已经确诊为咽喉异感症的患者，在运用临床方法治疗的同时，配合情志养生方法，防止疾病加重；已经缓解或治愈的患者，也要通过各种情志养生方法，预防疾病复发。

（一）修心养性法

咽喉异感症患者性格多内敛，情感细腻、敏感，因此在日常生活中，要培养宽广豁达的胸襟。阅读是一种很有效的方法。书籍不仅是知识的海洋，更是生活的智者，尤其是一些奋发向上或抒发豪迈情怀的文学作品，在阅读过程中，可以跟随作者体会生活，品味人生，陶冶情操，从而提升自我修养。

（二）移情悦志法

可以根据个人喜好，培养兴趣爱好，如绘画、乐器演奏、唱歌、跳舞等，丰富生活，增添乐趣。其他如和亲朋好友喝茶聊天、逛街旅游等，多与亲近的人交流，便于疏泄不良情绪。

（三）自我暗示法

当生活或工作中不顺时，多用积极的心态鼓励自己，如提醒自己"好事多磨""车到山前必有路""天塌下来有个子高的顶着""生气是用别人的错误来惩罚自己"等等，等冷静下来再客观分析问题、寻找解决问题的方法，相信"风雨之后会见彩虹""经历磨砺才会更强大"，不要太多在意别人的看法，"走自己的路让别人羡慕去吧"，每个人有每个人的精彩！

（四）以情胜情法

喜可胜忧，因此对于易患咽喉异感症的人，应经常用"喜"来预防其发生和加重。"笑口常开"即是最简单的"喜"法，常与至亲好友交谈，是产生喜悦的源泉。多听多看相声杂技、丑角表演及幽默的电影、电视剧、喜剧小品、漫画等，以利于引人发笑。留心喜悦的事物，多参与喜悦的事情和活动。即使是为笑而笑，也有助于喜悦情绪的产生，当看到自己口角上扬，作出笑的表情时，也可以帮助调节心境。

（五）饮食养情法

良好的饮食习惯，合理膳食，能保持身心愉快，是调节身体功能的有效方法。禁酒戒烟，避免富含饱和脂肪酸的食物、猪肉或油炸食物，不过食辛辣、腌熏等刺激性食物。可以多食用黄花菜、香橼、白萝卜、佛手、芹菜、番茄、香蕉、葡萄柚、菠菜、樱桃等食物。

（六）药饵养情法

1. 绿梅怀药羹　用怀山药切片加水煮烂后放入绿萼梅一滚即可，去渣食用。具有健脾理气之效,适用于脾失运化者。

2. 香橼枸杞饮 用香橼、枸杞适量,泡茶饮用。具有疏肝解郁之效。

3. 佛手玫瑰饮 取佛手花、玫瑰花、橘络、金柑皮、胖大海中任意 2~3 种适量,泡茶饮用,适用于咽喉部梗咽者。

此外,还可将具有疏肝理气解郁的各种花类药物,如厚朴花、合欢花、玳玳花、茉莉花等,用沸水冲泡,代茶饮用,有稳定情绪、镇静安神的功效。

(七)经穴养情法

针灸可以起到醒脑安神、疏肝理气、化痰散结的作用,对预防和治疗咽喉异感症有很大帮助。

1. 体针

主穴:太冲、天突、丰隆、足三里。

配穴:肝气郁结者,加膻中、内关、期门;气郁化火者,加行间、侠溪;痰气郁结者,加阴陵泉;气滞血瘀者,加血海、三阴交、膈俞;心脾两虚者,加心俞、脾俞、三阴交;肝肾亏虚者,加太溪、三阴交、肝俞、肾俞;外邪客于咽喉者,加外关、风池、曲池。

2. 耳穴 可取神门、三焦、交感、肝、胆、心、脾、食管、咽喉等穴,用短毫针刺或用王不留行、磁珠贴压,可疏通经络、协调阴阳、调理脏腑。

按揉丰隆、足三里、三阴交、太冲等穴,可疏肝健脾,理气化痰;按揉百会、四神聪、印堂、风池、大椎、天柱等穴,可使患者头颈部放松,消除疲乏,缓解焦虑抑郁情绪,改善睡眠;按揉患者背部膀胱经所循行部位,可使全身放松,消除紧张疲劳;点按肺俞、心俞、肝俞、胆俞、三焦俞等穴,可调整脏腑功能,振奋人体阳气等。

(八)环境养情法

生活工作环境整洁卫生,经常通风换气,保证室内空气清新。如遇雾霾等不良天气时,注意净化室内空气,外出活动带防霾口罩。室内保证充足光照,避免呼吸"二手烟"。尽量减少在环境污染严重地区的停留。

阳光明媚,风和日丽之时,多到户外,多接触大自然,观赏自然风光。不要熬夜,保持足够的睡眠。

(九)运动养情法

带有娱乐性的大众运动,如跳广场舞、跳绳、踢毽、打羽毛球等项目较适宜。此类运动不仅能强筋健骨,改善心肺功能,促使大脑分泌内啡肽,让人产生欢乐、愉快、满足的感觉,还可以结交朋友,帮助排遣压力和忧郁。

传统功法如太极拳、五禽戏、八段锦、六字诀等,动作柔缓,可舒展肢体,疏通经络,调畅气机。其中"六字诀"功法,运动身体的同时配合发声,可舒畅脏腑气机,调理脏腑功能,适合多习练。

(十)娱乐养情法

咽喉异感症患者可通过一些轻松的娱乐活动,如听音乐、歌咏、跳舞、习练书法、绘画、摄影、看电影、旅游等,消除神经紧张,增进人际交流,产生愉悦感。根据个人经历、个性特点、爱好和修养的不同,选择合适的娱乐方式,在环境优美、空气新鲜、视野开阔、阳光充足之处,特别是自然风光秀丽的地方进行,更利于实现其作用。

(邢海娇)

第八节　心血管神经症

心血管神经症,又称心脏神经症,是以心血管系统症状与自主神经功能紊乱合并出现为特点的一类躯体化症状的心身疾病。国外研究者对1 214例30~60岁人群进行研究,发现心脏神经症的患病率达22.8%;以首发心血管症状到医院就诊的患者中,心脏神经症患者比率达10%~15%。

本病属于中医学"心悸""胸痹""郁证"等范畴。

一、病因病机

心血管神经症的发病机制与神经、心理因素关系密切。循环系统受神经与体液共同调节,其中起到主导作用的是神经系统,主要表现在交感神经和迷走神经的相互对抗和相互协调。例如,当交感神经兴奋时,心率增加,而当迷走神经兴奋时,心率减慢。当两者协调时,心率相对稳定。否则会导致心率异常,使患者感到明显的身体异常。因此,中枢神经系统功能障碍会影响到心脏自主神经系统的正常功能,引起机体生理功能的改变。此外,肾上腺素的分泌量增加、女性雌激素水平的变化、中枢下视丘病变以及体内去甲肾上腺素(NE)和5-羟色胺(5-HT)的功能障碍等,均能引起心血管系统的功能调节发生障碍,从而出现各种临床症状。高敏C-反应蛋白和肿瘤坏死因子-α(TNF-α)增高与心血管神经症的发生密切相关。

早在《黄帝内经》中已有"惊""惕""惊骇"等类似心血管神经症病名和症状的描述,如《素问·经脉别论》指出"有所惊恐,喘出于肺,淫气伤心",说明早在此时,惊恐可能导致心悸就已经为医家所注意;《素问·举痛论》载"惊则心无所倚,神无所归,虑无所定,故气乱矣",认为宗气外泄、心脉闭阻、突受惊吓、复感外邪等均为其病因,同时深刻认识到本病心悸脉象的变化。汉代张仲景所著《金匮要略》中有关于"惊悸""胸痹"的专篇论述,如"寸口脉动而弱,动则为惊,弱则为悸""胸痹心中痞,留气结在胸,胸满,胁下逆抢心,枳实薤白桂枝汤主之;人参汤亦主之""胸痹,胸中气塞,短气,茯苓杏仁甘草汤主之;橘枳姜汤亦主之";此外,《伤寒论》所载病证中也有很多包含心悸的症状,如心阳虚兼有心悸和烦躁的桂枝甘草龙骨牡蛎汤证、脾阳虚水气上冲致心下逆满的茯苓桂枝白术甘草汤证、心动悸脉结代的炙甘草汤证等。至宋金元时期,《丹溪心法》提出"责之虚与痰"的观点,成无己则认为气虚与饮停是心悸的基础原因。至清代,唐容川则将虚、痰、火、瘀归为心悸的病因病机;王清任亦提出瘀可致悸,且尤为重视血瘀在疾病致病及转归中的作用。

心血管神经症的发生与情志所伤、体虚劳倦、饮食不节等因素有关。

1. 七情失节　《济生方》指出:"惊悸者,心虚胆怯之所致也。"平素心虚胆怯,暴惊暴恐,损伤心气,扰乱心神而致病。或因情志不畅,忧郁过度,肝气郁结,气血不和;或因思虑过度,劳伤心脾;或因肝郁化火,扰动心神;或因烦劳苦读,损伤气阴,心神失养而发病。

2. 体虚劳倦　禀赋不足,脏腑虚损,或病后失于调养,或脾胃虚衰,气血生化乏源,均可导致气血亏虚,心失所养而成本病。或久病劳倦,房事不节,或月经过多,伤阴耗液;或过服燥热之品,伤津耗液,损耗心肾之阴,导致心肾阴虚,心火亢于上,肾阴亏于下,阴虚火旺,心肾不交而致本病。

3. 饮食不节　《不居集·怔忡惊悸健忘善怒善恐不眠》谓:"心者,身之主,神之舍也。心血不足,多为痰火扰动。"饮食不加以节制,可伤及脾,脾聚湿成痰,或嗜食膏粱厚味,生痰于内,蕴热化火,上扰心神而致心悸。

综上,心血管神经症的病位在心,而与肝、脾、肾、肺四脏密切相关。病理性质主要有虚实两方面。虚者为心的气、血、阴、阳亏损;实者多以气郁、气滞、血瘀、痰饮、痰火为要。

二、诊断标准

1. 排除器质性心脏病,与心绞痛、甲状腺功能亢进症、心肌炎、二尖瓣脱垂综合征及嗜铬细胞瘤等进行鉴别。

2. 临床表现

(1)心悸:自觉心脏搏动增强,常在紧张或疲劳时加重。

(2)呼吸困难:胸闷,呼吸不畅,常因做深呼吸或叹息样呼吸动作来缓解症状,导致过度换气,引起呼吸性碱中毒,使症状加重。

(3)心前区痛:与典型心绞痛不同,疼痛部位不固定,多局限于心尖区及左乳房下区很小范围,亦可在胸骨下或右胸前或胸背等;疼痛发作与劳力活动无关,多数发生在静息状态时;疼痛性质常描述为针刺样、牵扯样或刀割样;持续时间长短不等,一般较长,有时在工作紧张或情绪激动后可持续数天或更长;含服硝酸甘油不能缓解疼痛。

(4)自主神经功能紊乱症状:失眠、多梦、焦虑、食欲减退、头晕、耳鸣多汗、手足发冷、双手震颤、大便次数增多或便秘等。

3. 体征及相关辅助检查

(1)心率增快、心音增强,可有短促收缩期杂音或期前收缩,血压轻度升高,腱反射较活跃。

(2)心脏相关辅助检查未见明显异常。

(3)心电图可示窦性心动过速、房性或室性期前收缩、非特异性 ST-T 改变。

三、易发对象预测

(一)体质特征

心血管神经症常见于阳虚质、气虚质、阴虚质及痰湿质人群。

先天禀赋不足,体虚劳倦;或脾胃虚衰,气血生化乏源,导致气血亏虚,心神失养;或五志过极,化火伤阴,水不济火,心神被扰;或饮食不节,伤及脾胃,聚湿成痰,上扰心神。这些因素都容易导致心血管神经症的发生。

(二)性格情志特征

性格表现为内向而不稳定,多思多虑,犹豫不决,喜欢思考,注意力集中,胆小怕事,自尊等;或表现为情绪悲观,心情沮丧、自我评价过低,缺乏信心,对未来悲观失望,缺乏热情,甚至人际关系协调较差等,都较易患上心血管神经症。

(三)年龄与性别特征

本病多见于中青年人群,30~50 岁多见,女性多于男性,尤其是围绝经期妇女,脑力劳动患者多于体力劳动患者。这可能由于女性性格特点更为敏感,容易受周围环境及心理因素影响,而导致其容易发病。青壮年为社会的劳动主体,背负着巨大的社会责任,承受着强大的社会压力,这可能与该病发病相关。

(四)生活方式和环境特点

1. 饮食因素 饮食不节,饥饱无常,喜食肥甘厚味,过食酸辣、喝酒及喜饮浓茶、咖啡、可乐等刺激性饮品,抽烟,均可伤及脾胃、气血,以致脏腑功能失调,痰湿内生,瘀血阻络,从而诱发或加重心血管神经症。

2. 生活习惯 生活压力过大,过度劳累;或经常熬夜,生活作息无规律或生活方式的巨大变化;平素情志变化过大,易喜易悲伤,不善交际,人际关系较差等,都易诱发本病。

3. 环境因素 孟子说过:"居移气,养移体,大哉居乎!"社会环境对心血管神经症的发病影响较大。随着科技的发展,社会的进步,人们生活节奏的加快,社会家庭压力的增大,竞争的日趋激烈,以及经济危机、地震、海啸、飓风等自然灾害的频繁发生,容易诱发心血管神经症。

(五)家族遗传特性

父母患有心血管神经症,子女患此病者明显高于普通人群。

(六)职业与工作习惯特性

长期从事一些压力较大或需要长时间保持注意力集中的工作者,较易患上心血管神经症,如长期用脑过度的脑力劳动者、流水线上的工作人员、长期重复单调枯燥的工作等。

(七)并发疾病特征

心血管神经症多以自觉症状为主,临床上并无器质性心脏病的证据,故必须注意排除器质性疾病,如心绞痛、甲状腺功能亢进症、心肌炎、二尖瓣脱垂综合征及嗜铬细胞瘤等。

四、情志养生方法

通过上述预测,心血管神经症易患人群应注意采取情志养生的方法,积极预防其发生;已经确诊为心血管神经症的患者,在采取药物治疗的同时,可以配合情志养生方法,防止疾病加重;已经缓解或治愈的患者,也要通过情志养生方法,预防疾病复发。

(一)修心养性法

《道德经》云:"重为轻根,静为躁君。是以君子终日行不离辎重,虽有荣观,燕处超然。"养生先养德,只有做到淡泊名利、无为自然,才能心境高远、气血调和,自然就不易患心血管神经症等疾病。

(二)清静养神法

《黄帝内经》说:"静则神藏,躁则消亡。"《养性延命录》说:"静者寿,躁者夭。"由此可见,清静养神的重要性。《黄帝内经》云:"精神内守,病安从来。"说明预防疾病、养生重在养神。而老子所提倡的"清静无为"正是最好的养神之法。如严君平在《老子指归》中说:"游心于虚静,结志于微妙,委虑于无欲,归计于无为,故能达生延命,与道为久。"人的精神达到清静无为、无欲无求、淡泊宁静的境界时,便能延年益寿。

（三）祝由开导法

首先要肯定告诉患者这种病是非器质性的，完全可以治愈，也不会留后遗症；其次要鼓励患者从事日常力所能及的工作，逐渐淡化自觉症状，使身心回归到自然状态中，让人在这种状态中认识和体验到自己在自然界的位置，顺应自然，实事求是地面对人生和社会；再次，通过患者记日记、医生批阅日记和家属配合的方式，设法使患者康复。

（四）以情胜情法

《医方考》指出："情志过极，非药可愈，须以情胜。"易患心血管神经症的人，多忧思恼怒，情志太过而致病，故应多"喜"，如通过观看幽默的小品、影视剧等，或者多与人交友聊天，使心情愉悦，身心健康，达到预防本病之效。

（五）饮食养情法

心血管神经症患者宜减少胆固醇的摄取，少吃肥肉、动物油、高脂奶制品、蛋黄及动物内脏等食品，少吃糖等简单的碳水化合物，多吃新鲜蔬菜和水果、豆制品和植物油。限制钠的摄入，每天应在5g以下。尽量避免饮用白酒、浓茶、咖啡、可乐之类的饮品；避免过饱，控制总热量，使体重维持在标准水平，戒烟。

（六）药饵养情法

1. 玫瑰花鸡蛋汤 用玫瑰花15g、鸡蛋2个同煮成汤，具有疏肝理气、安神之效，适用于思虑过多、多愁善感者。

2. 枸杞黑米粥 用枸杞15g、龙眼肉30g、黑米100g同煮成粥，具有养血补气、安神之效，适用于面白无华、心悸失眠多梦者。

3. 红花乌鸡汤 用红花50g、乌鸡1只，同煲成汤，具有活血散结、行气解郁之效，适用于面色晦暗、抑郁健忘者。

此外，还可选用香橼、橘红、陈皮、海带、月季花、玫瑰花、三七、醋等具有行气解郁活血功效的药物；或山药、莲子、龙眼肉、红枣等具有养血补气安神功效的药物；或浮小麦、西洋参、百合、玉竹等具有清心安神功效的药物，用沸水泡服，或同粳米熬粥食用，具有良好的预防心血管神经症的功效。

（七）经穴养情法

1. 耳穴压豆 主穴：神门、交感、皮质下、内分泌、心。配穴：肝郁化火者，加肝；阴虚火旺者，加肝、肾；心脾两虚者，加脾、肺；心胆气虚者，加胆、脾；胃肠湿热者，加胃、胆、三焦。

2. 皮内针 以心俞、厥阴俞、膻中、巨阙、三阴交为主穴，配合脾俞、丰隆、气海等穴，进行埋针治疗。

3. 推拿 手法选用动法、擦法、一指禅推法、按法、揉法、擦法等。取穴心俞、厥阴俞、神堂、背部压痛点、极泉、内关、合谷、足三里、三阴交、膻中、气海、关元等，进行推拿调养。

（八）环境养情法

自然环境的优劣，直接影响人的寿命的长短。唐代孙思邈《千金翼方》说："地势好，亦居者安。"心血管神经症应选择居住在安静而无噪声的环境里，避免居住在过高的楼上，不要到高原、高山等海拔过高的地方游玩，以防缺氧诱发本病。

要经常开窗通风，保持室内空气的新鲜，多到草地、树木较多的地方居住、游玩。

（九）运动养情法

运动不仅可以强身健体，增强活力，还可以释放压力，改善不良情绪，使人精神愉悦,在改善心血管神经症的症状上有很好的效果。如登高、打球、散步、慢跑,或打太极、练八段锦、练五禽戏等均可。在进行"动功"锻炼的同时,可配合"静功"训练,如打坐、冥想、练字等。动静结合,能使形神舒畅,达到强身养心之效。

(十) 娱乐养情法

心血管神经症患者也可以根据自身爱好和身体状况,选择适合自身的娱乐活动,如唱歌、跳舞、摄影、绘画、旅游、看电影等,改善人际关系,增加生活情趣,陶冶性情,消除紧张焦虑、忧郁自卑等负面情绪,从而达到防治疾病的效果。

赏花可以防治本病,在我国民间有"乐花者长寿""常在花间走,活到九十九"等谚语,可见赏花可以陶冶情操,使内心平静,延年益寿。

喜剧可以让人开怀大笑,使人得到精神上的松弛,驱散忧郁情绪,调节身心,对心血管神经症的治疗有一定益处。

(十一) 音乐怡情法

心血管神经症可以多欣赏徵调音乐,以振奋精神,温养心神,预防心慌、心悸、疲劳等症的发生,如《汉宫秋月》《喜相逢》《百鸟朝凤》等。

心血管神经症也可以通过多听羽调音乐,以水克火,滋水养心,潜阳安神,预防口干、急躁、易怒等症的发生。如《昭君怨》《塞上曲》《梁祝》《二泉映月》等。

(李　鹏)

第九节　失　眠

失眠是以经常不能获得正常睡眠为特征的一种病证。轻者入寐困难,或寐而易醒,或醒后不能再寐,抑或时寐时醒,重则彻夜不寐,常影响人们的正常工作、生活、学习和健康。中国约有 42.5% 的人正在遭受失眠的困扰,以女性多见,大约是男性的 2 倍。

本病属于中医学"不寐"等范畴。

一、病因病机

失眠的发生可能与谷氨酸(GLU)在脑干、下丘脑含量增多有关。蓝斑核通过去甲肾上腺素(NE)和多巴胺(DA)维持觉醒状态;γ-氨基丁酸(GABA)在睡眠-觉醒节律调节机制中起抑制性作用,维持睡眠状态。外界或内在因素的刺激改变这些觉醒神经递质,或改变下丘脑-垂体-肾上腺皮质轴而作用于 NE 系统,引发失眠。

《黄帝内经》称失眠为"不得卧""不得眠""目不瞑"。《灵枢·营卫生会》论述了卫气与睡眠的密切关系:"卫气行于阴二十五度,行于阳二十五度,分为昼夜,故气至阳而起,至阴而止。"《难经·四十六难》首次记载了不寐的病名:"老人卧而不寐,少壮寐而不寤者,何也? 然,经言少壮者,血气盛,肌肉滑,气道通,荣卫之行不失于常,故昼日精,夜不寤。老人血气衰,肌肉不滑,荣卫之道涩,故昼日不能精,夜不能寐也。故知老人不得寐也。"张仲景所著《伤寒杂病论》中载有诸多治疗不寐之方,如"虚劳虚烦不得眠,酸枣仁汤主之""下之后,复发汗,昼日烦躁不得眠,夜而安静,不呕,不渴,无表证,脉沉微,身无大热者,干姜附子汤主之"等,其方一直沿用至今。

失眠的发生主要与情志失调、饮食不节、劳累过度等因素有关。

178

1. 外邪侵袭,阳不入阴　外邪客于五脏六腑,卫气与外邪抗争,独卫于外,行于阳而不得入于阴,故致寐不安。

2. 情志过极　心藏神,劳心过度,耗伤心阴,心火独炽,扰动神明;或喜笑无度,心神激动,神魂不安而不寐。肝藏血,血舍魂,喜怒不节,可致肝气郁结,气郁阳盛,化火生热,邪火内扰心神;或由暴受惊恐,导致心虚胆怯,神魂不安,难寐。

3. 饮食不节,脾胃受损　饮食不节,宿食停滞,致脾胃气机受损,滋生郁热,郁滞于中焦,瘀热内扰致胃气不和,"胃不和则卧不安"(《素问·逆调论》)。

4. 久病体虚,耗气伤血　久病致身体虚弱或年迈后精血减少都会引起气血乏源,心神失养致不守而寐差。

综上,不寐的病位主要责之于心,与肝、脾、肾三脏相关。病性多为虚证,但久病则可见虚实夹杂。病机关键为阴阳不交,阳气太盛不能入阴或阴虚不能纳阳。

二、诊断标准

1. 不寐,轻者入睡困难,或寐而不酣,时寐时醒,或醒后不能再寐,重则彻夜不寐。
2. 可伴有头昏头痛、心悸健忘、心烦、神疲等。
3. 常有情志失常、饮食不节、劳倦过度及病后、体虚等病史。

三、易发对象预测

(一)体质特征

失眠多见于气虚质、气郁质、阴虚质及痰湿质人群。失眠虚证,多属阴血不足,心失所养,临床特点为体质瘦弱、面色无华、神疲懒言、心悸健忘;实证为痰热扰心,临床特点为心烦易怒、口苦咽干、便秘溲赤。由于心神的失养或不安,神不守舍而不寐。

(二)性格情志特征

精神心理因素是失眠的致病因素。以失眠为主诉的患者中有相当一部分人群符合其他情绪障碍的诊断。失眠不仅仅是睡眠本身的生理紊乱现象,还会伴随一些心理状况的紊乱。急性失眠患者常因工作、生活等一过性因素导致短暂失眠,但很多患者由于对失眠的认知存在偏差,受到失眠之后伴随的不良情绪影响以及对失眠的过度关注,随着时间的推移逐渐转变为慢性失眠。而慢性失眠患者由于长期处于缺乏睡眠带来的痛苦生活中,对睡眠容易产生过度关注的情绪,从而在睡前往往会出现焦虑情绪和对失眠的恐惧,如害怕入睡时间过长、早醒,担心失眠引起的躯体症状和日间不适,扰乱正常的睡眠心理生理过程,引起睡眠心理负担加重。因为长期睡眠不佳,出现对睡眠的不合理认知,从而加重睡眠障碍,这往往是互为因果的。

(三)年龄与性别特征

本病女性相较于男性多见,可能与女性心思更为细腻,考虑问题更加复杂化、严重化、情绪化,以及女性更积极面对失眠病症,更愿意就医求助有关。

本病围绝经期女性发病率更高,可能与雌激素水平下降有关。

老年人失眠较之青壮年多见。

(四)生活方式与环境特征

1. 饮食因素　睡前饮茶、饮酒、饮咖啡、抽烟和进食兴奋性食物等,对睡眠的影响最为常见。还有一些由于饮酒成瘾者,突然戒酒产生的戒断症状,而引发睡眠障碍。

2. 生活习惯 现代社会和科学的快速发展,影响了人们的作息方式。与过去日落而息的休作方式截然不同的是,现代人睡前活动明显增多,如年轻人玩手机、老年人看电视剧等,这无疑都会增加分散注意力的机会,主导睡眠的大脑中枢皮质处于持续亢奋状态,入睡变得困难,因此失眠的人越来越多。

服用催眠药物、睡觉饥饿、睡前或白天打盹补眠等均是导致失眠的不良睡眠习惯。

3. 环境因素

(1)睡眠环境改变:人的睡眠由浅入深有一定的过程,这期间容易受到外界环境的干扰,有敏感者如出现嘈杂环境时会惊醒,换到陌生环境时会出现一过性失眠。如旅游、出差、住院、到外地学习和工作、走亲访友等,到一个新的环境,可能影响睡眠。

(2)强光:绝大多数人习惯在黑暗的环境里睡眠。如果睡眠环境光线明亮,甚至强光照射,除非过于疲劳,一般来说是难以入睡的。

(3)噪声:安静是睡眠的必要条件,在睡眠的环境里如果产生较大的噪声,自然会影响入睡,如鼾声、施工等。

(4)温度异常:高温或寒冷都会影响正常睡眠,一般温度在28℃以上或4℃以下,就会影响睡眠。

(5)卧具不适:当睡床过硬或过软时,或被褥过厚或过薄时都会影响睡眠。

(五)家族遗传特征

基因掌控哺乳动物的睡眠,并影响脑内神经递质和激素的变化,几种睡眠障碍与遗传、基因之间存在明显关联,如发作性睡病、致死性家族性失眠症及睡眠猝死的患者与基因异常有关。

(六)职业与生活习惯特征

与体力劳动者相比,脑力劳动者出现睡眠障碍的概率更大,高学历者因为接受了更加良好的教育,待人处事更加理性,看问题的角度可能会更繁复,会更加耗伤精神,也更容易失眠。

(七)并发疾病特征

失眠是常见的临床表现之一,但在某些情况下,失眠常继发于各种躯体疾病,或成为躯体疾病症状的组成部分。失眠症状不仅是这些躯体疾病和精神障碍的危险因素,也是这些躯体和精神问题迁延不愈的因素。

各个系统的疾病均有可能引起睡眠障碍,如循环系统疾病的心脏不适;消化系统疾病的腹痛、腹胀;呼吸系统疾病的咳嗽、喘憋;泌尿系统的前列腺增生和泌尿系感染;脑外伤后神经症反应、脑部疾病的头晕、耳鸣;皮肤病引起的瘙痒以及各种疼痛性疾病;甲状腺功能亢进症;神经衰弱、癔症、焦虑症、恐惧症、强迫症、抑郁症、精神分裂症、老年痴呆以及某些人格障碍等,都常伴有失眠症状。

四、情志养生方法

通过上述预测,确诊为失眠症易患人群,应注意采取情志养生方法,积极预防其发生;已经出现失眠的患者,在运用药物治疗的同时,配合情志养生方法,防止疾病加重;已经缓解或无症状的患者,也要通过各种情志养生方法,预防失眠复发。

（一）顺时养生法

睡眠是人体为了能够适应自然的昼夜节律而产生的一种具有自律特性的周期生理性活动，充足而高质量的睡眠对于人类来说有着极为重大的意义。由于天体日月的运转，自然界处于阴阳消长变化中，昼夜交替出现，昼属阳，夜属阴，与之相应，人体阴阳之气也随昼夜而消长变化，因此才有了寤和寐交替的严格节律。正如《灵枢·营卫生会》云："夜半为阴陇，夜半后而为阴衰，平旦阴尽而阳受气矣。日中为阳陇，日西而阳衰，日入阳尽而阴受气矣。夜半而大会，万民皆卧，命曰合阴。平旦阴尽而阳受气，如是无已，与天地同纪。"然而，随着社会工业化进程的不断加快，人类尤其是中青年人群，基本已经告别了"日出而作，日落而息"的传统农业社会生活模式，不但工作时间大为延长，业余时间也被各类社交与娱乐活动所挤占，且现代人心境较农耕社会更为浮躁，直到午夜时分才入睡甚至已经成为一种常态，这种生活模式直接导致了睡眠障碍的发生。

因此，从"养"的层面，首先要做到的就是顺应自然规律，应当做到起居有规律，遵循养生的基本原则，根据四季交替而做出相应调整。《类修要诀·养生要诀》说："春夏宜早起，秋冬任晏眠，晏忌日出后，早忌鸡鸣前。"《素问·四气调神大论》说："春三月，此为发陈，天地俱生，万物以荣，夜卧早起，广步于庭……夏三月，此为蕃秀，天地气交，万物华实，夜卧早起，无厌于日……秋三月，此谓容平，天气以急，地气以明，早卧早起，与鸡俱兴，使志安宁……冬三月，此为闭藏，水冰地坼，无扰乎阳，早卧晚起，必待日光，使志若伏若匿……"也就是说人的睡眠起居大到四季、小到一天之中都应有规律，即睡眠起居要与四时生长化收藏的规律相应。

（二）清静养神法

心神是睡眠与觉醒的主角，寤与寐是以形体动静为主要特征的，形体的动静受心神的指使，寤与寐以心神为主宰。神静则寐，神动则寤；心安志舒则易寐，情志过极则难寐。由于睡眠受心神支配，人们常因主观意志需要，使睡眠节律改变。而形体与精神情志活动之间存在着辩证统一的关系，情志活动对疾病与健康有紧密的关系。因此，在对心神的调摄中，应做到调神与养形相结合，使形与神均俱。睡眠时务必保持平静，这是睡眠养生当中最重要的部分。临睡之前的半小时，应进行适当的心态调整，停止阅读，不要去看情节太过刺激的影视节目，不去思考复杂的问题，使得心神得以平复。

睡前也可以进行适当运动，因为行则身劳，劳则思息，因此心神宁静而睡眠得安。也就是古代养生家经常说的"先睡心，后睡眼"的观点。

清静养神的另一关键在于节欲，即要求人们不要贪求声名物欲，但同时也不排斥顺情纵欲以养神，体现出节欲中的辩证观。

（三）移情悦志法

《续名医类案》说："失志不遂之病，非排遣性情不可。"改变患者对睡眠障碍的认知是重要手段之一。目前针对失眠的有效心理行为调养方法主要是认知行为治疗。认知行为治疗的目的就是改变患者对失眠的认知偏差，改变患者对于睡眠问题的非理性信念和态度。认知行为疗法主要通过引导患者对失眠原因以及可能后果的看法有一个正确性较高的评估，改变以往不良的认知过程和睡眠习惯，并缓解心理压力，最终达到对睡眠模式的有效改变。最佳时段可于睡前进行，放松疗法不仅能降低生

理和心理唤醒水平，帮助入睡，也可转移对睡眠问题的过度关注，同时又使患者身心放松，避免夜间情绪焦虑，提高对睡眠的自信度。运动疗法可增加大脑的血流量，有利于大脑皮质功能的恢复，发挥对睡眠的调节作用，作为不良情绪、焦虑、压力的转移载体。

（四）暗示诱导法

限制疗法是使用较多的一种暗示诱导法，适用于睡眠较浅的患者。运用该方法时，首先让患者评估自己的睡眠时间，获取每位患者睡眠的平均时间并将自己在床上的时间限制在这个数值之内，通过强烈的自我心理暗示及限制达到控制的目的。刺激控制疗法主要在于恢复卧床作为诱导睡眠信号的功能，重塑生物节律，使患者易于入睡，重建睡眠－觉醒生物节律。其操作要点是只有在有睡意时才上床，不能入睡的话就离开卧室；不要在床上做与睡眠无关的活动；不管前晚睡眠时间有多长，保持规律的起床时间；日间避免小睡。

限制疗法慎用于患有癫痫、双向障碍、异态睡眠（如睡行症）的患者。

呼吸导眠法也是一种不错的暗示疗法，具体做法是：平卧静心，面带微笑，行6次深而慢的呼吸后，转为自然呼吸，每当吸气时，依次意守头顶→前额→眼皮→嘴唇→颈部→两肩→胸背→腰腹→臀和双腿→双膝和小腿→双脚，并于每次呼气时默念"松"且体会意守部位松散的感觉，待全身放松后，就会自然入睡，必要时可重复2~3次。

目前常用的还有催眠疗法，使人进入催眠状态，再通过心理正性意念暗示来消除焦虑、恐惧等负性意念和各种刺激调节，改善大脑皮质、下丘脑和大脑边缘系统的兴奋性，从而改善睡眠。研究发现，在传统的冥想状态下，氧气的消耗量与新陈代谢明显减低，人在冥想下可改善沮丧、紧张、焦虑等情绪。此想象疗法在于多变的、可控性强的、优化的自我暗示，其原理主要是因为神经系统无法分辨想象力的体验与真正的体验，它在这两种情况下，都依照大脑所得到的资料自动反应，因此神经系统都遵照所想的或认为正确的样子做适当反应，以此纠偏。具体方法包括催眠、渐进式肌肉放松训练、腹式呼吸训练、冥想、生物反馈法、呼吸训练、想象训练、瑜伽等。

（五）以情胜情法

张从正在《儒门事亲》中记载了一则以怒胜思治疗失眠的案例："余又尝治一妇人，久思而不眠，余假醉而不问，妇果呵怒，是夜困睡。"因"思气所至，为不眠，为嗜卧"。

（六）饮食养情法

饮食以少量多餐为宜，晚餐既不宜过饱，也不宜过少。饮食过饱，消化不良会致胃部胀满而影响入睡。饮食太少，腹中空虚，使人感到饥饿而醒。这两者均导致"胃不和则卧不安"。

忌食刺激性食物，如浓茶、浓咖啡、辣椒、胡椒粉，以及抽烟、过量饮酒。宜食清淡而富有营养的食物，尤其是富含各种必需氨基酸的优良蛋白质、维生素 B、维生素 E、维生素 C 等。

应注意食用含有较多钙元素的食品，如排骨汤、蛋、海藻类等。

宜多食用含色氨酸的食品，如鱼、肉、蛋及牛奶、酸奶、奶酪，这是因为色氨酸是合成与睡眠有关的5－羟色胺的元素。摄取充足的色氨酸，可以促进睡眠。

笔记

奶制品不仅富含色氨酸,也含有钙元素,所以有一定助眠效果。失眠者就寝前饮用一杯牛奶或酸奶,将有良好的催眠效果。如果牛奶里加适量的糖,则催眠效果更好,这是因为碳水化合物能促进人体胰岛素的分泌,色氨酸在胰岛素的作用下,进一步转移到脑内,转变为能催眠的血清素。

晚餐可以食用富含脂肪的食品,研究证实此类食品进入人体后,脑中会分泌一种类似消化腺激素的物质,诱人入睡,且大脑中会有和咖啡作用相同的物质分泌,因而达到镇静催眠作用。

可饮酒者,就寝时可酌量饮含酒精度不高的饮料,如葡萄酒、啤酒、威士忌和清酒等,这些酒对中枢神经具有安定作用,可以消除紧张、促进睡眠。

(七)药饵养情法

1. 酸枣仁清粥　用酸枣仁 30g、白米 100g 同煮成粥,具有养心安神的功效,适用于心血亏虚所致失眠。

2. 双仁蛋花汤　取用酸枣仁 30g、柏子仁 15g 泡水洗净放入锅中,倒入清水,小火煎煮 30 分钟,去渣取药汁,趁汤煮沸时打入鸡蛋汁滚熟即成,具有安神定志的功效,适用于心血不足引起的失眠。

3. 桂圆莲子红枣糯米粥　将莲子、桂圆肉、红枣、糯米各适量,同煮成粥,加入冰糖即成,具有养血宁心、安神定志的功效,适用于心阴亏损之失眠。

4. 和胃茶　取红茶末、神曲,以沸水冲泡,盖浸 10 分钟,随饮随冲,具有消滞和中、开胃健脾的功效,适用于饮食积滞于中焦所致失眠。

(八)经穴养情法

1. 耳针　主穴:神门、皮质下。配穴:心肾不交者,加心、肾;阴虚火旺者,加肾、肝;心脾不足者,加心、脾;肝胆火盛者,加肝、内分泌及耳尖放血;头晕头痛者,加王不留行贴压。

2. 按摩　睡前可用一手掌放在后脑枕部,另一手用手指揉按双眉中间印堂穴。每晚睡前用所服药渣再加水煎煮,待温后泡洗双脚,并按摩足底的涌泉穴。

(九)环境养情法

失眠患者的睡眠环境宜清静、光线柔和。卧室避免强光照射,室内空气清新,定期开窗通风换气,新鲜的空气可使患者心情舒畅,解除精神紧张。若室内空气不新鲜,在二氧化碳含量高的环境中睡眠,入睡后容易多梦,且醒后头晕、乏力,总是感到疲乏。夏天应开窗睡觉,冬天最好在睡前先打开门窗让空气流通一下后,再关上门窗睡觉。卧室的陈设装饰宜简洁、整齐,避免拥挤杂乱,应留有一定的空间,以减少压抑、烦闷的感觉。卧室可按照自己的喜好布置得舒适、淡雅。卧室最好有窗户,床单、被罩以淡蓝、淡绿等柔和而偏于冷色调为佳。可适当点缀一些花卉盆景,增添生活乐趣,调节情趣,有利于睡眠。

(十)运动养情法

运动疗法可增加大脑的血流量,有利于大脑皮质功能的恢复,发挥对睡眠的调节作用,也可作为不良情绪、焦虑、压力的转移载体,排遣不良情绪。

(十一)气功养情法

防治失眠,除了可以习练易筋经、五禽戏、六字诀、八段锦等传统功法外,还可以通过气功入静法达到助眠目的。具体做法是:舌抵上腭,微闭目睑,微露余光,静视鼻

尖,去除杂念,静守丹田或涌泉穴,慢慢入静,以一种安稳、祥和的心境,自然而然地想象着已经入睡,自己已静下来,自己将入睡了,自己在打鼾了。这样将使人很快入睡,进入梦乡。

也可以通过练习松静功法,调养不寐:入睡之前,取仰卧式,将全身肌肉放松,安置稳妥,然后微合双眼,呼吸轻柔自如,心中默念"松""静"二字,呼气时默念"松"字,同时想象全身松弛,骨节皆解,如浮于水面;吸气时默念"静"字,想象心中一片湛静,虚空无物。默念"松""静"二字时不可出声,只是存想于心中,并随着轻柔自然的呼吸一松一静,交替进行。本法无须意守,亦不必强求排除杂念,只须配合自然呼吸,略作默想,即可由身体松弛而逐渐产生浓厚的睡意,安然入寐。

（十二）音乐怡情法

选择和声简单、音乐和谐、旋律变化跳跃小、慢板的独奏曲或抒情小品音乐作为"催眠音乐",可有效改善失眠患者的临床症状。如选择曲调低吟、缓慢轻悠的乐曲《春江花月夜》《摇篮曲》《姑苏行》《平沙落雁》《二泉映月》等,可达到宁心、安神的效果。

（倪　青）

第十节　乳腺增生症

乳腺增生症是指乳腺上皮和纤维组织增生,乳腺组织导管和乳小叶在结构上的退行性病变及进行性结缔组织生长的一种非肿瘤、非炎症性增生性病变,一般可分为乳腺腺病和乳腺囊性增生病。

本病属于中医学"乳癖""乳痞"等范畴。

一、病因病机

乳腺增生症的本质为乳腺组织不同程度增生导致的乳腺正常结构紊乱。其发病原因主要与内分泌障碍有关,一是体内雌激素代谢障碍,使乳腺实质增生过度和复旧不全;二是部分乳腺实质成分中雌激素受体的质或量异常,使乳房各部分的增生程度参差不齐。

中医认为本病的发生多与情志失调、气机郁结有关。《外科正宗》云:"忧郁伤肝,思虑伤脾,积想在心,所愿不得志者,致经络痞涩,聚结成核。"《疡科心得集·辨乳癖乳痰乳岩论》云:"有乳中结核,形如丸卵,不疼痛,不发寒热,皮色不变,其核随喜怒为消长,此名乳癖。"

1. **情志不畅**　情志不畅,郁久伤肝,或精神刺激,急躁恼怒,导致肝郁气滞,气滞则血瘀,经脉阻塞不通,不通则痛,故见乳房疼痛;若肝气郁而化火,灼津为痰,气滞、痰凝、血瘀交阻则可形成乳房肿块。

2. **饮食不节**　饮食不加节制,恣食生冷、肥甘厚腻等易损伤脾胃,脾失健运,易生痰湿,痰湿阻滞气机,痰气交结凝聚,阻塞经络则易发本病。或喜食辛辣炙煿,生火灼津,凝痰阻气结乳,也易发此病。

3. **劳倦内伤**　由于工作操劳过度,甚者长期体力透支,以及社会环境、生活习惯等诸多因素,导致劳力过度,消耗元气,损伤肾脏及脾胃,脾胃虚弱加之肾气虚损,无以满养冲任,冲任失调而成本病。

本病病位涉及肝、肾、脾、胃,与冲任二经有关,病理性质有虚有实,或虚实夹杂。病机关键是肾精亏虚,冲任不调为本,肝郁气滞、血瘀痰凝为标。

二、诊断标准

乳腺增生症主要应根据病史、临床症状、病程及体格检查和实验室检查而确诊。

1. 肿块 肿块是本病的典型特征,多见于育龄妇女,常伴有月经失调、流产史。常同时或相继在两侧乳房内发生大小不一的肿块,其形态不规则,质韧不硬,分散于整个乳房,或局限在乳房的一处。肿块与周围组织皮肤无粘连,推之移动,腋下淋巴结不肿大。

2. 胀痛 部分患者有周期性胀痛,疼痛与月经周期有关,在月经前疼痛加重,经后痛减或消失,少数患者有乳头溢液。

3. 影像学及实验室检查 B超可显示乳腺增生部位不均匀的低回声区,以及无回声的囊肿;X线表现因乳腺增生成分不同而各异,通常表现为乳腺内局限性或弥漫性片状、棉絮状或大小不等的结节状影,边界不清;当小乳管高度扩张时可形成囊肿,大多数微小囊肿仅在镜下可见,乳腺X线摄影无法显示。囊肿较大时,X线表现为圆形或卵圆形密度较纤维腺瘤略淡或近似的阴影,单发或多发,边缘光滑、锐利,局限性或弥漫性遍布全乳。乳头溢液者取分泌物做涂片检查,可帮助排除癌变的可能。对疑为癌变的肿块应取活体组织做病理切片检查。

小贴士

乳腺癌早期症状

1. 部分早期乳腺癌患者虽然在乳房部尚未能够触摸到明确肿块,但常有局部不适感,特别是绝经后女性,有时会感到一侧乳房轻度疼痛不适,或一侧肩背部发沉、酸胀不适,甚至牵及该侧上臂。

2. 早期乳房内可触及蚕豆大小的肿块,较硬,可活动。一般无明显疼痛,少数有阵发性隐痛、钝痛或刺痛。

3. 乳腺外形改变 可见肿块处皮肤隆起,有的局部皮肤呈橘皮状,甚至水肿、变色、湿疹样改变等。

4. 乳头近中央伴有乳头回缩。乳房皮肤有轻度凹陷(医学上叫做"酒窝症"),乳头糜烂、乳头不对称,或乳房皮肤有增厚变粗、毛孔增大现象(医学上叫做"橘皮症")。

5. 乳头溢液 溢液呈血性、浆液血性时,应特别注意做进一步检查。

6. 区域淋巴结肿大 以同侧腋窝淋巴结肿大最多见。

三、易发对象预测

(一)体质特征

气郁质、血瘀质、痰湿质的人群容易罹患乳腺增生症。其中气郁质者主要表现为情志不畅,易出现情绪抑郁或急躁,烦闷不乐,善太息,胸胁痛闷,舌质淡红,苔薄白或薄黄,脉弦;血瘀质者主要表现为肤色晦黯,色素沉着,容易出现瘀斑,口唇黯淡,易心烦、健忘,舌黯或有瘀点,脉涩;痰湿质者主要表现为喜肥甘厚腻,汗多黏腻,手足多汗,头身困重,面部油腻,口黏口甜,痰多,喜睡懒动,舌胖大,苔白腻,脉滑。

（二）性格情志特征

精神受刺激、情绪不稳定者是容易患乳腺增生的人群。长期身心不佳,导致气血逆乱,经络不畅,气滞血瘀,痰凝成核;工作中遇到挫折不能及时排解,长期夫妻生活不和谐;工作或生活中突变,精神受到刺激创伤时,均可导致内分泌紊乱,而引起乳腺增生。

（三）年龄与性别特征

乳腺增生偶见于男性,多发于女性。在女性中,乳腺增生的发病在月经初潮前罕见,25~45 岁是高发期。

（四）生活方式与环境特征

1. 饮食因素　摄入过高的脂肪或动物蛋白,以及饮食不节引起的肥胖,会刺激乳房腺体上皮细胞过度增生;饮酒及服用激素类药物会诱发或加重本病。食用含有类激素的食物,外源性激素会通过人体的微循环造成体内雌孕激素代谢紊乱,从而会引起乳腺增生。

2. 生活习惯　生活中的不良习惯如抽烟、酗酒、熬夜等导致的高血压、高血脂、高尿酸及体重超标,也容易出现内分泌失调,使雌激素、黄体酮水平和腺体结构都出现一定程度的紊乱,从而导致乳腺增生的发病率大大增加。

3. 环境因素　人们生活的外部环境、工作及生活条件、人际关系、各种压力造成的精神因素等均可使人体内环境发生改变,从而影响内分泌系统功能,进而使某一种或几种激素的分泌出现异常。

（五）职业与工作习惯特征

学习、工作压力过大易诱发本病,如学生、教师等长期用脑,易精神紧张,熬夜,作息没有规律,易气血失调。另外,白领、文员、管理人员等长期久坐,缺乏必要锻炼;司机、记者等长期饮食不规律,饥饱失常,损伤脾胃,也易致本病。

（六）家族遗传特征

乳腺增生症是非遗传性疾病,但具有乳腺癌家族遗传病史的患者,罹患乳腺癌的概率会有所增加。

（七）并发疾病特征

1. 肥胖症与代谢综合征　肥胖症是一种多因素的慢性代谢病,并发症主要表现为心血管代谢并发症（Ⅱ型糖尿病、血脂异常等）和生物力学并发症（骨关节病等）,而代谢障碍会引发内分泌和激素水平紊乱,导致乳腺增生。

2. 多囊卵巢综合征　多囊卵巢综合征是生育年龄妇女常见的一种复杂的内分泌及代谢异常所致疾病,以慢性无排卵（排卵功能紊乱或丧失）和高雄激素血症（妇女体内男性激素产生过剩）为特征,且乳腺增生是其并发症之一。

小贴士

乳腺自我检查

乳腺自检的最佳时间是在月经结束1周后,因为月经前或经期由于乳腺生理性充血,腺泡增生和腺管扩张等组织变化,使乳腺组织肥厚,影响检查效果。如果月经周期不规则,最好在每月的同一时间进行自检。

1. 视查　直立镜前脱去上衣,在明亮的光线下,面对镜子对两侧乳房进行视诊,比较双侧乳房是否对称,注意外形有无大小和异常变化。其异常体征主要包括乳头溢液、乳头回缩、皮肤皱缩、酒窝征、皮肤脱屑及乳房轮廓外型有异常变化。

2. 触查　自我诊断时举起左侧上肢,用右手三指(食指、中指、无名指)指腹缓慢稳定、仔细地触摸乳房,在左乳房顺时针或逆时针向前逐渐移动检查,从外向内,至少3圈,直至乳头。再检查腋下淋巴结有无肿大。最后,用拇指和食指间轻挤压乳头观察有无乳头排液。如发现有混浊的、微黄色或血性溢液,应立即就医。检查右侧乳房方法同上。

3. 平卧检查　平卧检查时,待检测上肢举过头放于枕上或用折叠的毛巾垫于待检测肩下。这种位置使乳房平坦,易于检查,其方法与触查相同。

四、情志养生方法

通过上述预测,确诊为乳腺增生症易发人群,应注意采取情志养生方法,积极预防其发生;已经确诊为乳腺增生症的患者,在运用药物治疗的同时,配合情志养生方法,防止疾病加重;已经缓解或治愈的患者,也要通过各种情志养生方法,预防疾病复发。

(一)修心养性法

心境平和,是健康之要。所谓名利和物质,都是身外之物;有一颗感恩的心,感激世间美好的人和事,会有满足和幸福感;有仁爱之心,有宽容之德,严以律己,宽以待人,对别人的过失和错误要持包容之心。所谓"仁者寿""不以物喜,不以己悲"。心为人之主宰,亦为精气神之主宰,故修心之要在于养心。儒曰正心,佛曰明心,道曰炼心。炼精炼气炼神,均须先自炼心始。天玄子曰:"养心之大法有六:心广、心正、心平、心安、心静、心定。心广所以容万类也,心正所以诚意念也,心平所以得中和也,心安所以寡怨尤也,心静所以绝攀缘也,心定所以除外累、同大化也。"修心养性,使心境平和,气机畅达。

(二)移情悦志法

根据自己的爱好,通过自己喜欢的音乐、戏曲、书法、绘画、弈棋等方式排解愁绪,寄托情怀,舒畅气机。对愤怒者,要疏散其怒气;对悲痛者,要使其脱离产生悲痛的环境与气氛;对屈辱者,要增强其自尊心;对痴情思者,要冲淡其思念的缠绵;对有迷信观念者,要用科学知识消除其愚昧的偏见等等。正如《理瀹骈文》所云:"七情之病也,看花解闷,听曲消愁,有胜于服药者矣。"

(三)情志相胜法

思为脾志,过度思虑则脾气郁结、运化失常;悲为肺志,过悲则肺气不散,治节失

笔记

职。而喜为心志,喜令气机和缓散达,脾气得以运化正常,肺气得以恢复正常宣泄。《儒门事亲》说:"喜者少病,百脉舒和故也。"因此,可以用喜的方法调养乳腺增生症。

培养乐观的情绪和心态。快乐情绪、舒畅情志、防衰抗老是最好的精神营养。精神乐观可使营卫流通,气血和畅,生机旺盛,从而身心健康。培养幽默风趣感,幽默的直接效果是产生笑意。现代科学研究已证明,笑是一种独特的运动方式,它可以调节人体的心理活动促进生理功能,改善生活环境,使人养成无忧无虑、开朗乐观的性格,让生命充满青春活力。

吸取正能量,树立正确人生观。凡事从大处着眼,从具体事情入手,通过自己美好的行为,塑造开朗的性格。要认识到不良性格对身心健康的危害,树立正确的人生观,正确对待自己和别人,看问题要目光远大,心胸开阔,宽以待人,大度处事,不斤斤计较,不钻牛角尖,科学、合理地安排自己的工作、学习和业余生活,丰富生活内容,陶冶性情。

(四)饮食养情法

1. 饮食清淡,避免食用生冷和辛辣刺激性食物,不要食用过油或高热量食物,以避免影响脂肪组织代谢。

2. 多食具有行气通络的食物,如橘子等具有疏肝理气功效,有助于化瘀、散结,是防治乳腺增生的食物之一。

3. 大豆和由大豆加工而成的食品,内含异黄酮,能降低女性体内的雌激素水平,预防乳腺增生的发生。

4. 牛奶、酸奶等乳制品含有可抑制体内合成胆固醇还原酶的活性物质,还能刺激机体免疫系统,提高人体对各种逆境的抵抗能力,调动机体的积极因素,有益于乳腺保健。

5. 多吃具有增强免疫力、防止增生复发的食物,如桑椹、猕猴桃、南瓜、大枣、洋葱、韭菜、薏苡仁、菜豆、山药等。

6. 多摄入富含纤维素的食物,如芹菜、芦笋、胡萝卜、通心菜等,能延缓胃的排空,延长食物经过消化道的时间,减少脂肪吸收,从而抑制脂肪合成,控制激素水平,有利于乳腺增生疾病的防治。

(五)经穴养情法

1. 手部按摩　按摩能疏肝利气、活血散瘀,有消瘀散结的作用,能促进增生的乳小叶软化、消散。可经常揉按内关、少府、合谷、少泽、胸痛点、止痛点等穴位。

2. 耳穴压豆　选乳腺、神门、内分泌等耳穴,将王不留行贴在穴位上,每日按压数次,有酸痛感为度。

3. 乳房按摩

(1)取坐位,充分暴露胸部,双手互相摩擦发热,用手掌掌面由乳房四周沿乳腺管轻轻向乳头方向推抚 50 次。每天可做 1~3 次。

(2)用拇指和食指提捏乳中穴,提捏时力度要适中,每次 2 分钟。

(3)用中指指腹按顺时针方向按揉乳根穴,按揉时力度要适中,每次 2 分钟。

(4)用掌根按顺时针方向按揉乳房外侧,按揉时力度要适中,每次 10 分钟。

4. 艾灸疗法　取乳根、肩井、膻中、足三里、手三里、期门、太冲等穴位,每天施灸 1 次,每穴灸 2~3 壮,连灸 7 天为 1 个疗程。

（六）环境养情法

日常生活尽量避开不利于人体健康的水源、强磁场和有超声波、放射线的地方。洁净而充足的水源，新鲜的空气，充沛的阳光，良好的植被以及幽静秀丽的景观等适宜的自然环境，不仅能满足人类基本的物质生活需求，还能适应人类特殊的心理需求。《灵枢·本神》曰："故智者之养生也，必顺四时而适寒暑，和喜怒而安居处，节阴阳而调刚柔。"

注重生活和工作时的室内日照、采光、绿化，室内微小气候、空气清洁度、温湿度等。小环境里的这些因素对人的精神和心理都有很大影响。因此，居住和工作的室内要勤于通风换气，增加空气中负氧离子含量，改善大脑供氧；平时尽量少用电脑和手机，远离电磁辐射；在装修时无论是设计还是选材要建立环保装修概念，装修好的房子先空置一段时间再入住。室内可以养一些如吊兰、芦荟、常春藤等绿色植物，除了美化功能，更能有效降低空气中的有害物质浓度。《老老恒言·消遣》曰："院中植花木数十本，不求各种异卉，四时不绝便佳。"充分显示了古代养生专家对环境的构思和设想，蕴含了天地人三者合一的中医自然观思想。

（七）运动养情法

1. 增加户外有氧运动　尤其当自己的情绪苦闷、烦恼时，去参加体育锻炼，转移注意力，如参加打球、慢跑、爬山等活动。

2. 采用传统的运动健身法或养生功法　如太极拳、太极剑、八段锦、气功等。传统运动养生的练功讲究"精、气、形"三者合一，要领就是意守、调息、动形的统一。在这三方面中，最关键的是意守，只有精神专注，才能宁神静息，呼吸均匀，气血运行顺畅。这三者的关系是以意领气，以气动形。这样，在锻炼过程中，内炼精神，外炼筋骨，使整个机体得到全面锻炼。如八段锦、五禽戏等传统的体育运动锻炼主张动中有静，静中有动，动静结合，因而能使形神舒畅，松静自然，心神安合，达到阴阳协调平衡。

3. 参加集体活动　如钓鱼、交谊舞等。集体活动既有益于情感交流，又有助于身心放松。此外，还可以参加适当的体力劳动，用肌肉的紧张去消除精神的紧张。在劳动中付出辛勤的汗水，促进血液循环，活跃了生命功能，使人心情愉快，精神饱满。

（八）气功养情法

利用中医传统的气功、静坐等意念功法，通过调身、调气、息心静坐这些练习能让内心安宁平静，血行通达，肝气顺畅，乳结消散。

（吴劲松）

第十一节　经前期综合征

经前期综合征是指反复发生在育龄女性月经前/黄体期，以头痛伴有恶心呕吐、乳房胀痛、腰腹酸胀、烦躁易怒、倦怠嗜睡、胸闷、浮肿、腹泻、关节痛、荨麻疹、皮肤瘙痒等生理、心理、行为方面表现为主要症状，月经来潮后自然减轻或消失，影响患者正常生活和工作的一种综合征。

本病属于中医"经前头痛""经前身痛""经前乳胀""经前浮肿""经前泄泻""经前感冒""经前情志异常"等范畴。

一、病因病机

经前期综合征的发生涉及经前期生理变化、患者情志、体质和环境等多因素之间的相互作用。卵巢激素改变是引起经前期综合征的必要因素，在自然月经周期中，雌激素、孕激素、前列腺素等发生变化，尤其是黄体晚期发生雌、孕激素撤退，与应激反应和控制情感有关的神经递质或神经调节物，如 5- 羟色胺（5-HT）、阿片肽、单胺类、前列腺素、γ- 氨基丁酸（GABA）等对性激素的波动和变化敏感，影响周围组织，激发抑郁、疲劳等经前期综合征症状。

古代典籍多从一症着眼，尚未将诸症联系综而述之。如《妇科玉尺》云："妇人平日水养木，血养肝，未孕为月水，既孕则养胎，既产则为乳，皆血也。今邪逐血并归于肝经，聚于膻中，结于乳下，故手触之则痛。"即认为经前乳房胀痛的病因病机是肝气郁结。明代王肯堂《证治准绳》云："经水者，行气血，通阴阳，以荣于身者也。气血盛，阴阳和，则形体通。或外亏卫气之充养，内乏荣血之灌溉，血气不足，经候欲行，身体先痛也。"即认为经行身痛的原因责之于气血亏虚。《丹溪心法附余》认为经行发热属血虚有热。《续名医类案》中提到经行发斑的病机为"肝脾二经郁火"。《叶氏女科证治·调经》认为经行浮肿主要责之于脾虚水停："经来遍身浮肿，此乃脾土不能克水，变为肿。"

经前期综合征的病因与七情失节、脾肾阳虚、血虚失养、痰瘀阻络有关。

1. 七情失节　七情失节，情志抑郁，肝失疏泄，不能遂其条达之性。肝郁乘脾，阴血不足，月经前阴血下注，气血失衡便更为突出，进而加重肝郁，又可导致肾阴不足，从而影响脾和肾生理功能，可出现乳房胀痛、腹痛、泄泻诸症。乳头属肝，乳房属胃，七情内伤，肝气郁结，气血运行不畅，脉络欠通，或因肝肾精血不足，经脉失于濡养，皆可引起经前乳房胀痛。若肝郁日久，化火生风上逆，则又易致头晕头疼、失眠多梦诸症。

2. 脾肾阳虚　明代医家汪机在《汪石山医案·调经》中云："经行而泻……此脾虚也。脾统血属湿，经水将行，脾气血先流注血海，此脾气既亏，则不能运行其湿。"即明确提出了经前泄泻主要责之于脾，由经水将行而脾气亏虚所致。《叶天士女科全书》认为经前泄泻主要责之于脾肾："经来之时，五更泄泻，如乳儿尿，此乃肾虚，不必治脾，宜服理中汤七剂。"

3. 血虚失养　素体虚弱，脾虚气血化源不足，或大病久病，长期慢性失血，阴血不足，肝失所养，肝阳偏亢，因肝经上行巅顶，肝郁化火随经脉上冲巅顶，导致头痛、头晕。妇女在行经之前，气血均聚于胞宫，导致卫外不固，营血缺乏，周身失去荣卫的濡养，故"经水欲行，先身体痛"。

4. 瘀痰阻滞　女性体质多偏阴寒，经前产后饮食贪凉受寒，寒凝血瘀，或素体肥胖，脾虚生痰，痰浊瘀血夹杂阻滞，以致头晕、头痛。清代张石顽在《张氏医通》中说："每遇经行则头痛……此痰湿为患也。"

综上，经前期综合征的病位主要在肝、脾、肾，与肝关系更为密切，也涉及心、冲任等。病理性质属虚实夹杂，病机关键是肝、脾、肾功能失调，气血失和。

二、诊断标准

经前期综合征的临床诊断，一般需同时符合典型症状、发病时间和严重程度 3 个要素,再结合患者的既往病史、家族史等情况,即可确诊。

1. 典型症状　在既往的 3 个月经周期中,周期性出现经前期综合征典型的躯体症状、精神症状或行为改变。

（1）躯体症状:乳房胀痛,头痛,四肢肿胀,腹胀不适,感冒等。

（2）精神症状:疲劳乏力,情绪不稳定,焦虑,抑郁,过度敏感,猜疑等。

（3）行为改变:注意力不集中,工作效率低下等。

2. 发病时间　症状在月经周期的黄体期反复出现,在卵泡晚期存在一段无症状的间歇期,即症状至少在月经开始后第 4 天至下次周期前 12 天之间消失。

3. 严重程度　症状严重,影响患者的正常工作和生活。

三、易发对象预测

（一）体质特征

经前期综合征多发于气虚与气郁型体质,还与阴虚、阳虚、血虚体质有关。体质盛壮者,或先天禀赋充足,或后天长养得当,月经调和,经期无明显不适。气虚与气郁质女性在经前期由于素体阴阳气血不足,肝、脾、肾亏虚,加之冲任气血骤聚于胞宫,脏腑功能暂时失调,气血阴阳失去平衡,引发经前诸证。气虚、气郁日久,发展为肝肾阴虚、脾肾阳虚和血虚肝旺证。

（二）性格情志特征

经前期综合征发生时以情志症状为主的比率相当高,甚至高于躯体症状的比率。越是内向、保守、安静、孤僻、说谎,缺乏同情心,仇视,情绪过分易激动的人,其经前期综合征临床症状越严重。

情绪不稳定和神经质的人格特征与经前期综合征的发生有密切联系,尤其是个性与脑活动的固定模式有关,进而影响下丘脑的活动,使下丘脑–垂体–卵巢轴活动受到影响,雌激素分泌发生变化,所以形成不良的个性特征会影响经前期综合征的严重程度。国外研究发现,经前期综合征患者 76% 出现烦躁易怒。一项针对女大学生的调查显示,性格急躁易怒或抑郁寡欢者的经前期综合征发生率约为 86%~89%,而平和开朗或沉静内向者约为 50%。

（三）年龄特征

经前期综合征好发于 25~45 岁的女性,与该时期女性的生活和社会压力较重,易受情志因素的困扰有关。情志失常反复持久发生,影响肝的疏泄功能,而致肝气郁结或上升太过。反之,肝失疏泄,则影响情志变化,从而造成恶性循环。此外,妇女的月经、妊娠、分娩、哺乳均需要以气血作为重要的物质基础,而育龄期正是经、胎、产、乳的重要时期。因此,此期更容易损伤阴血,故机体常处于气分有余、血分不足的状态,好发经前期综合征。

（四）生活方式与环境特征

1. 饮食因素　饮食不规律,偏食挑食甚至过度节食,嗜食高盐食物,致使营养不平衡,气虚血少,身体虚弱,机体抵抗力下降,易引发经前感冒;脂肪含量也可能影响经前期综合征的发生,体内脂肪的含量可能影响雌激素的正常水平,从而干扰正常月经的形成和周期。当体内脂肪量过低,可能造成雌激素在体内的产生和转化发生异常,故而月经失常。此外,胆固醇和甘油三酯增高,经前期综合征的发生率也会明显

增加。

2. 生活习惯　睡眠不足、缺乏体育锻炼者,经前期综合征的发生率较高。经前期综合征女性中运动较多者比运动较少者症状轻,而且随着运动量增加,经前期综合征症状会减轻。

3. 环境因素　大城市的女性与中小城市及农村相比,更易出现经前期综合征,其中社会文化环境差别可能是主要因素。面对大城市的激烈竞争,女性在工作、家庭等方面承担着更多的精神压力。

（五）职业与工作习惯特征

经前期综合征好发于家庭、工作负担较重的中青年女性,尤其是文化程度较高的女性,如从事脑力劳动的职业女性和学习压力较大的学生。大专以上文化程度者的生活压力感明显大于文化程度更低者。而医学学生及医护人员,因为具备足够的生理知识,往往较能从容地应对经前期综合征。

（六）家族遗传特征

母亲患有经前期综合征者,女儿相对亦易发生。

（七）并发疾病特征

单纯性肥胖症会导致女性卵巢激素代谢紊乱,也容易并发经前期综合征。

经前期综合征的发病也与甲状腺素含量变化密切相关。有研究证实,肝气上逆证和肝气郁滞证经前期综合征患者月经前期的血清中三碘甲状腺原氨酸含量显著降低,甲状腺素水平在发病前后持续存在异常升高;肝气郁滞证经前期血清促甲状腺素含量升高。

四、情志养生方法

经前期综合征的情志养生应遵循"疏肝理气,养血调经"的原则,未病先防,既病防变,瘥后防复,以让机体脏腑功能调和、气血阴阳充盛,平稳度过月经前后冲任气血的变化,避免经前期综合征反复发作。

（一）清静养神法

女性要学会正确面对经前期综合征,当症状发生时一定要淡定,不要怨天尤人,不要急躁发怒,保持心静神安,正如刘完素所谓"心乱则百病生,心静则万病悉去"。

1. 静思法　症状发生时,可以背靠椅子或端坐于舒服的软垫,深吸慢呼,闭目静思,在愉快的心境中,冥想秀丽的山川美景,回忆过往的美好经历,遐想未来的光明前景,可减轻病痛。

2. 想象放松法　通过想象,训练肢体随思维逐步放松,可在短时间内休息,恢复精力,让自己得到精神和身体的小憩,感觉舒适安详、平静宁和。

（二）情志相胜法

1. 悲胜怒　经前期综合征的患者大多属于肝郁气滞证,可运用金克木的治疗方法,以悲胜怒,从而使肝郁症状得以缓解。以诉说苦衷的方式谈话诱导,或者借助一些悲情的短片引导患者通过哭泣或其他方式宣泄出积蓄的不良情绪。还要留意患者的宣泄是否充分。宣泄后的患者通常会自觉疲劳,如果患者同时伴有轻松感,睡眠质量和食欲提升则为佳,可以让其安静休息几天后再做进一步治疗。如果患者仍经常皱眉,怒气难耐,睡眠欠安,胃纳未复,则说明情志尚未调整好,需要再度适量宣泄。

2. 喜胜悲　情志养生的最终目的,是要引导受到经前期综合征困扰的女性走向积极的道路。悲伤的情绪只能作为一时的宣泄途径,若存留日久则会对女性身心皆有伤害。中医认为,心属火,其志为喜,肺属金,其志为悲,火能克金,以喜胜悲,可使悲伤情绪得以化解。建议易患人群多观看喜剧短片,开怀一笑,宣泄不良情绪。或者鼓励她们主动与他人聊天交流,述说一些开心的、积极的内容,让女性展露笑颜,心情得以放松。

（三）移情悦志法

经前期综合征患者多为气郁质,容易忧思愠怒、情志不畅,要培养育龄女性开朗的性格,通过不同的兴趣爱好和文化活动来调节精神情绪,如舞蹈、书法、绘画、刺绣、音乐、插花、旅游等兴趣爱好,从而陶冶心性,能于动中取静,有助于形神合一,使人的精神有所寄托,从而令人保持在安详沉着、有自信心、轻松愉悦、精神乐观的状态。

为培养开朗、豁达的性格,可以多听轻快、明朗、激越的音乐;多读积极、乐观、富有乐趣、展现美好生活前景的书籍;多参加集体文娱活动或社会公益活动,常看喜剧、滑稽剧以及富有鼓励和激励意义的影视剧及节目,开阔胸襟,在名利上不计较得失,学会知足常乐。

（四）暗示法

经前期综合征的心理症状常表现出急躁易怒与抑郁悲伤两种形式。急躁易怒表现为发怒后向他人发泄,烦躁、易激惹、情绪波动大、乳房胀满、眩晕、胃胀,是典型的肝疏泄太过症状;抑郁悲伤表现为发怒后不发泄而郁于心中,抑郁寡欢、情绪波动大、恐惧、胸闷、善太息、小腹疼痛,是典型的肝气疏泄不及症状。"怒则气上",怒伤肝,肝藏血,发怒激发肝气、肝血上涌,加重经前期综合征症状。《淮南子·原道训》明确指出:"静而日充者以壮,躁而日耗者以老。"

《管子·内业》说:"凡人之生也,必以其欢。忧则失纪,怒则失端,忧悲喜怒,道乃无处。"通过自我暗示,先平复心情,再用积极乐观的情绪克服因急速变化带来的负面情绪,才能调畅气机,有益于身心健康。怒不可遏时,通过心中默数1~100或默唱一首喜爱的歌,或告诫自己"忍一时风平浪静""无需在意,不值得生气";心情低落抑郁时,提醒自己"只有上坡的时候才会觉得艰难,美好的明天一定属于自己",都是行之有效的暗示之法。还可以尝试把生活中的压力罗列出来,写成之后再设法"一一击破",将那些压力逐渐化解,每完成一个小目标都暗示自己离成功又进了一步。

（五）开导法

正确认识经前期综合征,用理智战胜经前期综合征带来的躯体、精神和行为症状的干扰。一些育龄女性因为缺乏生理知识,对月经前期的不适症状具有担忧、恐惧等负面情绪,致使气机阻滞加剧,进一步加重经前期综合征的症状。故需加强对育龄妇女月经相关生理知识的健康宣教,保持良好心态,改变对月经前不适症状的态度,掌握自身症状的规律。保持良好心态,注意抵御外邪。

（六）适度发泄法

哭泣不代表懦弱,哭泣是发泄的一种良策,能有效缓解压力。经前期综合征者,不妨选择一个适合的场所大哭一场,将心中的郁闷、肉体上的痛楚通过哭泣的方法发泄出去。

运动亦是发泄郁怒的方法,如果是郁怒引起的经前期综合征,不妨去运动一下,通过一场酣畅淋漓的运动,让郁怒随汗而去。

(七)饮食养情法

改变不良的饮食习惯,调整食谱构成,戒烟限酒,控制含咖啡因的食物摄入。以全营养谷物、新鲜的蔬菜与水果、豆制品、坚果、果仁为主,包括少量的鱼、鸡和不含脂肪的奶制品,补充维生素和钙。通过高质量、高营养、低脂肪的食物提供能量,经前少盐饮食,减轻体内水潴留,增强体质,提高免疫力,消除很多可能发生的经前期综合征症状。

甘味入脾,甘甜的食物有补益、和中、缓和拘急、止痛多重作用,也能缓和情绪,因此在经前期,可以适当摄入适量糖果、巧克力、蛋糕等甜食。

食用大豆制品及海产品补充高质量蛋白质,选用滋阴理气的百合、山楂、佛手、苦瓜等蔬菜水果,饮用玫瑰花茶,熬煮佛手粳米粥可以预防和缓解经前乳胀。

血虚体质者,应多食用含铁元素丰富的食物,如猪肝、鸡肝、猪血和菠菜等绿色蔬菜,还可适当服用阿胶糕、阿胶口服液之类的阿胶制品,预防经前头晕、头痛及身痛。

容易因血瘀引起头身疼痛者,可以经常食用木耳等具有活血散瘀、理气止痛的食物,也可以用开水冲泡丹参代茶饮。

脾肾阳虚者,多食用山药、薏苡仁、芡实、黑芝麻、牛肉、羊肉、海参等食物,熬煮薏苡仁莲子粥、黄芪山药莲子粥,以益脾肾阳气,预防经前泄泻。

多食牛奶、新鲜的水果蔬菜、燕麦、牡蛎等,这些食物富含丰富的钙、镁、锌等元素,有助于调节体内的激素水平。

(八)经穴养情法

1. 艾灸　选择肝俞、脾俞、肾俞、足三里、三阴交、百会等穴位进行艾灸,每日1次。肝郁气滞者加关元、气海,脾肾阳虚者加中脘、天枢、神阙,血虚肝旺者加血海、太冲,血瘀者加局部痛点。

2. 推拿　按揉肝俞、脾俞、肾俞、三阴交等穴,以疏肝健脾益肾;按揉关元、气海等穴调畅气机,以激发正气;按揉百会、四神聪、太冲等穴,舒畅情志,缓解抑郁、愤怒的情绪。

3. 耳穴养情　可取皮质下、神门、交感、内生殖器、缘中、肾、肝、脾、心、内分泌等穴。用王不留行贴压耳穴,可刺激全身在耳部的反射区,协调阴阳、疏通经络、调畅情志。

4. 足部按摩　选用头反射区、垂体反射区、肝反射区、肾反射区和生殖腺反射区等足底反射区,以调整内脏功能,促进气血流通。

(九)起居养情法

通过调节生活状态,加强体育锻炼,放松心情,劳逸结合,解除精神紧张症状,保证充足的睡眠时间及良好的睡眠质量,以减轻经前期综合征的症状,提高生活质量。

(十)熏洗养情法

1. 熏香　选用鼠尾草、天竺葵、薄荷等香型的精油,入浴时滴入数滴。或者选择适宜的香熏蜡烛,于睡前点燃营造温馨舒适的睡眠环境,提高睡眠质量,舒缓情绪。

2. 熏蒸　经前乳胀可选用疏肝理气止痛的逍遥煎,将柴胡50g、白芍30g、枳实20g、甘草10g、白术30g、茯苓30g、煨姜10g、薄荷10g加适量水煎煮去渣取汁,以药液熏洗乳房10分钟,每日3次,经前连用5~7日,连续2~3个月。

3. 足浴　取玫瑰花 15g、辛夷花 10g、当归 20g、红花 15g、苏木 10g 或伸筋草 15g、透骨草 15g、五加皮 12g、三棱 12g、莪术 12g、秦艽 12g、海桐皮 12g 组成足浴方,将药物煎汤,趁热先熏足底,待药汤稍凉后再洗,每次熏洗 20~40 分钟,每日 1 次。能放松全身,疏通气血运行,调畅情绪。

（黄　莹）

第十二节　围绝经期综合征

围绝经期综合征,又称绝经综合征,是指妇女在绝经前后出现性激素波动或减少所致的一系列躯体及精神心理症状。临床上常以烘热汗出、烦躁易怒、失眠健忘、手足心热、月经紊乱等为主要表现。约 60%~80% 的女性在绝经前后会出现围绝经期相关症状。

本病属于中医学"绝经前后诸证""脏躁""郁证"等范畴。

一、病因病机

围绝经期综合征的发生主要由于卵巢衰退引起体内性激素水平紊乱、神经内分泌系统一时性失调,导致下丘脑 – 垂体 – 性腺轴功能失去原有的动态平衡,从而影响相关器官的生物学效应,直接或间接引起中枢自主神经系统的功能活动紊乱而导致精神情绪的异常。

早在春秋战国时期的《黄帝内经》中就对女性各阶段的生理特点进行了比较细致的描述。《素问·上古天真论》曰:"女子七岁,肾气盛,齿更发长……七七,任脉虚,太冲脉衰少,天癸竭,地道不通,形坏而无子也。"由此可推断肾虚是此病的根本原因。《金匮要略·妇人杂病脉证并治》指出:"妇人脏躁,喜悲伤欲哭,象如神灵所作,数欠伸,甘麦大枣汤主之。"《金匮要略·百合狐惑阴阳毒病脉证并治》曰:"百合病者,百脉一宗,悉治其病也……如有神灵者,而身形如和,其脉微数。"较形象地描写了此病的情志症状。《景岳全书·妇人规》指出:"妇人于四旬外,经期将断之年,多有渐见阻隔,经期不至者……若素多忧郁不调之患,而见此过期阻隔,便有崩决之兆。若隔之浅者,其崩尚轻;隔之久者,其崩必甚。此因隔而崩者也。"详细地阐述了妇女在围绝经期阶段的月经紊乱症状。

围绝经期综合征的发生主要与肾阴阳失调、冲任亏损等因素有关。

1. 肾阴虚　肾阴素虚,精亏血少,绝经前后,天癸渐竭,精血衰少,或忧思不解,积久在心,营阴暗耗;或房事过多,多孕多产,精血耗伤,肾阴更虚,真阴亏损,冲任衰少,脏腑失养,出现绝经前后诸证。

2. 肾阳虚　素体肾阳虚衰,绝经前后,肾气更虚,或房事不节,损伤肾气,命门火衰,冲任失调,脏腑失于温煦。

3. 肾阴阳两虚　《景岳全书·传忠录》曰:"命门为精血之海,脾胃为水谷之海,均为五脏六腑之本。然命门为元气之根,为水火之宅;五脏之阴气,非此不能滋;五脏之阳气,非此不能发。"肾藏元阴而寓元阳,若阴损及阳或阳损及阴,真阴真阳不足,不能濡养、温煦脏腑,而致冲任失调。

4. 心肾不交　《傅青主女科》云:"肾无心之火则水寒,心无肾之水则火炽。"绝经前后,肾水不足,不能上济于心,心火独亢,热扰心神,出现心肾不交,遂致绝经前后诸证发生。

围绝经期综合征的病位主要在肾,常累及心、肝、脾等脏。病理性质以肾虚为主,常兼气郁、阴虚、血瘀等,多属虚证,或见虚实夹杂。病机关键为肾阴阳失调,天癸渐竭,冲任二脉逐渐亏虚。

二、诊断标准

围绝经期综合征近期表现主要为月经紊乱、血管舒缩功能不稳定及神经精神症状,远期可表现为泌尿生殖功能异常、骨质疏松及心血管系统疾病等。根据病史、临床症状、体格检查和实验室检查,典型病例诊断一般不难。但需注意除外相关症状的器质性病变及精神疾病,而卵巢功能评价等实验室检查有助于诊断。

三、易发对象预测

（一）体质特征

围绝经期综合征主要见于气郁质、阴虚质人群,其中气郁质为围绝经期妇女出现焦虑、抑郁症状的易感体质。

《灵枢·五音五味》曰:"妇人之生,有余于气,不足于血,以其数脱血也。"《景岳全书·妇人规》又言:"妇人幽居多郁,常无所伸,阴性偏拗,每不可解。"女性因其特殊的生理特点,尤易形成气郁体质。且至绝经前后,女性肾气渐衰,天癸将竭,而"肝肾同源",肾精亏乏,则水不涵木,肝失濡养,疏泄失权,致木失条达,将进一步加重气机郁滞。而肝作为调畅气机之枢纽,其调节作用失司,使机体适应性和耐受性降低,导致脏腑气血阴阳失调,失去自我调控能力,则易发生烦躁易怒、心烦不寐、月经紊乱等一系列围绝经期综合征表现。可见肾虚、天癸竭只是围绝经期综合征发病的前提和基础,气郁体质才是其发病之根源。因此,气郁体质在围绝经期综合征的发病中具有主导地位和重要作用。

（二）性格情志特征

围绝经期综合征多见于性格内向,多愁善感、情绪不稳定的女性。孙思邈认为妇人"以嗜欲多于丈夫,故感病倍于男子。盖其慈恋爱憎,嫉妒忧患,染着坚牢,情不自抑,以此成疾,非外感六气,必内伤七情所致也"。因此,女性的精神心理因素在围绝经期综合征发病中占有重要地位,表现为神情忧郁、敏感多虑、烦闷不乐、胸闷不舒、性格内向而不稳定、不善于宣泄和表达、过分压抑等,具有较为明显的焦虑、强迫、冲动等特质。贪欲妄想、爱钻牛角尖、孤注一掷、悲观自责等的人群,都较易患围绝经期综合征。

（三）年龄与性别特征

《素问·上古天真论》曰:"女子七岁,肾气盛,齿更发长;二七而天癸至,任脉通,太冲脉盛,月事以时下,故有子……七七,任脉虚,太冲脉衰少,天癸竭,地道不通,故形坏而无子也。"围绝经期综合征主要因肾阴阳失调,冲任衰少所致,故多见于45~55岁的绝经前后女性,病程长短不一,短者数月至一年半载,长者可迁延数年至十数年不等。但随着现代社会环境的变化,导致女性家庭负担加重,工作压力增大,此病呈现发病率逐年升高且围绝经期综合征症状出现时间逐步提前的趋势。

（四）生活方式与环境特征

1. **饮食因素**　围绝经期综合征患者的膳食结构多不合理,碳水化合物所占热量比例低,脂肪所占热量比例高。谷类、奶类及奶制品、鱼虾类、大豆类及坚果摄入不足,畜禽肉类、油脂摄入超标。

2. **生活方式**　生活方式对围绝经期综合征有一定影响,除饮食不规律外,缺乏运动、睡眠不足、过度疲劳,抽烟、饮酒等不良生活方式可能引起或加重围绝经期症状。

3. **环境因素**　围绝经期综合征与心理、社会关系密切。患者常因家庭负担重、工作压力大、处在离退休时期产生的失落感、无价值感、丧偶、离异或情感伤害、生活各种意外事件等,长期处于一种内、外环境应激状态,机体对外界不良因素影响的敏感性增加,适应能力下降,而容易激发围绝经期综合征。对于中年女性来讲,婚姻是其生活的核心,和谐幸福的婚姻生活使人身心感到愉悦,而在家庭气氛紧张的情况下,女性的精神压力会加大,夫妻关系容易紧张,长期处于这种环境下的女性容易产生抑郁症状。所以,夫妻关系冷淡或经常争吵者,围绝经期综合征的发病率明显高于夫妻关系和睦者。

（五）家族遗传特征

通过对围绝经期综合征及其影响因素的分析发现,母亲绝经期症状轻重成为围绝经期综合征的影响因素,说明围绝经期综合征症状轻重可能与遗传因素有关。

（六）职业与工作习惯特征

围绝经期综合征与职业、文化程度有密切关系。脑力劳动者,如高级知识分子、IT从业者、白领等工作压力大,生活不规律,缺少与社会沟通的机会,因而发病率明显高于体力型女性。有研究认为,无业妇女的围绝经期综合征发生率高于职业女性,部分女性因为无业或失业而产生一种自卑感,当遇到经济问题时就担心会增加家庭负担,因此所产生的过于沉重的心理负担,往往会诱发焦虑、抑郁症状或者加重已有的精神、心理症状。但也有学者认为,工作压力大更加容易诱发围绝经期综合征,如经济收入较高的女性,围绝经期综合征的发生率反而较高,可能是与职业因素中工作压力较大、长时期精神紧张、工作强度较大有关。

（七）并发疾病特征

有经前期综合征病史者,围绝经期综合征的发生率更高。

有焦虑症或抑郁症病史者,围绝经期综合征发病率较无病史者高,症状也更为严重。

此外,长期失眠、月经不调、不孕不育、多次流产也是围绝经期综合征的风险因素。

四、情志养生方法

通过上述预测,确诊为围绝经期综合征的易感人群,应注意采取情志养生方法,积极预防其发生;已经确诊为围绝经期综合征的患者,在运用药物治疗的同时,配合情志养生方法,防止疾病加重;已经缓解或治愈的患者,也要通过各种情志养生方法,预防疾病复发。

（一）修心养性法

围绝经期综合征的女性不同程度地表现出精神心理障碍,其中焦虑和抑郁是围

笔记

绝经期女性最常见的神经精神症状。故而绝经前后女性应认识到围绝经期是妇女不可逾越的生理阶段,宜清静自然地顺应其生理变化过程。《素问·举痛论》曰:"怒则气逆,甚则呕血及飧泄。"《彭祖摄生养性论》言:"积忧不已,则魂神伤矣。"女性在此阶段应注意修心养性,胸怀宽广,恬恢虚无,知足常乐,少思节虑,避免情志过极。如《素问·上古天真论》所言:"处天地之和,从八风之理,适嗜欲于世俗之间,无恚嗔之心,行不欲离于世,被服章,举不欲观于俗,外不劳形于事,内无思想之患,以恬愉为务,以自得为功,形体不敝,精神不散,亦可以百数。"

(二)清静养神法

过多的思虑耗气伤神,以致心神不宁。应避免过分思虑,淡泊名利,顺其自然,随遇而安,从而做到思想清静,情感恬静、舒畅。且女性至绝经前后,肾精渐耗,精血亏损,神气失养而不易守持于内,加之各种外界因素影响,思虑易起,神易动而难静,因此静心宁神对围绝经期综合征女性尤为重要,也是围绝经期伴发情志障碍的首要情志养生之法。在养神的过程中,可以结合中国古代的静功,调整呼吸,摒除杂念,静坐默想,意守丹田,以达到凝神静气、天人合一的境界。

(三)移情悦志法

围绝经期妇女情绪稳定性差,易表现为烦躁易怒、焦虑、情绪低落、抑郁等。因此,心理调节成为围绝经期妇女保健中至关重要的部分。所以围绝经期女性应该注意多接触外界环境,多接受新事物,并鼓励其多参加集体活动,不要在行为上和心理上自我封闭。可以根据个人的兴趣爱好,参加一些体育活动或文娱活动,如观山游水、弹琴下棋、读书作画、养鸟种花、唱歌跳舞等,通过移情易性而起到调畅情志、疏理气机等治疗作用。

(四)祝由开导法

围绝经期为女性正常的生理过程,要正确认识和接受绝经前后生理及心理变化,了解围绝经期综合征保健、调养的相关常识,在日常生活中,要用理性去控制激烈的情绪变化,不使其过度、过激,防止七情太过,达到心理平衡。

(五)以情胜情法

围绝经期综合征女性情志多以思、悲(忧)、怒为主,常表现为忧思不解、悲伤欲哭、烦躁易怒等,故可以"喜胜忧、悲胜怒"为治则。若善悲欲哭,郁郁寡欢者,可让其通过观看喜剧、相声、小品等幽默节目,使其心情愉悦;若烦躁易怒者,可借助感人的故事小说、悲剧电影等,晓之以理,动之以情,诱使人产生感动或悲伤的情绪,有效抑制过怒情志。

(六)饮食养情法

要注意调整饮食结构,避免高盐、高脂饮食,慎食辛辣刺激、煎炸熏烤以及肥甘厚腻类食物,忌烟酒,睡前忌饮浓茶、咖啡,晚餐不宜过晚、过饱。在饮食上以低糖、低脂肪、低热量、高蛋白、高钙、高维生素食物为宜,多吃各种新鲜蔬菜、水果,特别是绿色蔬菜和全谷物。

女性在围绝经期出现心烦不寐、急躁易怒症状,可指导其适当进食百合、莲子心、枸杞、山药、苦瓜、黑芝麻、黑豆、核桃仁等具有滋肾养阴、清心安神功效的食物。

若表现为情绪低落、抑郁症状,可适当食用香蕉、樱桃、菠菜等食物。

另外,食用含钙丰富的虾皮、豆类及乳制品,可降低绝经后妇女因雌激素缺乏、骨量下降而出现的骨质疏松,有助于延缓或减轻围绝经期症状。

（七）药饵养情法

1. 养心安神粥　用百合 30g、莲子 15g、龙眼肉 30g、粳米 100g,同煮成粥。具有养心安神之效,适用于围绝经期综合征失眠明显者。

2. 远志枣仁粥　用远志 10g、炒酸枣仁 15g、枸杞子 30g、粳米 100g,同煮成粥。具有解郁、安神之效。

3. 百合地黄粥　用百合 30g、生地黄 15g、合欢花 6g、桑椹子 30g,适量加水煎煮,去渣取药汁 300ml,再与小米同煮成粥。具有养阴清热、补益心肺、滋补肝肾之效,适用于围绝经期综合征有失眠、健忘、烦躁者。

4. 甘麦大枣饮　取淮小麦 60g、红枣 15g、甘草 6g 适量,水煎代茶饮用。适用于绝经前后伴有烦躁易怒、潮热汗出、焦虑忧郁、心悸者。

此外,还可将具有疏肝理气解郁的各种花类药物,如合欢花、玫瑰花、茉莉花、梅花等,用沸水冲泡,代茶饮用,有镇静安神、预防抑郁的功效。

（八）经穴养情法

1. 耳针　取皮质下、内分泌、肾、神门、交感、心、肝、脾等穴,每次选用 2~3 穴,用埋针或王不留行压豆法。

2. 按摩

（1）点按合谷、太冲、神门、内关、三阴交、肝俞、肾俞、关元,可疏通经络、激发经气,使患者身心愉悦、精神振奋、气血充足,达到补虚的作用。

（2）点按肝俞、肾俞、心俞、足三里、三阴交、神庭、本神、四神聪,可有效缓解抑郁情绪及心理应激,改善患者睡眠障碍。

（3）点按百会、太阳、内关、足三里、三阴交、太冲等穴,能够起到健脾益气、调理脾胃、生发胃气的作用。

（4）点按太冲、太溪,具有平肝潜阳、行气解郁、补肾滋阴的作用。

（5）按摩头部经穴,可以通调十二经脉之气血,从而起到改善记忆、醒脑安神的作用。并易于使患者全身放松,有效缓解围绝经期综合征女性常见的疲劳、烦躁、头痛、失眠等症状。

（6）按摩全腹部,可以健运脾胃、益气和中,对围绝经期综合征患者出现的便秘、消化不良、月经紊乱、失眠等症状起到较好的调理作用。

（7）按摩足部的肾、心、肝、脾、内分泌、卵巢穴,以补肾益精、调理冲任,缓解腰酸膝痛、失眠等症。

（九）环境养情法

围绝经期综合征的发病与女性所处的社会环境及家庭环境密切相关。因此,在围绝经期综合征的预防工作中,需要社会和家庭的共同参与,营造和谐的社会环境及和睦的家庭氛围。

1. 社会支持　女性处于绝经前后阶段,在职场和家庭均承受较大压力,或因社会角色和地位的改变引发内在空虚感、失落感;且面临围绝经期的生理、心理变化,敏感多疑,同事之间易产生矛盾,人际关系恶化,不能适应紧张激烈的社会竞争,长久的压力刺激等诸多内外因素的干扰,极易引起该时期女性情绪的起伏波动。如果社会各界及领导、同事、朋友、家人能给予适当的理解和关爱,重视围绝经期妇女的保健工作,包容、理解她们,为其提供良好的社会工作环境及和睦的家庭气氛,帮助她们协调周围的人际关系,保持愉快、乐观的情绪,可以使其顺利度过围绝经期。

2. **家庭关爱** 夫妻关系紧张或离异的女性,围绝经期综合征的发病率较家庭和睦者明显升高。夫妻恩爱者,丈夫能够用理解、宽容的态度面对妻子异常的情绪波动及身体的变化,使她消除紧张、恐惧心理,不良情绪自然缓解、消失。夫妻不和睦或离异女性,得不到丈夫的理解和安慰,如果又是内向性格,郁闷、烦恼无处诉说,日久则抑郁成疾。故围绝经期妇女的家庭成员应掌握一些围绝经期的相关知识,丈夫及子女应给予关心和安慰,多进行情感交流,使其在家庭生活中有安定感和幸福感,营造宽松、愉快的家庭环境。

3. **自然环境** 注意积极创造良好的自然环境,根据个人喜好对居室的色彩、布局等进行调节,营造舒适、和谐、优美的生活环境。经常到风景优美的河边、田野、森林等地方散步、旅游,对开阔心胸、怡神养情也具有积极意义。

(十)运动养情法

适当的运动锻炼可以促进积极的心理情志调整,有效改善围绝经期综合征患者的生理功能和心理状态,有助于减轻患者过度的紧张、兴奋、抑郁及焦虑等不良情绪,保持精神舒畅,令人身心愉悦,保持乐观向上的心态。常见项目包括跳舞、游泳、瑜伽、健身操、八段锦、太极拳、散步、慢跑等。

太极拳作为中国传统武术项目,要求"意到身随""内外相合""身心皆修",从而使人进入无忧无虑、无我无他的怡然意境,使练习者心旷神怡、精神饱满,有助于缓解或消除身体的疲惫和心理上的压力,让心情变得豁然,对生活充满希望,因而可使人由急躁易怒变得稳健、豁达、随和,由紧张、焦虑、多疑转为乐观、沉静,从而能够缓解围绝经期综合征女性的烦躁易怒、失眠、眩晕、乏力、记忆力减退、心悸等症状。

(十一)雅趣养情法

应鼓励女性多参加一些娱乐活动,培养个人的业余爱好。通过轻松愉快、活泼多样的活动,在美好的生活气氛和高雅的情趣之中,使人们舒畅情志、怡养心神,消除神经紧张,调节神经内分泌功能,改善围绝经期症状。参加各种娱乐文艺活动,如听音乐、跳舞、做游戏、垂钓、练习书法、绘画、摄影、下棋、看喜剧、旅游观光等,消除神经紧张,增进人际交流,产生愉悦感。

(十二)音乐养情法

《与古斋琴谱》指出:"凡如政事之兴废,人身之祸福,雷风之震飒,云雨之施行,山水之巍峨洋溢,草木之幽芳荣谢,以及鸟兽昆虫之飞鸣翔舞,一切情状,皆可宣之于乐。"围绝经期综合征患者经常欣赏角调式、羽调式和徵调式音乐,有助于调畅情志,宣泄不良情绪。

角调式音乐属木,曲调舒展、悠扬、朝气蓬勃,可调节肝胆的疏泄功能,促进人体气机的升发、条达,有助于缓解胁痛、烦躁、易怒、失眠等症状。代表乐曲如《平沙落雁》《江南好》《草木青青》《绿叶迎风》等。

徵调式音乐属火,旋律轻松活泼、热烈欢快,具有"火"之特性,能温养心气,振奋气机,促进气血畅通,有助于缓解郁闷不乐、悲伤多愁等情志。代表曲目如《喜相逢》

《金蛇狂舞》《喜洋洋》《春节序曲》等。

羽调式音乐,旋律苍凉柔润,凄切哀怨,清幽柔和,如行云流水,可助养肾气,促进气机潜降收藏,有助于缓解潮热多汗、烦躁多梦、五心烦热等情志。代表曲目有《梁祝》《梅花三弄》《二泉映月》等。

（郑丽红）

第十三节 性功能障碍

性功能障碍是性行为和性感觉的障碍,常表现为性心理和生理反应的异常或者缺失,是多种不同症状的总称。性功能障碍涉及病种较多,通常可以分为性欲期障碍（包括男女的性欲低下、性欲亢进、性厌恶）、性兴奋期障碍（包括男性勃起功能障碍,女性的性唤起障碍、阴道痉挛、性交疼痛）、性高潮期障碍（包括男性早泄、射精迟缓、不射精、逆行射精、射精痛,女性的性高潮障碍）。

本病属于中医"阳痿""早泄""阴痿"等范畴。

一、病因病机

正常性功能的维持依赖人体神经系统、循环系统、内分泌系统和生殖系统等多系统的协作,同时,还必须具有良好的精神状态和健康的心理状况。由于遗传、健康状况、文化因素、年龄、疾病（包括慢性病、神经精神系统疾患、内分泌疾病、生殖器官病变等）、药物、酗酒或吸毒等多种因素,错误的性观念、环境因素、不良性经历影响、人际关系紧张及各种外界因素所造成的负面情绪等精神心理因素,而导致上述系统或精神心理方面发生异常变化时,将会影响正常性生活进行,影响性生活质量,表现出不同形式的性功能障碍。

有关房事养生的观点,历代典籍和医家均有记载和论述。早在先秦就有"乾道成男,坤道成女。乾知大始,坤作成物"的说法,马王堆汉墓出土的竹简《天下至道谈》中提出"气有八益,又有七损",被认为是古代房中术的雏形。晋代葛洪《抱朴子》、隋代巢元方《诸病源候论》、南宋陈自明《妇人良方大全》、金元朱震亨《房中补益论》、明代万全《养生四要》、明末清初傅山《傅青主女科》等一系列书籍均有论述。

性功能障碍的病因与先天禀赋不足、后天失养、房事失节、脏腑功能失调、奇经失养、胞脏功能失调等相关,更与七情内伤密切关联。

1. 情志失调,肝失调和 情志失调,忿怒抑郁,肝失条达,疏泄失常,或郁结太过,或郁结化火,则藏血失用、血海失养,或冲任失养,而致多种性功能障碍。

（1）疏泄失调:肝之疏泄不及,在男子则射精不畅,甚至不射精,在女子则性事冷淡,性高潮缺失;疏泄太过,在男子则早泄、滑精,于女子可见纵欲带下之症。

（2）肝气郁结:素多抑郁,肝气郁结,气机不畅,冲任不调,经脉瘀滞,可致男女性欲减退、男性阳痿、女性性交疼痛等性功能障碍。

2. 心神散乱,心肾不交 主要有两个方面:其一为心肾不交,肾水不足,心火亢盛,水火不济,心神不安,或为早泄,或为遗精。《证治汇补·遗精》云:"有用心过度,心不摄肾,以致失精者。"精之藏固在肾,而精之主宰在心,心神涣散则志乱泄精,重者可致"鬼交病"。其二为心神散乱,或因观阅色情之品,心神散乱,不可自控,或因心火亢盛,痰火蒙蔽清窍,或因性格素为怪癖,不可自行发泄排解,企图以种种怪癖行为聊以自慰等,或因情绪紧张,性兴奋过度,而导致性功能障碍。

3. 思虑忧郁,劳伤心脾　工作劳神,曲运心机,或因诸事缠身,用心过度,思虑积久等,耗伤心脾,气血亏虚,以致后天化源不足,无以滋养先天之肾精,肾气不充,肾阳无以温煦,故出现性欲减退症、阳痿等。

4. 恐惧伤肾,气下而陷　肾藏精,生成之本,元气之根,精神所舍。凡惊恐不释,神不守舍,故能伤精,精室被扰,则失精、气下,甚则心怯伤神,渐至阳痿等症。故叶天士在治阳痿时指出:"亦有因惊恐而得者,盖恐则伤肾,恐则气下。"《景岳全书·阳痿》云:"忽有惊恐,则阳道立痿。"

5. 情感不合,认知障碍　夫妇感情不融洽,性生活难以协调和美。缺乏性知识,如新婚初次交合失败,疑为病症,久之则出现心理性阳痿;或性交环境不便,或惧女方怀孕,强忍不泄,或素犯手淫,频繁射精等,而出现不射精症;或女方有生理缺陷和生殖系统器质性病变,性生活不能正常配合乃至中断,无法达到性欲高潮等。

总之,性功能障碍与心、肝、肾等脏腑,以及冲、任、督脉关系密切。情志因素在性功能障碍的发生、发展与转归过程中起着十分重要的作用。性功能障碍往往不是由单一的情志异常变化引起,而是多种情志因素综合作用的结果。如阳痿,有因思虑焦劳,忧郁太过而发者,有因惊恐不释而得者;有少年失志,志意不遂,阳气不舒而致者。又如早泄,有心火亢盛,水不制火者;有惧怕交合失败,或心神过度紧张者。再如男子阳强、不射精、遗精,女子阴冷、性高潮缺失、性欲亢进、失合症等,均与情志变动密切相关,且为多种情志因素综合作用所致。

二、诊断标准

性功能障碍是一组症候群,不是一种单一疾病,其主要病症的诊断标准如下。

(一)男性性欲低下
根据患者性活动的频次和性要求,将其划分以下4级:
Ⅰ级:性欲较正常减弱,但可接受配偶的性要求。
Ⅱ级:性欲在某一阶段后出现减弱或只在特定境遇下才出现减弱。
Ⅲ级:性欲一贯低下,每月性生活不足2次或虽然超过但系被动服从。
Ⅳ级:性欲一贯低下,中断性活动6个月以上。

(二)男性性欲亢进
1. 性兴奋增强,性欲要求强烈,性交或性幻想过度频繁,有与其年龄不相适应的性要求,虽有性交的全过程但要求难以满足。
2. 性要求不考虑任何条件、女方意愿和环境情况。
3. 因性欲亢进导致精神痛苦,影响正常生活和身心健康,造成人际关系不和谐,甚至影响社会交往。
4. 上述症状必须保持一段时间,多定为3个月以上。
5. 往往伴有内分泌失调,性激素检测异常或某些性欲带敏感性过高。
6. 有躁狂症、精神分裂症等精神性疾病,或有垂体肿瘤、睾丸间质细胞瘤等器质性原发病史。

以上1~4项为性欲亢进的必备症状诊断依据,而5~6项为患者常见的病因学诊断。

（三）女性性厌恶

根据病情轻重,女性性厌恶可分为以下4级:

Ⅰ级:一般情况下尚能勉强接受性接触和性活动,只是在特定环境下才发生性厌恶,即性厌恶只是对特定的人或在特定环境或特定性生活方式时才产生。

Ⅱ级:从来就对性生活持强烈反对态度,不愿参加性活动,对性活动从来没有主动要求。在一般情况下,对性生活有紧张和焦虑感,产生惊恐反应,并极力回避性生活。但在特定条件下,如在配偶强烈要求下和非常温静安全的环境下,经过长时间的安抚和性刺激,尚能被动接受性生活。

Ⅲ级:在态度上反对任何性活动和性接触,在行动上竭力排斥任何性活动和性接触,回避任何性活动,根本不可能接受性生活。

Ⅳ级:对性生活和性接触持反对态度,在行为上进行排斥,而且在实际性生活过程中出现各种变态性机体反应,一旦发生性活动,就出现心悸、气短、恶心、呕吐、冷汗、颤抖、僵直、晕厥等性恐惧症状。

（四）女性性唤起障碍

Ⅰ级:女性在性活动中有时或在某种特定境遇下出现阴道润滑不足或反应较慢的表现。

Ⅱ级:女性经常出现阴道润滑不足或反应较慢的现象,对性生活有一定影响。

Ⅲ级:阴道润滑不足或反应很慢导致明显焦虑、不安或不适。

Ⅳ级:阴道润滑严重不足或几乎没有润滑反应,给性生活造成很大困难,也令个人和对方感到极大不满。

（五）女性性高潮障碍

Ⅰ级:既往有过性高潮史,但目前性高潮缺失。

Ⅱ级:性高潮延迟,指在足够强度和时间的有效性刺激下,女性在兴奋期性反应出现20分钟以上,仍难出现性高潮。

Ⅲ级:从未获得性高潮,或除性高潮障碍外还同时具有性欲低下、性唤起障碍及性感缺失,呈全程式性功能障碍。

Ⅳ级:从未获得性高潮,并经多种治疗仍无改善（难治性性高潮障碍）。

（六）女性阴道痉挛诊断分级

Ⅰ级:痉挛的发生仅限于会阴部肌肉和肛提肌群,或痉挛仅在特定境遇下发生。

Ⅱ级:痉挛不仅限于会阴部,而且包括整个骨盆的肌群,或痉挛在多种境遇下均会发生。

Ⅲ级:臀部肌肉也发生不随意痉挛,整个臀部可不由自主地抬起,痉挛频繁发生,性交很难完成。

Ⅳ级:患者双腿内收并极力向后撤退整个躯体,甚至出现大喊大叫等惊恐反应。这种反应往往不是实际行动所引起,而是对伴侣或医生靠近和预感的反应,痉挛系原发性的,性交从未完成。

知识拓展

性功能障碍诊断的注意事项

性功能障碍的诊断相对较为复杂。它不是单一的疾病,而是一组症候群,一般着重于主要症状的诊断,既要评价性反应异常,又要诊断器质性疾病。受传统观念及不良宣传的影响,一些患者对性功能障碍有着错误的认识,必须要向患者讲明诊断的意义,以消除患者顾虑。尽可能找出患者发生该疾病的可能病因,明确主要症状,以获得可靠的诊断依据。

1. 病史采集　在询问饮食、起居、二便、睡眠情况、外伤手术史的基础上,男性患者应注意疾病、手术、外伤史及个人不良嗜好史;女性患者应注意询问患者既往月经、带下、孕产史。尤其注意性生活史,并关联配偶双方。包括对性生活的欲望、前戏、性激动快慢程度、性交的时长和频次,有无性高潮体验、配偶反应及配偶双方对性生活不协调的认知程度等。

患者的药物史亦需要格外重视,包括抗高血压类药、抗抑郁类药、镇静催眠类药、利尿类药及雌激素类药等。

2. 体格检查及检验　在体格检查中,首先注意患者精神情志状态的评估。着重生殖系统的检查常规,进行外生殖器检查,男性患者注意睾丸的硬度、大小及阴茎的发育情况,直肠指检以确定前列腺及精囊腺的情况,必要时进行前列腺液常规检查和细胞学检查;女性患者应注意外阴部及阴道有无炎症或破损,阴道黏膜情况,会阴部有无瘢痕,内诊穹隆部是否触及结节,盆腔内有无炎症等。

另外,血常规、尿常规的检查,神经系统及内分泌系统的检查,比如染色体检查、下丘脑促性腺激素试验、精液常规检查、前列腺液检查、阴道分泌物检查、甲状腺激素测定、血糖测定及糖耐量试验等。必要时进行阴道内射精潜伏期(IELT)测定、多普勒阴茎动脉超声检查、阴茎动脉造影、阴茎海绵体内注射试验、阴茎/肱动脉血压指数测定、夜间阴茎勃起试验、阴部运动神经诱发电位测定,以及阴道血流、阴道 pH、阴道顺应性及生殖道震动感应阈值等检查,对于某些性功能障碍疾病有特殊诊疗意义。

三、易发对象预测

(一)体质特征

性功能障碍,由于表现多样,体质特征相对复杂,但从临床角度分析,大致有 5 类体质人群更易罹患。

1. 阳虚质　阳气主温煦,人之性功能要想保持强劲有力,须赖阳气功能,一旦人体阳气不足,或其人体质偏于阳虚,则易出现多种阴寒凝滞和功能低下的表现。其中男子主要表现为阳痿不起,或举而不坚,不能持久,早泄滑精等;女子主要表现为性欲低下。

2. 气虚质　气主推动,人之性冲动的发生、性功能的催动、性行为的正常持续等,都要依靠气的推动功能。一旦人体之气不足,鼓动无力或鼓动之气不能接续,气不固摄,则易出现男女性欲低下,男子阳痿、早泄等性功能障碍。

3. 气郁质　气机郁滞,则气血流通不畅,宗筋失养;或气机不利,胞宫气血不畅;疏泄不及,则情志失调,而七情致病又能直接伤及五脏而引起或加重气机郁滞。因此,气郁体质人群不仅为性功能障碍的易发对象,更是情志因素引起的性功能障碍的重点检测人群。

4. 血瘀质　血滞胞宫,或瘀血阻滞经络,宗筋气血不畅,尤其女子以血为用,因此,血瘀体质的女性,也是性功能障碍的易发对象之一。

5. 痰湿质　脏腑气化失调,运化失司,水湿停聚,凝聚成痰,则湿浊内生,尤易侵袭人体下部,从而导致男女性功能障碍等。

(二) 性格情志特征

焦虑和抑郁被认为是性功能障碍的起始原因,也是最常见的病理因素之一。精神心理状态的异常会抑制性欲的产生,研究表明心理素质较脆弱、紧张者,更易受外界影响,从而产生焦虑与压抑交织的心理紊乱状态,严重影响性功能。尤其受传统观念的影响和束缚,女性在性活动中常常处于被动、接受地位,患者往往具有强烈的羞愧感。

(三) 年龄与性别特征

不同年龄所患性功能障碍类别各有不同,随着年龄增加,机体的性功能逐渐降低,男女性欲低下及男子阳痿、早泄的发生率也随之增加。绝经后妇女发生外阴萎缩、干燥、疼痛的机会更多。女性性欲亢进较男性少见。女性比男性更易发生性欲低下。

(四) 生活方式与环境特征

青少年时代的环境影响在性欲亢进的发病中有一定作用。受某些性文化,尤其是淫秽色情读物等的影响,或反复接受大量性刺激,以及自身过早的性体验,导致患者性欲失常而长期处于亢奋状态。

与之相对的,众多性欲低下的患者,长期缺乏正确的性教育和引导,存在对性生活的恐惧心理,再加上外部环境的干扰,更容易影响性功能。夫妻感情不和睦,压抑紧张的工作环境,人际关系不协调,杂乱无章、通风不良、过于拥挤的家庭居住条件,缺乏隐蔽和安全的性活动场所等,都易引起性功能障碍。

(五) 家族遗传特征

父亲有性功能障碍,则可能对儿子有一定的影响。母亲有性欲低下等性功能障碍,受到暗示,女儿长大后也易发生类似情况。

(六) 职业与工作习惯特征

脑力劳动者较易发生阳痿、早泄等性功能障碍。家庭不和睦、离异、白领的女性较易发生性冷淡、性厌恶等性功能障碍。

(七) 并发疾病特征

1. 精神疾病　与性活动有关的神经系统疾病可引起性欲低下。焦虑症、强迫症及恐惧症等精神疾病中,部分患者合并性厌恶。部分癫痫患者对性高潮的预兆产生极度恐惧或厌恶的情绪。有些人自认其神经衰弱、性器官疾病与性生活有关,从而产生性厌恶表现。

2. 器质性病变　器质性性欲低下有明确的可导致性欲低下的躯体疾病或外伤。

常见疾病有慢性疾病如肿瘤、糖尿病、心血管疾病、激素水平下降、生殖器官手术、损伤等。

四、情志养生方法

通过上述预测，确诊为性功能障碍易发的人群，应注意采取情志养生方法，积极预防其发生；已经确诊为性功能障碍的患者，在运用药物治疗的同时，配合情志养生方法，防止疾病加重；已经缓解或治愈的患者，也要通过各种情志养生方法，预防性功能障碍复发。

（一）清静养神法

恬惔虚无，精神内守，病安从来？心境安宁，思想恬惔，抱神以静，全身放松，情绪安和，能使阴阳平衡，脏腑功能调和，精气日渐充实，从而使性功能恢复，疾病向愈。凝神敛思是保持清静的良方，对于轻浅之疾，可不药而愈；即使性功能障碍已较重，其作用亦不可低估。因此，对于性功能障碍这类身心疾病，保持清虚的心境、情绪的安宁，减少过度嗜欲，是养生良法，为古今养生家所推崇。

（二）移情悦志法

《临证指南医案》云："情志之郁，由于隐情曲意不伸……郁证全在病者能移情易性。"性功能障碍患者，最多见的情绪变动是焦虑、抑郁，担心病情加重，恐惧家庭变故，深陷忧愁之中，不能自拔。此时要引导、教授患者学会自我排解负面情绪，增强战胜疾病的信心和勇气。男女双方要共同学习一些性知识，及时放松与调整紧张心态，缓和与消除焦虑不安的情绪。做一些自己喜欢的事情，如欣赏音乐、参加集体活动和阅读有益的书籍，或找家人亲友倾诉，使心情自然舒畅，性压抑也会逐渐消失。

（三）暗示诱导法

性功能障碍患者可进行一定的自我暗示，事先拟定暗示语，做好精神准备，如心中默念"我心已经平静""我的病一定会好起来""我能行"等。采用舒适的姿势和体位，双目微闭。全身放松，排除杂念，先做数次深呼吸，以助放松，然后开始慢慢默念暗示语，从容和缓，重复 2~3 遍，并内心服从暗示语；早晚各进行 1 次，每次 10~15 分钟。

（四）祝由开导法

吴鞠通《医医病书》云："吾谓凡治内伤者，必先祝由，详告以病所由来，使人知之而不敢再犯，又必细体变风、变雅，曲察劳人思妇之隐情，婉言以开导之，庄言以震惊之，危言以悚惧之，必使之心悦诚服，而后可以奏效如神。"因此，在对性功能障碍患者进行疏导时，要注意语言艺术，应当先问明病情由来，然后根据性别、习惯、病因和患者的接受情况，或采用委婉的语言开导，或采用庄重正告的语言使其情志震动，或采用适度的惊吓语言使其畏惧警惕，从而起到理想的养生调摄效果。

（五）饮食养情法

性功能障碍与不良生活方式和生活、饮食习惯有着密切关系。"起居时，饮食节，则身利而寿命益；起居不时，饮食不节，寒暑不适，则形体累而寿命损。"要做到生活规律，保证充足的睡眠，减少应酬，避免酗酒，控制饮食，戒烟。

（六）药饵养情法

《清代名医医案精华》记载了一则从调理肝气调养阳痿的案例："某君阳痿。思为脾志,心主藏神,神思过用,病所由生。心为君主之官,端拱无为,相火代心司职,曲运神机。劳动相火……下为遗泄,因循失治,病势转深。前阴为宗筋之会,会于气街,而阳明为之长。心肝不足,冲脉不充;宗筋不振,阴筋不兴。滋阴降火,苦坚之法,最是良谋。惜少通以济塞之品,以故无效。不受温补热塞之剂者,盖壮年非相火真衰,乃抑郁致火不宣扬。膻中阴暝,离光不振也……相火不宣,则宜斡旋肝气,以畅诸经。黑归脾汤加沉香、琥珀、黄柏、元参,蜜丸。今见色勃举,自然自如,不可徒恃于阳,燥热竭阴,致有损元之弊。"

从性功能障碍患者的脏腑和情志特点出发,药饵怡情法主要可从固肾、调肝、调理奇经几方面入手。

1. 固肾　肾脏虚损,不仅促进衰老,亦可导致男女性和生殖功能紊乱,通过益肾固元,培护命火,填补阴精,使阳得阴生,阴得阳化,阴阳平衡,不仅可以预防衰老,且能使衰退的性和生殖功能得以康复。补肾防衰,《寿世保元》提倡以血肉有情之品,填精补髓,交通心肾,所载防治性功能减退方药有"归茸丸""八仙斑龙胶丸""五仁斑龙胶丸"等,皆重用鹿茸、鹿角等。

（1）益肾固气:主治肾气不固所致诸症,如女子阴挺、阴宽、带下,男子遗精、滑泄、生殖能力低下等。代表方有大补元煎等。常用药物有杜仲、菟丝子、覆盆子、紫河车、益智仁、巴戟天、仙茅、鹿角片、淫羊藿等。

（2）温肾壮阳:主治肾阳虚诸症状,如性欲淡漠,男子阳痿、不射精症、不育,女子性高潮缺失、宫寒不孕等。代表方有右归丸、《金匮》肾气丸等。常用药物有附子、肉桂、巴戟天、仙茅、锁阳、鹿茸、鹿角、淫羊藿、补骨脂等。

（3）益肾滋阴:主治肾阴虚诸症,如男子早泄、遗精、不育,女子不孕、纵欲带下、失合症等。代表方有六味地黄丸、左归丸等。常用药物有生地、熟地、山茱萸、女贞子、墨旱莲、天门冬、龟甲、黄精等。

2. 调肝　肝主疏泄,体阴而用阳,喜条达而恶抑郁。肝藏血,司血海,主胞脏之合闭,与冲任相通。肝受病,性与生殖功能亦受累。调肝即调节肝之功能,使之条达宣畅。

（1）疏肝解郁:主治肝郁气滞,疏泄失司所致诸症,如男子阳痿、不育,女子失合症、不孕,性冷淡等。代表方有逍遥散、柴胡疏肝散等。常用药物有柴胡、川楝子、青皮、香附、郁金、薄荷等。

（2）清肝泻热:主治肝胆湿热,蕴结下焦诸证,如淋闭、尿浊、带下、阴疮、阴痒,阳痿等。代表方有龙胆泻肝汤等。常用药物有龙胆、栀子、黄芩、茵陈、黄柏、夏枯草、金钱草等。

（3）养血柔肝:主治肝血亏虚,肝阴不足所致诸证,如遗精、早泄、生育力低下,女子月经量少、经闭、围绝经期综合征等。代表方有一贯煎、二至丸等。常用药物有女贞子、墨旱莲、枸杞、芍药、桑椹、五味子、当归、地黄等。

（4）温肝散寒:主治寒凝肝经,气机不畅所致诸证,如阳痿、阴冷、不育不孕、龟头冷等。代表方有暖肝煎、当归四逆汤等。常用方药有桂枝、细辛、吴茱萸、小茴香等。

3. 调理奇经　冲、任、督脉同源于胞中而出于会阴,由带脉约束,循经外生殖器,与全身经络相连。性与生殖诸疾与奇经相关。

（1）温养奇经:主治先天不足,肝肾亏虚,天癸不足,男子阴茎小势,女子经水迟致,性欲淡漠,小腹虚冷,不育不孕。代表方有河车回春丸等。常用药物有紫河车、狗脊、鹿角片、巴戟天、续断、补骨脂等。

（2）填精补血:主治奇经虚损,形体瘦削,阴茎短小、久遗滑泄,女子胞脏发育不良,性欲低下等症。病至奇经,缠绵难愈,单用草本植物之药,难奏峻补之效,唯"慎养精血,务在有情",当用大补血肉有情之品,直补精血,涵养奇经。代表方有天根丹窟膏等。常用药物有鹿茸、鹿角片、龟甲、鳖甲、紫河车、阿胶、海参、羊肉等。

（3）升陷固脉:主治奇经损伤,带脉失约,经络弛缓,男子阴器不举,女阴挺、阴吹,腰膝酸软,房事腰痛等。代表方有补中益气汤等。常用药物有人参、黄芪、巴戟天、续断、杜仲、升麻、菟丝子、羊肉等。

（七）经穴养情法

性功能障碍者,也可通过按摩法达到调养目的,常用穴位有会阴、长强、曲骨、肾俞、命门、腰眼、关元、气海、神阙、天枢、百会、足三里、三阴交、太冲、太溪、涌泉等。根据腧穴部位,或按、或揉、或点、或击、或推、或拿、或捶、或掐等。

（八）环境养情法

温馨、柔情、浪漫的气氛可让男女双方感到亲切,轻松愉快的性环境有利于动摇心神,从而激起情欲和唤起性兴奋,对性功能障碍类病证能起到良好的养生作用。

性生活前要相互交流感情,互相接触身体和抚摸,做到氛围和谐,精气相感,情投意合。双方性事前后要沐浴或洗涤,使衣服和身体洁净,不要留有不洁的形象或难嗅的气味使对方心理嫌厌或有反感情绪而抑制性欲。

室内环境的清静和谐甚为重要,室内灯光要柔和、温馨、浪漫,不宜太亮或漆黑;私密性要强;空气要清新宜人;住房四周要安静,如房外常有声响、床铺易随操纵而吱呀作响,都可能明显降低双方、尤其是女方的性兴奋发展,推迟或甚至不能出现性快感和性高潮,不利于性功能障碍患者的康复。性交过程中,双方应默契配合,尤其是男方要温文尔雅,动作轻柔。

家庭氛围对性功能障碍也有一定影响。家庭成员之间要和睦相处,互相关爱,有利于消除工作和生活中的紧张情绪。出现了性欲和性能力减退,夫妻双方应坦然对待,宽容处理,关爱体贴,消除顾虑,主动配合治疗。

（九）音乐怡情

性功能障碍作为与精神情志密切相关的疾病,音乐养生是其养生法中的重要一环,可根据具体的性功能障碍情况,选择相应曲目。

1. 角调式乐曲　主要有《姑苏行》《鹧鸪飞》《胡笳十八拍》等,其音舒展、悠扬、深远,归肝,可疏肝理气,适合于长期郁闷、愤怒而导致性功能障碍者。

2. 徵调式乐曲　主要有《山居吟》《樵歌》《渔歌》《步步高》等,其音婉愉流利,雅而柔顺,欢快活泼,归心,可通脉活血,促进心血流通,对人尚有一定的激励作用,适合于心之气血不足,或精力不足的性功能障碍者。

3. 宫调式乐曲　主要有《春江花月夜》《月儿高》等,其音悠扬沉静,能抒发情感,归脾,能健运脾胃,适合于久思久虑、多愁善感的性功能障碍者。

4. 商调式乐曲　主要有《金蛇狂舞》《阳春白雪》等,其音较为悲壮,带有一定悲伤、肃杀感,有些则节奏明快、铿锵有力,归肺,既可敛肃肺气,令人精神沉静,也可制约肝木之抑制,或助肺之治节,令人情志从混乱、无序中恢复正常,适合于肺气不敛、或长期情志悲忧不舒的性功能障碍者。

5. 羽调式乐曲　主要有《梅花三弄》《二泉映月》等,其音深沉、流畅,归肾,听之能促进气机潜降,放松精神,又能制约亢盛之心火,镇静安神,适合于肾气不利或心火亢盛的性功能障碍者。

(张　弛)

学习小结

抑郁症主要多发于气郁质、阳虚质人群。饮食不节、抽烟、酗酒与滥用药物会引发抑郁症。抑郁症发病与季节气候变化有关,具有昼重夕轻的节律。脑力劳动者、慢性病者、重症疾病缠身者,并发抑郁症的概率较高。修心养性,保持内心的平静,知足长乐,是预防发生抑郁症的关键。排遣情思,改易心志,移情易性,愉悦自己是预防忧郁的重要方法。根据"喜胜悲"的情志相胜原理,可以采取多喜的情志调养方法。阳光是极好的天然抗抑郁药。

焦虑症主要见于气虚质、气郁质人群。不良的生活习惯,会诱发或加重焦虑症。可卡因、大麻、海洛因的服用或戒断都可引起焦虑状态。移情易性法是运用各种方法来转移患者的精神意念活动,及时消除焦虑。暗示诱导法主要是实现信心的自我强化,祝由开导法让患者了解焦虑症产生的来龙去脉,可以达到不药而愈的目的。绿色有助于预防焦虑症的发生和促进其痊愈。养成规律性运动是有效缓解患者焦虑症状的方法之一。

强迫症主要见于气郁质人群,有焦虑、抑郁等情志病者,易发生强迫症。顺其自然,是解除强迫症的简单有效方法之一。厌恶疗法使患者产生强烈的躲避倾向及明显的身体不适感觉,从而矫正其病态行为。可运用"当头棒喝"法以情胜情。可将具有疏肝理气解郁作用的各种花类或药物,代茶饮用。适宜多听《阳关三叠》《黄河大合唱》《喜相逢》《高山流水》《阳春白雪》等曲目。

癔症主要见于性格内向、精神敏感的特禀质者,以及具有癔症性性格缺陷或癔症性人格障碍者。癔症的祝由开导法,可分共情、渲泄、讨论三个阶段进行。癔症的行为养情法,可采用系统脱敏疗法,使那些原能诱使癔症发作的精神因素逐渐失去诱发癔症的作用,从而达到减少癔症复发的目的。

躁狂症多见于火型、金型及木型禀质人,体格强健要比体格纤弱的人容易罹患躁狂症。躁狂症以年轻者居多,常饮酒或常饮使人兴奋的饮料者,易患躁狂症。修心养性法是躁狂症的养生第一要务。饮食宜清淡,避免食用羊肉、牛肉、狗肉等助热动火之品;忌辛、辣、腌、熏类刺激食物,禁止酒精类饮品的摄入。多食性味甘寒之物。

口吃主要见于气郁、心气虚弱质人群。劝说疏导法是调养口吃的主要方法,包括告以其败、语之以其善、导之以其所便、开之以其所苦四个方面。多陪孩子游戏、游玩,也可给孩子饲养宠物,助其转移其精神压力。根据患儿的年龄特点,选择生动有趣的律诗和生动协调、朗朗上口的诗文,由简入难,让其诵读。练习"六字诀",达到平肝气、缓心气、补脾气、养肾气、理三焦的作用。

咽喉异感症主要见于气郁质人群,性格内向、精神敏感的特禀质者。用嗓比较多的职业,如教师、歌手、播音员、话务员等,易患本病。在日常生活中,要修心养性,培养宽广豁达的胸襟。禁酒戒烟,避免富含饱和脂肪的食物、猪肉或油炸食物,不食过于辛辣、腌熏类等有刺激性食物。可将具有疏肝理气解郁的各种花类药物沸水冲泡,代茶饮用。

心血管神经症常见于阳虚质、气虚质、阴虚质及痰湿质人群。心血管神经症性格情志多表现为内向而不稳定,多思多虑,犹豫不决,喜欢思考,注意力集中,胆小怕事,自尊等;或情绪悲观,心情沮丧、自我评价过低,缺乏信心,对未来悲观失望,缺乏热情,甚至人际关系协调较差等。祝由开导法是调养心血管神经症的重要方法,还可以多欣赏徵调音乐,以振奋精神,温养心神。也可以通过多听羽调音乐,以水克火,滋水养心,潜阳安神。

失眠多见于气虚质、气郁质、阴虚质及痰湿质人群。调养失眠首先要与四时生长化收藏的规律相应,睡眠时务必保持平静。认知行为疗法可引导患者对失眠原因及可能后果的看法有一个正确性较高的评估。呼吸导眠法是失眠暗示疗法的一种,常用的还有催眠疗法。"胃不和则卧不安"。失眠患者的睡眠环境宜清静、光线柔和。可通过气功入静法达到助眠目的。选择和声简单、音乐和谐、旋律变化跳跃小,慢板的独奏曲或抒情小品音乐作为"催眠音乐"。

气郁质、血瘀质、痰湿质的人群容易罹患乳腺增生症。乳腺增生症易发人群要注意修心养性,使心境平和,气机畅达。通过自己喜欢的音乐、戏曲、书法、绘画、弈棋等方式排解愁绪,寄托情怀,舒畅气机。可以用喜的方法调养乳腺增生症。多食具有行气通络的食物,增加户外有氧运动,利用中医传统的气功、静坐等意念功法,让内心安宁平静,血行通达,肝气顺畅,有助于乳结消散。

经前期综合征多发于气虚与气郁型体质,还与阴虚、阳虚、血虚体质有关。经前期综合征的情志养生应遵循"疏肝理气,养血调经"的原则,要学会正确面对经前期综合征,培养开朗的性格,通过不同的兴趣爱好和文化活动来调节精神情绪。哭泣和运动能有效缓解压力。甘甜的食物有补益、和中、缓和拘急、止痛多重作用,也能缓和情绪。选择肝俞等穴位进行艾灸或采用足部按摩法,以调整内脏功能,促进气血流通。

围绝经期综合征主要见于气郁质、阴虚质人群。静心宁神是围绝经期伴发情志障碍的首要情志养生之法。在养神的过程中,可以结合中国古代的静功,调整呼吸,摒除杂念,静坐默想,意守丹田,以达到凝神静气、天人合一的境界。多接触外界环境,多接受新事物,多参加集体活动。可将具有疏肝理气解郁的玫瑰花等代茶饮用。经常欣赏角调式、羽调式和徵调式音乐,有助于调畅情志,宣泄不良情绪。

阳虚质、气虚质、气郁质、血瘀质、痰湿质5类体质人群易患性功能障碍。保持清虚的心境、情绪的安宁,减少过度嗜欲,是性功能障碍养生良法。男女双方要共同学习一些性知识,及时放松与调整紧张心态,缓和与消除焦虑不安的情绪。欣赏音乐、参加集体活动和阅读有益的书籍,或找家人亲友倾诉,使心情自然舒畅。生活要有规律,保证充足的睡眠,减少应酬,避免酗酒,控制饮食,戒烟。

复习思考题

1. 试述抑郁症的开导支持法。如何理解阳光是极好的天然抗抑郁药?
2. 试述焦虑症的"惊者平之"疗法。
3. 试述强迫症的顺其自然情志养生法和厌恶疗法。

4. 请详述癔症的祝由开导法、行为养情法和以诈治诈法。

5. 躁狂症的饮食养情方法有哪些?

6. 试述口吃的劝说疏导法。

7. 试述咽喉异感症的食养养情法。

8. 试述祝由开导法调养心血管神经症的方法。

9. 试述失眠的音乐养情法。

10. 试述乳腺增生症易发人群的乳房按摩调养法。

11. 如何运用情志相胜法调养经前期综合征?

12. 围绝经期综合征有哪些性格情志特征? 如何运用药饵养情法进行调养?

13. 性功能障碍有哪些体质特征?

主要参考书目

1. 黄成惠,张前德,王中越.精神养生[M].南京:江苏科学技术出版社,1992.

2. 陈涤平.情志养生[M].北京:人民卫生出版社,1999.

3. 孟景春.祝你健康长寿[M].北京:人民卫生出版社,1999.

4. 郑怀林.情志疗法[M].北京:中国中医药出版社,2002.

5. 乔建中,杜文东.家庭心理医生[M].南京:江苏科学技术出版社,2002.

6. 梁晓春,董振华,徐慧敏.中医养生直通车[M].北京:人民军医出版社,2006.

7. 陈涤平.中医养生大成[M].北京:中国中医药出版社,2014.

8. 吕明.中医养生学[M].北京:中国中医药出版社,2015.

9. 张光霁,张永华.中医情志疗法研究[M].上海:上海科学技术出版社,2016.

10. 马烈光,蒋力生.中医养生学[M].北京:中国中医药出版社,2016.

模拟试卷与参考答案

教学大纲

全国中医药高等教育教学辅导用书推荐书目

一、中医经典白话解系列

黄帝内经素问白话解（第2版）	王洪图　贺娟
黄帝内经灵枢白话解（第2版）	王洪图　贺娟
汤头歌诀白话解（第6版）	李庆业　高琳等
药性歌括四百味白话解（第7版）	高学敏等
药性赋白话解（第4版）	高学敏等
长沙方歌括白话解（第3版）	聂惠民　傅延龄等
医学三字经白话解（第4版）	高学敏等
濒湖脉学白话解（第5版）	刘文龙等
金匮方歌括白话解（第3版）	尉中民等
针灸经络腧穴歌诀白话解（第3版）	谷世喆等
温病条辨白话解	浙江中医药大学
医宗金鉴·外科心法要诀白话解	陈培丰
医宗金鉴·杂病心法要诀白话解	史亦谦
医宗金鉴·妇科心法要诀白话解	钱俊华
医宗金鉴·四诊心法要诀白话解	何任等
医宗金鉴·幼科心法要诀白话解	刘弼臣
医宗金鉴·伤寒心法要诀白话解	郝万山

二、中医基础临床学科图表解丛书

中医基础理论图表解（第3版）	周学胜
中医诊断学图表解（第2版）	陈家旭
中药学图表解（第2版）	钟赣生
方剂学图表解（第2版）	李庆业等
针灸学图表解（第2版）	赵吉平
伤寒论图表解（第2版）	李心机
温病学图表解（第2版）	杨进
内经选读图表解（第2版）	孙桐等
中医儿科学图表解	郁晓微
中医伤科学图表解	周临东
中医妇科学图表解	谈勇
中医内科学图表解	汪悦

三、中医名家名师讲稿系列

张伯讷中医学基础讲稿	李其忠
印会河中医学基础讲稿	印会河
李德新中医基础理论讲稿	李德新
程士德中医基础学讲稿	郭霞珍
刘燕池中医基础理论讲稿	刘燕池
任应秋《内经》研习拓导讲稿	任廷革
王洪图内经讲稿	王洪图
凌耀星内经讲稿	凌耀星
孟景春内经讲稿	吴颢昕
王庆其内经讲稿	王庆其
刘渡舟伤寒论讲稿	王庆国
陈亦人伤寒论讲稿	王兴华等
李培生伤寒论讲稿	李家庚
郝万山伤寒论讲稿	郝万山
张家礼金匮要略讲稿	张家礼
连建伟金匮要略方论讲稿	连建伟

李今庸金匮要略讲稿	李今庸
金寿山温病学讲稿	李其忠
孟澍江温病学讲稿	杨进
张之文温病学讲稿	张之文
王灿晖温病学讲稿	王灿晖
刘景源温病学讲稿	刘景源
颜正华中药学讲稿	颜正华　张济中
张廷模临床中药学讲稿	张廷模
常章富临床中药学讲稿	常章富
邓中甲方剂学讲稿	邓中甲
费兆馥中医诊断学讲稿	费兆馥
杨长森针灸学讲稿	杨长森
罗元恺妇科学讲稿	罗颂平
任应秋中医各家学说讲稿	任廷革

四、中医药学高级丛书

中医药学高级丛书——中药学（上下）（第2版）	高学敏　钟赣生
中医药学高级丛书——中医急诊学	姜良铎
中医药学高级丛书——金匮要略（第2版）	陈纪藩
中医药学高级丛书——医古文（第2版）	段逸山
中医药学高级丛书——针灸治疗学（第2版）	石学敏
中医药学高级丛书——温病学（第2版）	彭胜权等
中医药学高级丛书——中医妇产科学（上下）（第2版）	刘敏如等
中医药学高级丛书——伤寒论（第2版）	熊曼琪
中医药学高级丛书——针灸学（第2版）	孙国杰
中医药学高级丛书——中医外科学（第2版）	谭新华
中医药学高级丛书——内经（第2版）	王洪图
中医药学高级丛书——方剂学（上下）（第2版）	李飞
中医药学高级丛书——中医基础理论（第2版）	李德新　刘燕池
中医药学高级丛书——中医眼科学（第2版）	李传课
中医药学高级丛书——中医诊断学（第2版）	朱文锋等
中医药学高级丛书——中医儿科学（第2版）	汪受传
中医药学高级丛书——中药炮制学（第2版）	叶定江等
中医药学高级丛书——中药药理学（第2版）	沈映君
中医药学高级丛书——中医耳鼻咽喉口腔科学（第2版）	王永钦
中医药学高级丛书——中医内科学（第2版）	王永炎等